◎ "教师阅读与基础教育"研讨会论文集
◎ 北京师范大学语文教育研究所研究成果
◎ 北京师范大学语文学科培育基地研究成果
◎ 国家语委重大课题"面向基础教育的阅读行动研究"（编号ZDA125-123）阶段性成果

教师阅读与基础教育

主　编　任　翔
副主编　朱孔宝　曹　巍
编　委　任　翔　朱孔宝　曹　巍　王　菁
　　　　李晋霞　张燕玲　赵宁宁　方　麟
　　　　周　强　罗文平　李耀伟　奚　遥

山东城市出版传媒集团·济南出版社

图书在版编目（CIP）数据

教师阅读与基础教育／任翔主编. ——济南：济南出版社，2018.5
ISBN 978-7-5488-3201-0

Ⅰ.①教… Ⅱ.①任… Ⅲ.①教师-阅读辅导 Ⅳ.①G451.2

中国版本图书馆 CIP 数据核字（2018）第 105582 号

责任编辑 张慧泉
封面设计 焦萍萍

出版发行	济南出版社
地　　址	济南市二环南路 1 号（250002）
经　　销	新华书店
发行热线	0531-86131729　86922073
编辑热线	0531-86131735
印　　刷	济南龙玺印刷有限公司
版　　次	2018 年 5 月第 1 版
印　　次	2018 年 5 月第 1 次印刷
规　　格	170 mm×240 mm　1/16
印　　张	17.5
字　　数	246 千
印　　数	1-3000 册
定　　价	68.00 元

（济南版图书，如有印装错误，请与出版社联系调换　电话：0531-86131736）

教师应在全民阅读中做表率

（代序）

阅读是一件关系民族未来的大事，许多国家都把推动阅读作为提升国民素质的基础性工程。党的十八大报告提出"开展全民阅读活动"，近几年的《政府工作报告》也强调大力推动全民阅读。推动全民阅读，教师是关键。因为加强教师阅读不仅可以提高自身素质，而且能带动学生阅读、调动家长阅读，从而推动全民阅读。

2014年9月9日，习近平同志在与北京师范大学师生代表座谈时指出："做好老师，要有扎实学识。"教师肩负着开启民智、传承文明的神圣使命。唐代韩愈说："师者，所以传道授业解惑也。""传道""授业""解惑"，都要以阅读为基础。只有不断通过阅读吸取新知识、获得新感悟，教师才能给学生以新知识、新启示。与其他职业人员相比，教师阅读有着特别重要的意义，因为他们不仅是为自己，也是为受教育者而阅读。国外有教育家曾说过："为了使学生获得一点知识的亮光，教师应吸进整个光的海洋。"要"吸进整个光的海洋"，就必须大量阅读。比如，教师要讲好教科书上的《〈论语〉选读》，就应通读《论语》乃至研究《论语》的代表性文献；要讲好鲁迅的作品，就不能只读选入教科书的鲁迅作品，最好能通读《鲁迅全集》并研读研究鲁迅的最新成果。陶行知说："出世便是破蒙，进棺材才算毕业。"这实际上要求教师始终处于学习状态，站在知识发展的前沿，通过阅读等方式不断充实、拓展、提高自己。

然而，目前我国教师的阅读状况并不能令人满意。国家语言文字工作委员会重大课题"面向基础教育的阅读行动研究"课题组，曾对全国中小学教师阅读现状进行过调查，发现教师的阅读量、阅读内容、阅读时间、阅读保障等状况令人担忧。多数教师读书偏少，而且所读书籍多为教辅用书，人文社科经典著作和本学科前沿书籍阅读较少。这种状况在很大程度上束缚了一些教师的思想理念，其知识由于阅读少、得不到更新而不断老化。这样的教师，很难培养出高素质的学生。

一些从事基础教育工作的教师对阅读的重要性认识不够，认为自己能完成教学任务即可，没必要花大量时间去阅读，只有从事高等教育的教师才有必要博览群书、学富五车。这种认识是片面的。实践证明，一名优秀的教师不仅要有胜任教学的专业知识，还要有广博的通用知识和宽阔的视野。教师应该是智慧型的，具备学习、处世、育人的智慧，能够在各个方面给学生以指导和帮助。国民素质的提高要靠教育，基础教育则是教育的起点。中小学是学生打基础最重要的阶段，也是学生世界观、人生观、价值观形成的关键时期。中小学教师通过阅读提升自身素质，对培育高素质国民具有重要意义。

在近些年的课程改革中，人们在教师问题上的一个关注点就是教师专业成长。因为大家都开始认识到，教育改革的关键在教师，而教师专业成长的关键之一便是阅读。苏联教育家苏霍姆林斯基说："读书，读书，再读书——教师的教育素养正是取决于此。要把读书当作第一精神需要，当作饥饿者的食物。要有读书的兴趣，要喜欢博览群书，要能在书本面前坐下来，深入地思考。"唯有通过阅读，教师才能掌握新的教育理念，拓宽自己的教育视野，更新自己的教育方式，实现专业成长。而且，只有热爱阅读的教师，才能培养出热爱阅读的学生；只有热爱阅读的学生，才能改变校园面貌、家庭面貌和社会面貌。通过教师阅读，架设学校—家庭—社会的阅读桥梁，可以深入持久地推动全民阅读。

任 翔

（本文原载于2017年9月8日《人民日报》）

目 录

读书是提高教师人文修养的基本途径 …………………… 顾明远 / 001
文言阅读是产生汉语正确语感的重要源泉 ……………… 王　宁 / 003
语文老师要做"读书种子" ………………………………… 温儒敏 / 006
提倡品读 …………………………………………………… 张联荣 / 011
在阅读中成长与发展 ……………………………………… 巢宗祺 / 016
用批判性思维深化阅读课的思考 ………………………… 张　锐 / 020
多视角谈语文教师的阅读素养和责任 …………………… 曾祥芹 / 028
重视教师阅读素养的研究 ………………………………… 顾德希 / 038
中学生阅读鲁迅小说的几个问题 ………………………… 李　怡 / 044
论有意思的阅读 …………………………………………… 晓　苏 / 050
教师阅读与专业发展 ……………………………………… 顾之川 / 058
持续阅读促语文教师专业提升 …………………… 倪文锦　李冲锋 / 064
教师素养阅读：读什么—怎么读 ………………… 曹明海　王　海 / 069
语文教师阅读素养专业发展论纲 ………………………… 黄　伟 / 078
语文教师的文学阅读 ……………………………………… 唐晓敏 / 087
教师阅读决定国民素质与民族未来 ……………………… 任　翔 / 095
试论"诗教"背景下语文教师的专业素养与经典阅读 …… 朱子辉 / 100

"一带一路"背景下东南亚华文教师的跨文化阅读研究 … 王　耿／110

儿童文学：小学语文教师专业阅读的重要内容 …………… 王　林／121

把学生培养成"专业读者" ……………………………… 程　翔／130

通向春天的读书课程 …………………………………… 曹勇军／134

语文教师的阅读与专业发展 …………………………… 甘其勋／152

教育的魅力源自于我们教师灵魂的亮度 ……………… 连中国／162

水之积也不厚，则其负大舟也无力 …………………… 陈立今／168

引导学生在读书中获得方法论素养 …………………… 何　杰／173

避免自由化误解　力争个性化正解 …………………… 张天明／180

教师阅读与立德树人 …………………………………… 李万峰／185

教师阅读提升阅读教学品质 …………………………… 高雅跃／189

论阅读话语方式的现代转型 …………………………… 罗文平／197

语文教师阅读浅议 ……………………………………… 李耀伟／210

教师阅读是语文教育腾飞的翅膀 ……………………… 奚　遥／221

数字化环境下教师网络阅读探讨 ……………………… 吴瑞云／227

中小学教师阅读现状调查报告 ………………………………／234

后　记 …………………………………………………………／273

读书是提高教师人文修养的基本途径

北京师范大学教育学部资深教授　顾明远

阅读对于教师成长的重要性是不言而喻的。过去我们讲要给学生一杯水，教师要有一桶水。现代社会，知识更新越来越快，教师要把学生教好，教师就必须更好。教师只有一桶水恐怕不行了，还得有源源不断的流水。因此，阅读就变得更为重要了。

过去，我们搞"国培"（国家骨干教师培养），我每年都要给教师讲课。我一直主张，教师的培训不仅仅要培训教师如何把本学科的课教好，还要提升他们的文化素质、文化修养，而后者才是最根本的。过去，一些教师的功利心比较强，总是想着怎样上好一门课，怎样应付考试，尤其是高考。现在，情况有所变化，大家对教师的培训都有些新想法。

教师的阅读分为学科专业阅读和跨学科阅读。我认为，要提升教师的功力，不仅需要学科专业阅读，还需要跨学科阅读。我们的语文教师应该读点科普类作品，我们的数学教师应该读点文学作品。这种读书虽然不能直接让教师学会怎讲课，但是提高了他们的人文素质、人文修养。教师的自身素质提高了，他的教学方法也好了，教书育人的能力也提升了，独特的教学风格也形成了，那么，他的教学质量自然也提高了。

教师阅读十分重要，这点大家都知道，无须赘言。提升教师阅读素养关键在如何落实。我觉得教师阅读的落实与我们的基础教育有很大关系。当前，我国的中小学教师工作负担很重，压力很大。我到中小学调查，很多教师都反映没时间阅读。这十几年的教育改革，我们在一些方面有了很大发展，但事实上应试教育并没有得到完全改观，许多改革依然还是在应试教育的轨道上，这在一定程度上影响了教师的工作。教师想到的总是如何让学生考得好，很少考虑怎样提升自己的文化水平，这是当前的一个最大问题。教师自己当然知道读书的重要性，但因为应试教育的压力，总感觉到无时间读书。所以我觉得，当前，要想促进教师阅读，问题的关键不在于让教师知道阅读的重要性，而在于怎样通过基础教育改革让教师的阅读得到有效落实。

我们搞出版的也好，搞教育研究工作的也好，都有责任想办法给教师提供优秀的读物。我在十多年前，曾和钱理群先生一起主编过一套书，由广西教育出版社出版。这套书一共五本，不只是语文，也包括自然和科学。这套书受到了大家的欢迎，截至目前，已经再版多次了。现代社会是一个多媒介时代，我们的阅读不仅仅有纸质的阅读，还有互联网阅读。我们要把线上、线下阅读结合起来。这就要求我们一方面要出版好的纸质阅读材料，另一方面要充分利用多种媒体资源来引导教师阅读。

教师的阅读能带动孩子的阅读，孩子的阅读也能促进教师的阅读。为什么这样说呢？我是有亲身经历的。我的家乡是以华西村而出名的江苏省江阴市，20世纪八九十年代，这儿的经济已经非常发达了，但农村的文化氛围却很差。有的人家已经有三层小楼了，可是家里却没有书，没有报纸。有一次，我回家乡，到了当地一个小学校，学校要求小学生的家里应有个小书房，有几本书。他们请我题字，我就写了一句"从小书房走向大世界"。这句话我当时并没有特别的考虑，结果这句话带动了整个村子的人的阅读。当时是一个小书房，有几本书，后来村子里家家都有了图书室。我为什么举这个例子呢？我想说的是，学生的阅读也能促进家长、教师的阅读。明天是读书日，去年的读书日我正在濮阳，我到濮阳本来是去一个学校，碰巧濮阳市成立全民读书协会，邀请我去参加开幕式。所以我们说教师的阅读不仅能带动学生的阅读，也可以带动全民的阅读，反过来，全民的阅读也能促进教师的阅读。

文言阅读是产生汉语正确语感的重要源泉

北京师范大学文学院资深教授　王　宁

人们都认为阅读只是语文课的问题，实际上，我觉得阅读是一种人生的策划。人一辈子最多活一百岁吧。语言学家周有光先生活了112岁，这是特例。人活个90多岁，这是时间。在空间上，有些人一辈子都在一个地方待着，所以人生的直接经验十分缺乏。因此，人要想成长，那就必须要有间接经验。间接经验就是将更多人生集中到自己的头脑里，来指导自己以后一辈子的生活和学习。这就要靠阅读。

如果我们不读书，我们的直接经验是绝对不够用的，而且会非常贫乏苍白。所以读书是一种人生，不仅仅是一种教育，或者一种语文能力。这是我要说的第一个意思。我觉得读书能够在跨时空的过程中去体会人生，开阔自己的眼界，丰富自己，少犯错误，多做好事。让自己成为一个比较丰满的人，自己的生活本身才能更有意义，所以阅读十分重要。

在初中语文课程标准里提到语文活动有两个，一个是阅读与理解，一个是表达与交流。阅读与理解是表达与交流的资源。这一次高中语文课标里增加了一个梳理与探究。这里的意思是你不是学了就完了，你还要去想，你还要去梳理和探究你所得到的碎片性知识。这都得靠阅读，阅读就是一个起点。

阅读对语文课是至关重要的。因为语文课是专门讲阅读的，所以我觉得这是一个非常重要的问题，而且是整个基础教育的一个重要问题。人一辈子首先是获得基础教育，获得基础教育以后，人就分散了，四面八方，不一定去干什么，但无论干什么，都要阅读。阅读是一个十分重要的问题。只有基础教育的阅读问题解决了，才能养成终身阅读的习惯。所以，基础教育的阅读是全民阅读的一个重要基础、奠基石。而在这个过程中，教师的阅读又是根本中的根本，教师不阅读，学生不会认识到读书的重要性。

最近我听过一些课。教师被挂在台上的不计其数。因为现在的知识来源不再是三娘教子，很多甚至是"子教三娘"。现在学生整天看手机，不管是不是碎片化的东西，学生会据此提出各种各样的问题，而教师都不知道问题是哪儿来的。阅读和备课的关系在这里只不过是一个实用主义的问题。

文言文的阅读是产生汉语正确语感的一个重要源泉。启功先生曾经说过，现代汉语是一种杂糅的语言。这里会有英语，有各种不同的市井语言，有些是不健康的，都掺杂在里头。我们想从现代汉语里头提炼真正的汉语特点，要靠文言。因为文言经过几千年的运转后所吸收的各种内容都被消化了。所以文言最有中国语言的特点。有了文言语感，我们就知道现代汉语里杂糅的东西，哪些是中国自己的，哪些不是。所以，文言阅读是产生汉语正确语感的重要源泉。

文言文阅读是从根本上理解现代汉语的不可取代的条件，我们都认为现代汉语与文言是两个东西，其实文言里面百分之七十的词汇、词义是在现代汉语的构词法里完全存在的。现在如果我们不能理解文言，那么，我们其实是很难真正地深入理解现代汉语的。有些人认为现代汉语阅读和古汉语阅读是两条线，我觉得应该把它们并成一条线。有了文言阅读，我们才能真正理解我们今天的语言。

我认为，作为一个中国人，文言文阅读是吸收传统道德思想的必备渠道。我们只读现代的书，不读古代的书，很多问题我们就不是很清楚了。最近正在热播一个电视剧叫《人民的名义》，大家这么爱看这部电视剧，从心理上讲反映的是大家反腐倡廉的一种要求，看了很痛快。有些人就说，现在物欲横流,真正有像电视剧里面那么廉洁的人吗?我觉得,我们读传统的东西,就会知道很多古代廉洁的清官,他们读圣贤书,因而变成一个廉洁的人。中国的传统就是一种清廉,清廉是一种中国道德。所谓己所不欲,勿施于人,中国道德的人性首先是利他、集体的,不是完全顾及个人的。这跟西方不一样。所以,我们要得到自己的东西,就必须去读文言文。不懂文言文你无法解决这些问题。

我很佩服现代文学作家,因为他们写出来的东西是那么深入人心,打动人心。尤其是那些会写儿童文学,会给青少年写作品的作家,我是特别佩服他们的。在读他们的作品的时候,你也必须有一些文言文的能力,才能真正理解作品的内涵。所以,我们应该在阅读里面特别讲究、强调帮助全民去阅读文言文,提高文言文阅读水平。我觉得这也是阅读的一个方面。

语文老师要做"读书种子"

北京大学中文系教授　温儒敏

推进全民阅读，语文老师是关键，他们应当做"读书种子"。

前不久，我在《课程·教材·教法》杂志发表一篇文章，题为《培养读书兴趣是语文教学的"牛鼻子"》。其中谈到"吕叔湘之问"。三十多年前吕叔湘批评语文教学"少慢差费"，这种状况至今未有根本的改变，我认为主要原因是未能抓住培养读书兴趣这个"牛鼻子"。语文课改来改去，还是未能解决读书少的病况，很多语文课仍然是老师讲得多，活动讨论多，作业操练多，唯独读书不多，孩子们读书的兴趣不多。语文教学要提升效果，必须回到语文的本质，就是"读书为要"。文章提出一些具体的建议，认为有必要加大教读课和自读课两种课型的区分，最好采用"1+X"方法，扩大阅读量。提出要授之以渔，教给学生多种有用的读书方法。要提倡"海量阅读"，鼓励"连滚带爬"地读，以培养读书兴趣和习惯。还要容许学生读"闲书"，尊重他们的"语文生活"。把课外阅读纳入教学计划。读书状况要纳入评价。但要真正实现"读书为要"并不容易，因为还得有个前提条件，那就是语文老师自己先要喜欢读书，把读书当作日常生活方式，成为"读书种子"。

很多语文老师也读书，但读的主要是与职业需要相关的实用的书，属于"职业性阅读"。明后天要上课了，今天赶紧找有关材料来读。或者要评职称了,立竿见影读一些"救急"的书。此外就很少自由地读书、个性化地读书了。很多老师一年到头除了读几本备课用的书,其他很少读,顶多读一些畅销杂志,大部分时间都是网上的"碎片化阅读"。无聊的微信等媒体有一种"魔力",捆绑住很多老师,他们在繁忙的工作之余腾出来的那点时间,也被流行阅读占据了。古人云,"腹有诗书气自华",如果我们的语文老师不读书少读书,"腹中"装的大都是所谓"戏说""文化快餐""二手货""鸡汤",或者塞满许多"爆料""段子""揭秘"之类,那个"气"怎么可能"华",又怎么可能提高教学水平?我们不能指望所有老师都成为"气自华"的"读书种子",但起码有相当部分语文老师喜欢读书,并带动学生喜欢上读书,那我们的语文教学就有希望了。

现在社会心态浮躁,拜金主义流行,大家都没完没了地忙,难于沉下心来读书做事。但教语文是要有心境的,语文课人文性很强,老师的学养以及人格素养就格外重要。讲学养,既是教书的需要,也是老师自身精神成长的需要。因此,无论多么忙,最好有自己的精神家园,哪怕是一块不大的"自留地"。不要一窝蜂都在应对现实需求,评级呀、教学检查呀,还有没完没了的各种杂事。当然这些都要应对,谁也不可能完全超越,但要保留一份清醒,一点距离,免得被动地全部卷进去。喜欢读书,有自己某一方面的专业爱好,能多少进入相关领域,对此有一定的研究,有些发言权,这太重要了。在这种状态中,会有成就感,同时也能让自己保持思想活力。"在状态中",还能帮助抵制职业性疲倦。

《光明日报》发表了我的一篇演讲稿,题目是《信息时代的读书生活》,我在这篇讲话中提到,现在人们普遍比较焦虑。为何会普遍焦虑?可以有多种不同的解释,比如解释为"文化冲突""社会转型""市场化""两极分化"等。但不应当忽略,还有某些更深层的引起普遍焦虑的原因,那就是信息过量。如何解决信息过量可能造成焦虑这个问题?

面对信息过量现象,要有自觉性,让自己具备一点信息传媒素养,知道现代信息传播的规律。对信息时代带来阅读方式的一些重大的变化(比如传播渠道方式),既要接受它,又要"看穿"它,不是被动面对,不是被裹挟。

对于网络信息，自媒体包括微博、微信的传播特点，都要有一定了解；尽量选择相对良性的信息渠道，适当减少信息量；对铺天盖地的信息，自己要进行一些过滤分析。要培养自己的"定力"，这里说的"定力"，包括应对和过滤复杂过量信息的能力，实事求是的态度，尊重规律、以不变应万变的眼光，还有平常心。具体来说，要少看微信多读书。

在烦躁的"大气候"中，让自己心静，有一个好办法，就是用更多的时间沉下心来，重新捡起纸质的书来读。读书可以让你适当超越过量的浮躁的杂乱的信息环境，有定力，有眼光。

我还特别用了一个词——"读书养性"。无论是网络阅读，还是纸质书的阅读，总之，都是要营造一个"自己的园地"，养成读书和思考的习惯，把读书当作一种生活方式。读书可以养性，可以练脑，这不仅是能力，也是涵养，是素质，是一种高雅的生活方式。阅读可以拓展视野，可以接触人类的智慧，可以不断提高自己的素质，可以让人在精神气质上超越庸常的环境。

"读书养性"和读书的实际目的不矛盾。读书为考试、为谋生谋职，都是必要的、合理的、实际的，但也要树立更高的"养性"的目标，让这个目标把考试、谋职等实际的目标带起来。

"读书养性"其实是"大格局"，也可以从人生观、世界观培养的角度来看。人生观和世界观决定人对整个人生意义和世界价值的基本看法，包括人生的意义、真善美、生与死的本质、人与自然、人性与社会性、社会公平的准则、伦理道德的底线等，这些问题都是本源性的，有的还富于哲学含义，属于终极关怀。对这些本源性的探讨与摸索，也就导向人生观、世界观的确立，可能从根本上决定人一生的追求及其思想行为模式。这种人生观、世界观的培养，甚至比知识获取更加重要。而读书，特别是在浮躁的信息时代培养起良好的阅读品味和习惯，对于建构健全的人生观、世界观是至关重要的。这些建议不只是给学生的，同样也可以和老师们共勉。

围绕如何读书，我在那篇文章中也提到一些建议，我想中小学老师也是可以参考的。

首先就是读书的计划和书单。读书总不能抓到什么是什么。网上阅读一般容易无计划，跟潮流。如果要"充电"，就必须有一定的计划性，还要注重经典性，多选适合"悦读"又启迪心智的作品，而不能采取网上阅读的那种姿态，只跟随潮流，或者完全由着性子来读。

我建议每位老师都有一份自己的书单，设定在几年内，应当读哪些书。要有计划，有整体考虑，让读书有些系统。书单要考虑时间的安排，有可行性。一般来说，可以包括三部分，是可以套在一起彼此交错的三个圆圈。

最外围的那个"圈"是通识的部分，这些书应当是最基本的，凡是上过大学受过良好教育的人，都应当读过的。主要是中外文化经典。阅读的目的是接触中外文化经典，感受人类智慧的结晶。这是一部分，是最外围的一个大的阅读圈，量不一定很多，比如三四年能通读十来种中外经典，就很不错了。

第二个"圈"，是与自己从事专业或者职业相关的部分。比如，学物理的，可以给自己安排读点化学、数学、生物，以及信息科学等方面的书，还有就是与物理学有关的邻近学科领域方面的书。也可以读点类似科技史、科技哲学以及教育类等领域的书。学文科的，也要读点理科的书。语文老师读书的面应当比其他学科更宽一些。这样做的目的是打基础，拓展专业视野，触类旁通，活跃思维。

第三个"圈"，是核心部分。这一部分的书目主要围绕自己的专业，或者自己特别感兴趣，希望有所研究的那些专业的书。应当有比较明确的指向。倒过来看，最核心的那个部分，是专业和职业需要，当然最好不完全是现炒现卖的书，要有自己感兴趣的课题或者领域。

当然，这三部分书目之外，还可以有一些消遣的、娱乐性的图书，但不应当是主体，也不必计划性太强，不用专门设定一个"圈"，随意读一点，调节一下就可以了。

老师设定的各自书单的三个圈，彼此应该可以交错进行。总之要有些系统、有些计划，促使自己在一定的时段内读完一些基本的书。书目不要设定太多太满，主要是基本、经典的书。现在社会比较浮躁，大学生除了考研究生，很难安心读书。大学四年，真正完整阅读的书可能很少，大都是为了考试潦潦草草的应对式的阅读。那么现在当老师了，应当重新把大学期间应当读而没有好好读的那些基本的书重新读一遍。我看这比很多培训管用。

鼓励和要求语文老师当"读书种子"，要有一些政策保障，要有具体可行的措施。我提几点建议。一是教育主管部门，以及学校的校长，必须重视这件事，要给学校、教研组和老师读书的空间。不要什么都管，不要太多干预，不要搞无休止的评比检查。可以给老师安排必要的读书时间，支持鼓励学校开展教师读书活动。二是提倡语文老师，特别是青年老师制订各自的读书进修计划，包括适合自己的书单，尊重老师在读书方面的自主性，保证读书计划的可行性。三是更新教师培训的方式与内容，各种教师培训都要重视激发读书兴趣和指导读书思考，要有措施鼓励，支持建立读书研修小组，营造良好的读书氛围。四是高等师范教育要调整完善课程体制，在读书特别是读基本的书方面有切实的要求，从源头上改变语文老师读书少、不读书、缺少"文气"的苍白的状况。

语文界有太多的流派、太多的经验、太多的改革，老师们有些目迷五色，很累，很焦虑，现在需要安静一点，能静下心来读书。这比什么改革模式都更实际，也更重要。不要再坐而论道了，不要再争论不休了，希望大家能把这次会议的一些好的想法转变为切实的措施，能改进一寸就是一寸，逐步让更多的语文老师成为"读书种子"，从根本上来提升语文教学的水准，也许还能多少改变国民不读书、少读书的糟糕的状况。

提倡品读

北京大学中文系教授　张联荣

一

阅读是一个大题目。在目前阅读面临的诸多问题中，如何激发阅读兴趣是一个热点话题。解决这个难题可以开出很多种方子，笔者认为，调整阅读方式应是其中值得思考的一种。如何调整阅读方式？在当下这个一切都讲究快的时代，尤其需要把阅读的节奏放慢下来，读得细一点，深一点，也就是提倡品读。把一杯醇酒，执一瓯香茶，要慢慢地品；一篇美文，一部佳作，就更需要品。唯有品出作品中的滋味，感受作品的魅力，从中获得美感，才能有效激发阅读的兴趣，并使之成为阅读的内在动力。朱光潜先生在《谈读书》一文中说：

读书原为自己受用，多读不能算是荣誉，少读也不能算是羞耻。少读如果彻底，必能养成深思熟虑的习惯，涵泳优游，以至于变化气质；多读而不求甚解，譬如驰骋十里洋场，虽珍奇满目，徒惹得心慌意乱，空手而归。

这样的话可以服之终身。

品读的前提是选择佳作美文。对一部作品的评断，一是质，二是文。《文心雕龙·情采》说"文附质""质待文"。质是思想情感，文是修辞表达，文不离质，质不离文，二者结合的最佳状态就是刘勰说的"雕琢其章，彬彬君子"。用我们的今天的话说，就是文质兼美。历览中国古代的一些名篇佳作，其思想之深邃、境界之崇高足以辉耀千古；其情味之隽永、用语之雅洁，时至今日仍令人击节叹赏。王国维在《人间词话》中说：

大家之作，其言情也必沁人心脾，其写景也必豁人耳目；其辞脱口而出，无矫揉妆束之态。

他在《宋元戏曲考·序》中评价元人杂剧说：

往者读元人杂剧而善之，以为能道人情，状物态，词采俊拔，而出乎自然，盖古所未有，而后人所不能仿佛也。

王国维对文学作品的评断，既讲质，又讲文，为我们品鉴作品提供了范例。这里暂不谈质的一面，就修辞表达而言，大家之作如精金美玉，语言文字的运用各具神妙，此所谓"淡妆浓抹总相宜"。但第一标准应该是"辞达"。"辞达"一语出自《论语·卫灵公》，后借用来作为文学批评的一个标准。苏轼在《答王庠书》中说：

"辞达而已矣"，辞至于达，止矣，不可以有加矣。

他在《答谢民师书》中又说：

孔子曰："言之不文，行而不远。"又曰："辞，达而已矣。"夫言止于达意，即疑若不文，是大不然。求物之妙，如系风捕影，能使是物了然于心者，盖千万人而不一遇也，而况能使了然于口与手者乎？是谓之辞达。辞至于能达，则文不可胜用矣。

苏轼对"辞达"的解释是心得之言。"辞达"的前提在于精确把握所写事物的特征，即所谓"了然于心"。然而这又是一件极困难的事，如同"系风捕影"，这就要有"所见者真，所知者深"的功夫。这是第一步。由精确把握事物的特征进而诉诸笔端，其文字的表达则须精准到位，即所谓"了然于口与手"，这就要有"模写物态，曲尽其妙"的功夫。这是第二步。第三，"了然于口与手"的"了然"，就是"不可以有加"，即语言的表达恰到好处，"减一分太短，增一分太长"。

如果说"辞达"是评判的第一标准，那么"本色"就是另一个重要标准。刘熙载《艺概·词曲概》说：

古乐府中至语，本只是常语，一经道出，便成独得。词得此意，则极炼如不炼，出色而本色，人籁悉归天籁矣。

这是对"本色"极为精辟的解释。下笔成文，要下一番加工修饰的大功夫，这是"极炼"，是"人籁"。"极炼"的最高境界不是"雕缋满眼"，而是不着雕琢的痕迹，即所谓"不炼"。其美质如"初发芙蓉，自然可爱"（《南史·颜延之传》），即所谓"本色"。苏轼在《答谢民师书》中有对"本色""天籁"更具体的描述：

大略如行云流水，初无定质。但常行于所当行，常止于所不可不止，文理自然，姿态横生。

苏轼在《文说》中对自己的文章有如下评论：

吾文如万斛泉源，不择地而出，在平地滔滔汩汩，虽一日千里无难。及其与山石曲折，随物赋形而不可知也。所可知者，常行于所当行，常止于不可不止，如是而已矣。

苏文是"本色"文章的典范。

二

品出文章的味，感受文章的美，一要慢，二要细，三要深。

陶渊明："采菊东篱下，悠然见南山。"苏轼《题渊明饮酒诗后》一文说：

"采菊东篱下，悠然见南山。"因采菊而见山，境与意会，此句最有妙处。近岁俗本皆作"望南山"，则此一篇神气都索然矣。

宋晁补之《鸡肋集·题陶渊明诗后》一文说：

"采菊东篱下，悠然见南山。"则本自采菊，无意望山，适举首而见之，故悠然忘情。

他们讨论的是"见"字和"望"字之别。"望"有意，"见"无意。无意是不存主观的企图心，没有刻意的追求。唯其不存主观的企图心，才能臻于自我与自然合一的纯自然状态。由此再来看"悠然"这个词，有的书解释为悠闲。结合晁补之话，解释为不经意就更为切当。《人间词话》在讨论"无我之境"的时候就曾举这两句诗为例。什么是"无我之境"？王国维解释说：

"无我之境，以物观物，故不知何者为我，何者为物。"王的"不知何者为我，何者为物"的说法与苏轼"境与意会"的解释同出一辙。

王维的名句"大漠孤烟直，长河落日圆"，清人许增说"'大漠''长河'一联，独绝千古"。叶圣陶先生在《文学作品的鉴赏》一文中说：

在想象中睁开眼睛来，看这十个文字所构成的一幅图画。这幅图画简单得很，景物只选四样，大漠，长河，孤烟，落日，传出北方旷远荒凉的印象。给"孤烟"加上个"直"字，见得没有一丝的风，当然也没有风声，于是更来了个静寂的印象。给"落日"加上个"圆"字，并不是说唯有"落日"才"圆"，而是说"落日"挂在地平线上的时候才见得"圆"。圆圆的一轮"落日"不声不响地衬托在"长河"的背后，这又是多么静寂的境界啊！一个"直"，一个"圆"，在图画方面说起来，都是简单的线条，和那旷远荒凉的大漠、长河、孤烟、落日正相配合，构成通体的一致。

这样的鉴赏文字，才谈得上细，谈得上深。其中的一句尤值得注意："这幅图画简单得很，景物只选四样，大漠，长河，孤烟，落日。"这是说构图的线条极为简单：干干净净的一个底子，就四样景物。

有人说，王维的这首诗像是极简的几何图形，境界全在于它的构图：大漠平阔无际，其中有孤烟一缕升起，长河横贯天际，其上是一轮又圆又红的落日。唯有纵目千里，才能描绘出如此雄奇壮丽的边塞风光，无怪乎王国维说是"千古壮语"。

李商隐的名作《夜雨寄北》："君问归期未有期，巴山夜雨涨秋池。何当共剪西窗烛，却话巴山夜雨时。"沈祖棻先生对诗的第一句解说道（《唐人七绝诗浅释》）：

起句从妻子来信说起，信中当然还说了许多其他的事，但重点却在于"问归期"。这就突出了妻子对于丈夫的怀念……而现在要告诉她的，当然也有许多其他的事，但重点却在于"归期未有期"。诗人这时正离开了桂林郑亚的幕府，滞留东川，一时没有适当工作，如何能够就回去呢？所以这"未有期"三个字，包含了许多宦途失意，羁旅穷愁，有家归不得的抑郁难堪之情在内，然而写得很平淡。这当然是为了减轻妻子精神上的负担。

这段话原情度理，交代了诗人以往的遭遇和当时的处境，把诗人内心的心酸与无奈分析得入情入理。第一句"写得很平淡"，只用淡淡的五个字就把说不出的"抑郁难堪之情"包含在内了,所以说是好诗。

古人论诗文有诗眼、文眼之说,是指一首诗、一篇文章中最精练传神而又最能表达诗文主旨的一个字、几个字或诗句、文句,这是品读时尤其需要留意的。中学语文教材选有张岱的《湖心亭看雪》一文。文章对西湖雪景写得十分精细,量词的运用更见其苦心("湖上影子,惟长堤一痕,湖心亭一点,与余舟一芥、舟中人两三粒而已。")。但如果止于对景物描写的欣赏,还是浅了一点。文章最后舟子的话说:"莫说相公痴,更有痴似相公者。"依笔者看来,这就是文眼。可以说,全篇对雪景描写的分量最后就落在这一个"痴"字上。没有这个"痴",就没有在大雪三日之后,"湖中人鸟声俱绝","独往湖心亭看雪"的情致,也就没有对西湖雪景的赏咏。这是一种痴情,一种常人难以理解的孤高的"痴"。

中学语文教材还选有苏轼的《记承天寺夜游》,文中有一句对月夜景色的描写已成名句:"庭下如积水空明,水中藻荇交横,盖竹柏影也。"但如果止于对这一句的欣赏,也还是浅了一点。文章的结尾说:"何夜无月,何处无竹柏,但少闲人如吾两人耳。"读这样的结尾,特别要关注句中的"但"和"闲人"两个词。什么是"闲人"?其时作者被贬为黄州团练副使,虽有其名但"不得签书公事",自称为"闲人"是一种自嘲。可如果把"闲人"仅看作闲居无事之人,这是表层的理解。这里的"闲",既是身闲,更是心闲。心闲的意思就是看淡看透这一切,全无负累之感。他在《黄州快哉亭记》中写道:"士生于世,使其中不自得,将何往而非病?使其中坦然,不以物伤性,将何适而非快?"这"其中坦然""不以物伤性"就是心闲,由此可窥见作者的放达自适。回头再看"但"字。夜夜都有月,处处都有竹柏,只是少了我们这两个闲人,这说的是一种遗憾。少了我们这两个闲人怎么就是遗憾?因为唯有心无尘念的闲人才配赏这样的月夜美景,有月夜美景而无这样的闲人游赏就称不上圆满,所以是一种遗憾。

朱光潜先生在《谈读诗与趣味的培养》一文中说:"真正的文学教育不在读过多少书和知道一些文学上的理论和史实,而在培养出纯正的趣味。"培养出纯正的趣味靠的就是品读。几年前,我坐在西湖郭庄的曲廊下,眼前一池碧水,四围是错落有致的亭阁,一位当地的大姐对我说:"西湖这个地方,要慢慢地品。"这句话至今难忘。是啊,凡好的东西都要慢慢地品。

在阅读中成长与发展

华东师范大学中文系教授　巢宗祺

一

若干年前,在韩国的一次座谈会上,首尔大学的一位研究员问我所读的第一部小说是什么,我说是《三国演义》,她说她也是(我很惊讶)。她问我怎么会挑选这本书,我就向她以及她的学生讲起这段经历。20世纪50年代,小学三年级时,有一次跟班主任起争执,闹得不可开交,老师到我家"告状",后来被家长逼着写了"悔过书"。老师去我家,我母亲跟她交谈时说起我挺喜欢看书,家里的书可能不适合我读,如果有可能请老师帮忙创造些条件。后来老师在班级里搞了个"图书角",每周四、五下午捧了一批书到教室,让学生挑选。这个活动的第一次,她让我排在第一个挑选——真感谢老师没有记恨我对她的顶撞。我从一堆书中选了一本《失街亭》。好多同学总认为第一个挑选到的肯定是好书,都围着我,让我快点看,看完了跟他们交换。老师的优待和同学的羡慕使我产生了一点自豪感,从此以后上这位老师的课时很守规矩。说实在的,这本书对当时的我是有一点难度的,不过看得很有兴趣,就对付着读下来了。当然里面有好些地方未读懂,但是这些在街头巷尾经常听人讲述的故事,值得读一读,可惜的是没头没尾,不够尽兴。于是千方百计地去寻觅《三国演义》。那时认的字还不多,读这么一部书自然是生吞活剥,而且主要是看情节,遇到生字也不去查字典,好多地方跳过去,就这么凑合着把《三国演义》读下来——其实第一遍也没看到结尾,读到诸葛亮死,就读不下去了。后来夏天乘凉时,就卖弄起来,给小伙伴们讲三国,按照自己的理解讲,书中有不少字念别字,别人也不计较,只是有的地方故事没讲清楚,就有人提出质疑,对付不过去时,只得再找机会去借书,读了以后再找机会去讲。这样一来,几十万字的长篇小说居然在三四年级时勉勉强强读下来了。认的字也渐渐多了起来——尽管有好些字念错了,但是大体意思算是明白了。从有点喜欢看书算起,到当时,读故事书的兴趣被进一步激发了出来,自信心不知不觉增强了。跟人讲故事也锻炼了表达能力。《三国演义》呈现了一批英雄群像,自己在这当中找到了最早的偶像——那时不叫偶像,反正是自己崇拜的人,忠勇、义气、有血气、有情怀、有智慧……在生活中处处以这些英雄为楷模,好朋友有困难,便会挺身而出。英雄豪杰的言语行为都在幼小的心灵里生了根。那时没想过为了提高语文水平或提高人的修养去读书,只不过是因为那些书的内容吸引人,所以一本一本书设法去借来,一边吃饭一边看书,上学路上边走边看书。回想起来,读书的收益真不少。当然,现在回头来看,那些书也会产生一些负面的影响,这需要我们总结和反思。

初中期间比较喜爱的作品,主要是古代小说和侦探小说,还有古诗词。回想起来,有一件事值得提一提。上初三的时候,有一次我父亲带回来几本书,其中一本叫《水浒人物论》,起初翻了一下,觉得不是水浒的故事,不好看,就扔在一边。后来父亲要去还书,问我看完没有,我再拿起来将就着看,居然发现还挺有意思。作者用现代的语言剖析《水浒传》里的几个人物。自此之后,从单纯地读故事不知不觉发展到阅读、分析人物了。

"文革"之初大学毕业,在农村劳动,接受贫下中农再教育,那时读的是"毛选"和"马恩选集",还读了不少医药著作。

1970年到一所农村中学当教师。听别的教师说有一间被锁着的屋子里堆着一些废弃的图书,是"文革"前买来的。"文革"中有些小说之类的图书在横扫"封资修"的口号中被扫走了,还剩下一些教师、学生都不爱看的,乱七八糟堆在屋里。我就向管理人员要来钥匙，进去翻翻，居然还找到好几本我颇感兴趣的书。我后来走上语言学学术研究道路，跟这几本书绝对有关，如丁声树的《现代汉语语法讲话》，高名凯的《语言学概论》，岑麒祥的《普通语言学概论》，罗常培、王均的《普通语音学纲要》，王力的《汉语音韵学》等，还有《江苏省和上海市方言概况》以及一本小书《如皋人怎样学习普通话》——那时我在这所学校教英语。我发现学生发音上的共同问题，这应该是他们的方言造成的，所以我一边学习他们的方言，一边从中琢磨规律，探索纠正的办法。我还真纳闷，这么一所农村中学，当年怎么会有人去购买这样的书。一本《普通语音学纲要》，我认真读了好几遍，尝试根据文字描写，学会发出里面分析的每一个音。这书看来未必十分"高大上"，但是对于我后来的发展——调查研究汉语方言和少数民族语言，学习其他外国语语音却是至关重要的。

"文革"结束，在可以报考研究生的时候，想去报名，可是起初没想清楚报考哪个专业，之前完全出于各个时期的兴趣，杂七杂八地阅读，没有明确的目标。不过想想自己在自学语言学的道路上多少已经获得一定的优势，于是就决定投奔这个专业。

二

回顾自己成长、发展的经历，读书的作用可以说相当具有决定性，而在有多个分岔的成长道路上，读书的某个契机，又起到了促使、引导自己向某个方向走去的作用。

我的第一个感受，阅读的价值是多方面的，可谓一举多得，而不是单一的。少儿时期阅读带有文言色彩的长篇小说《三国演义》，增加识字量，增强了语感，提升了阅读自信心，培养了阅读兴趣和阅读习惯。在阅读的同时，练习表达，增长历史文化知识，受到传统文化的熏陶。前些时候有一个刊物刊登了一篇文章，标题好像是《阅读能提高语文水平吗》。作者认为好多专家在讨论语文教育时都谈到阅读的重要性，他认为错了，语文教育重在技能的训练。我看了惊讶于作者会有这样的"新发现"。我们那个时代的一拨人，坐在一起回忆学习语文的经历时，都不约而同地谈到了读书，都庆幸自己喜欢阅读，在阅读中得益匪浅。语文技能的教学固然有用，但是千万不能踩到技术主义的陷阱里去，我还是固执地认为，读书是语文学习的第一要务。还必须指出，阅读带给人们的远远不只是提高语文水平这么一个方面。

其次，孩子的读书需要引领。自己少儿时期喜欢读书——还是以《三国演义》为例吧，以关羽、诸葛亮为偶像，以这样的英雄偶像的言行约束、规范自己，这里头有正面的效应，也有负面的影响，这些千百年来歌颂的英雄人物，也需要讨论、分析，不可简单地膜拜。十多年前，修订语文教学大纲，大纲后面附有一个推荐阅读书目。有专家向教育部有关负责人提出批评："怎么可以由专家来给我们的孩子推荐阅读书目呢？应该让孩子自己选，他们想读什么就读什么。"我总觉得，专家推荐跟孩子自己的选择应该结合起来，纯粹按专家老师的阅读感受拟出一套书目来强迫学生阅读不合适，但是也不能简单地任凭孩子任意决定。"开卷有益"说的是一般情况，我们还要考虑到，有时候开卷可能是有害的。假如当年我拿到一些很糟糕的书，后来的道路会怎么样？世上有人因读了坏书而走上邪路，这是不乏其例的。我有时还会想，假如我在阅读起始阶段，感兴趣的是自然科学类的读物，后来的发展道路又会怎样？

再次，读书可以助人消遣，可以帮人获取信息，可以使人增长知识，可以给人审美享受，也可以引领人选择发展的方向。然而，我们小时候全然凭兴趣阅读，虽然有收获，但是阅读水平提高还不够快，完全是瞎碰瞎摸索。实际上，读什么，怎么读，不同的阅读方法，效果大不一样。有的人读一本书就上升一个台阶，有的人读了十几本书，结果还是老在原地转圈儿。孩子对社会、对自己、对学习的发展，都还缺乏全面的认识，读书也往往缺少总体的规划。孩子阅读的方法，是需要有人指点和引导的。

用批判性思维深化阅读课的思考

北京师范大学文学院教授　张　锐

语文教育的主要目标是培育语文能手和思维能手。语文的工具性，既指交际的工具，也是指思维的工具。语文的人文性，也要依靠思维，特别是用批判性阅读思维去撷取、去享用、去取舍、去体验、去传承。因此语文阅读课堂是充满了思维交锋的课堂，展示思维睿智的课堂，让学生批判性思维得到磨炼的最佳课堂。在这个意义上说，语文教师确实是培养学生批判性思维能力、提升阅读素养的最佳导师。

一、什么是批判性思维

1. 关于批判性思维的概念

美国的理查保罗（Richard Paul）在《批判性思维工具》一书中给批判性思维一个新定义。他认为，批判性思维是一种对思维方式进行思考的艺术，该艺术能够优化我们的思维方式。它包括三个紧密联系、互相影响的阶段：分析思维方式阶段（通过在任何情境中关注思维的各个元素：目前悬而未决的问题、信息、解释和推理、概念、假设、结果和意义、观点），评估思维方式阶段（指出它的优势和劣势：内容的清晰、准确性、精确性、相关性、深度、广度、重要性和公正性），提高思维方式阶段（通过强调其优势，减少劣势）。

2. 批判性思维在"挣扎"中运作

书中还介绍学者达尔文（F. Darwin，1958），是这样描述他在学习中的挣扎：我很难清晰准确地表达我自己的观点，这浪费了我大量的时间。但是这也有好处，这种缺陷强迫我专心思考每一句话，因此我可以发现自己推理、观察以及其他方面出现的错误。这位学者遇到的"挣扎"，恰恰是阅读由模糊向清晰过渡的过程。不论是教师备课，还是学生在课堂上的思维困顿，一般都会遇到这种挣扎。专心思考教材上的每一句话，掂量教师讲的每一句话，让思维的指向性更加聚集，思维的分辨力更加深刻，这正是阅读中历练批判性思维的必经之路。

阅读课堂实际上是师生一起思维挣扎的课堂。为求疑而挣扎，为求解而挣扎，为寻找一个新见解而挣扎，为应对他人质疑而挣扎。在挣扎过程中，思维的活跃与情绪的亢进，好奇心的萌生与求索带来的成就感，都会为这个师生挣扎共同体带来兴奋与愉悦。

3. 关注学生批判性阅读思维发展的阶段

学生批判性阅读能力的养成，绝不会一蹴而就，凭几节课或几十个单元课就可以达到目标，教师应当对学生阅读发展的梯度做到心中有数。

批判性思维发展的阶段

智慧的学生

（有技巧和判断力的思维成为自己的第二本能，并且养成良好的阅读习惯）

运用思维面面观的学生

（随着自己的尝试与历练，懂得辩证地、历史地、全方位地审视阅读文本）

有独立见解的学生

（能大体把握形成某些看法的阅读策略，以追求独立见解为荣）

会反思的学生

(尝试着改善自己的思维,会初步应用反思的几种阅读方式)

会质疑的学生

(开始认识到阅读思考中存在的不足,初步用审视的眼光去质疑文本)

阅读时思维朦胧的学生

(不能觉察到自己阅读中的弱点,常做思维的懒汉;只会接受,不会反刍、咀嚼和反思)

教师应当思考:我们班哪几个学生是阅读智能型学生?有哪几个是把握思维面面观的学生?哪几个是偶尔提出独立见解的学生?又有谁是会反思的学生?又有谁是正处于懂得质疑阶段的学生?那么,等待教师费心引导的尚处于思维朦胧阶段的学生又有多少等。是否可以在每学期末,把学生名单拿出来,概括他们的阅读表现,列出分类表作为参考。注意有时思维的活跃度不一定跟阅读考试成绩一致。如能让家长了解学生的批判性思维表现,也许会带来意想不到的好处。

二、对批判性思维的认识与领悟

国外对批判性思维的研究起步较早,但翻译过来的理论有时又较难理解。下面是我对批判性思维本质的几点领悟,可能失之肤浅,希望大家一起切磋一下,并尽可能让学生在阅读中领会并把握批判性阅读思维的特质与内核。

1. 批判性思维是人类独有的,是不断推动社会进步的重要武器

古人坚信"成于思,毁于随"的道理。众所周知,以色列的创新发展令世人瞩目:诞生多位诺贝尔奖得主,在 2015 年公布的全球创新指数中,以色列总体排名进入前五,超过美国和新加坡。以色列前总统西蒙·佩雷斯的母

亲,在他每天放学回家,都会问一个问题:"今天你在课堂上是否问过老师一个他回答不上来的问题?"这种勇于提问、敢于质疑的批判性思维,世代相传,早已融入了以色列国民的血脉之中了。

在我们的阅读课上,又有多少学生提出过让我们老师一时回答不上来的问题呢?这种只有人类才能做到的对复杂现象进行分解及再组合产生新见解的思维训练,在我们的阅读课上也可以做到,也会取得很好的效果。

2. 批判性思维是一种越界思维

大千世界是无限性的,是没有边界的。其积极的认知作用是突破边界的藩篱,是违规与颠覆,进而获得自由和解放。在大脑思考问题时,对所有的目标方向都有边界,与此同时我们又驰骋在思路上没有边界。因此,人们都要学会跨界合作的思维模式。跨界是思路开阔,尽收眼底;合作则是思维聚焦,齐力攻关。

语文本来就是跨界的:语文的内容可以无所不包,语文学习可以灵活多样。语文和历史跨界,可以研习到历史唯物思维;语文和英语跨界,有利于引导学生热爱祖国语言之大美,领会文化的多样性和丰富性;语文和数理化跨界,有助于培养学生思维的精确性、科学性,辩证地理解与表达,让思维更加严谨,推理更加符合逻辑。阅读课上,可以尝试将英语中的警句、谚语等译成中文,也可以反之;课内语文学习也可以跨界到课外。课内知规律,课外去应用,用大语文教学观统摄语文教育,做到全方位跨界,有利于扩大阅读视角,提高发散性思维水平。

3. 批判性思维是一种期待发现的积极思维

这种阅读期待发现是批判性思维的动力源,常表现出一种顽强的特立独行的姿态。不为原有结论所囿,不落常人窠臼。期待新见解、期待新结论、期待新做法,并期待一个新的自己。期待,也是一个渐进的生命过程:萌生期待→维持期待→满足期待→有新发现,这其实是阅读教学过程中的积极生态观。

阅读期待	阅读反思	阅读批判
▲认知期待（我读懂了吗？我获得了什么知识？哪些是有用的？） ▲过程期待（在推理过程中分享真理推演带来的快乐。） ▲结果期待（悲剧？喜剧？命运？） ▲审美期待（对真善美的独特感受。） ▲教师的阅读教学是否满足了我们的学习期待？为什么？	▲反思是对阅读深度与效度的自我拷问。反思既是良好的阅读品格，也是良好的阅读习惯。 ▲反思是真领会还是伪领会？我是否做到了吸取精华，吐出糟粕？ ▲反思自己在阅读时质疑了什么，发现了什么，产生与众不同的见解了吗？ ▲自主（是自我反思），合作（是集体反思），探究（是深入反思探求答案）。 ▲是否会反思是好生与差生的分水岭。	▲阅读批判既是阅读反思的深化，也是阅读反思的升华。 ▲阅读批判是对文本的再定义，是对教师讲授内容的再认知，是对阅读过程的再检索。 ▲阅读批判常表现为否定之否定，推陈而出新。因此，它不只是解构，还是建构。 ▲阅读批判能力，是高效阅读的必然要求，也是积极阅读的最高境界。 ▲尝试对文本认知的否定，其实也是对个人认知现状的否定，批判思维也是阅读的原动力和寻找阅读的新起点。

语文课的阅读教学，重在发现文本中独一无二的具有穿透力的句段，发现哪些是文本中富有哲思的金句，撷取教师讲授语中的特指句、精辟句、令人眼前一亮的警醒语，发现作者构思的艺术技巧、观点中的妙句、结论中的智语、人生的禅话等。语文新课标中提到的"阅读期待""阅读反思""阅读批判"，正体现了批判性思维在阅读教学中的应用。

4. 批判性思维是一种复合思维

批判性思维不只是单向的否定、批判、再否定、再批判，并非只是解构没有建构。批判性阅读思维是将发散思维、聚合思维、逆向思维、侧向思维、对比思维、比较思维、形象思维、换位思维等多种思维策略融会贯通，使学生成为思维活跃、有思维创见的新人。其次，批判性思维还是简单思维与高级思维的复合性思维，是一个由低级到高级的转化。教师亦常用低级思维的问题引出学生复杂的思考，把他们带入高级思维的战场。这种简单思维与高级思维的相互转换，正是发挥复合思维的综合效能的成功之处。

语文教师要认识到思维能力是后天的历练和培养出来的。从另一个角度来说，语文教师教阅读也是在教思维，特别是教批判性思维的养成之路。知识其实是思维的元件和模块。通过知识来培养思维能力，又通过思维能力的提高来消化知识、运用知识，建构属于个人的知识与能力之网，这才是有思维含量的阅读优质课。

5. 批判性思维是主动拿来的思维

鲁迅先生在《拿来主义》中就点明这种批判性思维的精髓：既反对闭关主义或吸食鸦片大餐，也反对一把火烧光的民族虚无主义以及盲目接受的送来主义，而要"运用脑髓，放开眼光，自己来拿"。"运用脑髓"是判明利害，从建设的高度去抉择；"放开眼光"是拓开思维的广度与宽度，博采众长；"自己来拿"是主动的、有选择的、重新建构的思维态势。

对师生来讲，在思辨中拿来，在拿来中思辨，一直考验着我们运用批判性阅读的功力。教师备课时是将教参内容全部照收呢，还是有舍弃、有拿来？学生在阅读课上，是不动脑筋地全收呢，还是主动地拿来再放进个人的知识百宝箱？指导学生学会舍弃，才能真正拿来该拿来的正品、精品。

舍弃技巧	舍弃策略
归类法舍弃	归为一类的可容，否则暂时舍弃
因果法舍弃	只拿有因果关联的部分，其他暂时舍弃
排序法舍弃	按其重要性、必要性的排序拿来，末位可淘汰
框架法舍弃	舍弃那些不适合的、无关的部分，只保留建构必须的部分
简约法舍弃	舍弃多余的、累赘的、重复的、过于烦琐的部分

教师在指导学生学会主动拿来时，一定不要放过文本中的关键人物、关键段落和关键细节，这些关键点才是作者智慧思维的集中表现，它有时是浓缩的，有时是变异的，但对其亮点决不能放过。

6. 批判性思维是重要的软实力思维

自20世纪90年代初，哈佛大学教授约瑟夫·奈首创软实力（soft power）概念以来，得到很多领域领军人物的首肯。一个人的综合实力可以分为硬实力（可以证明的本事与证书）与软实力。软实力是指内在的思维能力、沟通能力、表达能力、学习能力、团队能力、合作能力及文化修养等综合能力。专家认为，批判性思维是软实力的灵魂与核心，亦可称为黄金思维法宝。在软实力的平台上，表现出来的敏锐感应力、见解独创力、严谨推断力、把握全局能力等，都可证明是批判性思维能力达到了臻于成熟、发挥卓越的高级阶段。

作为软实力的批判性思维，应该是学校教育的重要内容，也是最为可贵的学习资源。教师承担着为学生的成长奠定思维基础、提升思维智慧素养的重要任务。对阅读课而言，有了批判性思维的血脉，就能给师生带来"柳暗花明又一村"的新鲜感，不断迸发出创见的火花，从而启动学生沉睡的大脑。发掘潜在的语文天赋，培育充满活力的创意细胞。

阅读课软实力思维训练30法，或许对磨砺学生批判思维能力有一定帮助。

阅读课软实力思维训练30法			
1	求同存异法（同异相比法）	16	直觉思维法（第六感官的直感思维）
2	思维发散法（多向扩散法）	17	形象具化法（把抽象的变为形象的）
3	纵向开掘法（深度开掘法）	18	钻木取火法（深耕思维法）
4	横向思考法（横向比较法）	19	一分为二法（辩证思维法）
5	反向思考法（逆向思考法）	20	举一反三法（举一隅而三隅反）
6	反躬自查法（反求诸己法）	21	举例印证法（举实例证明法）
7	演绎推理法（由因及果法）	22	思维博弈法（正反双方对抗）
8	回溯推理法（由果及因法）	23	刨根问底法（追问、盘问、深问）
9	质疑求证法（大胆设疑小心求证）	24	比喻论证法（打比方讲道理）
10	换位思考法（翻转思考法）	25	超越常规法（推陈出新法）
11	思维移植法（甲乙思维互换）	26	视角扩大法（看远、看明、看透）
12	系统整合法（散射统为整体）	27	层层剥笋法（拨云见日法）
13	同类建构法（归纳整合法）	28	加减乘除法（变化思考法）
14	类比思考法（对比法类比法）	29	思维碰撞法（思维交锋法）
15	按图索骥法（顺藤摸瓜法）	30	浮想联翩法（放飞思维，奇思妙想法）

7. 批判性思维历练的最高境界是顿悟、创新

王国维论人生三境界，也可以作为批判性思维进程三个阶段的生动描述。第一阶段是思维的困惑期："昨夜西风凋碧树，独上高楼，望尽天涯路。"（晏殊《蝶恋花》）。第二阶段是思维的求索期："衣带渐宽终不悔，为伊消得人憔悴。"（柳永《蝶恋花》）。第三阶段是思维的顿悟期："众里寻他千百度，蓦然回首，那人却在，灯火阑珊处。"（辛弃疾《青玉案》）。

王国维形象地揭示了批判性思维的历练是一个艰难寻觅的过程。首先思考者要坐得住，稳住心，想得深，只有这样才能进入发现、顿悟、创新的心境。王国维的人生三境界说之所以常为人们引用，正是他在消化、积淀大量古诗文基础上，运用了类比思维、形象思维、嫁接思维，把个人的感悟、观点，隐含在大家耳熟能详的先人经典名句之中，既生动形象又深刻传神。

其次，在阅读时产生思维顿悟之初，思维常会与思考目标疏离或中断。运用创造性的思维跳跃，在发现差异点之时，常予以适度变更，产生思维的爆裂，并发现更多的差异、更多的解法，再通过抽象创见与现实问题之间的多次对话与碰撞，最终找到契合点，顿悟出灯火阑珊处的那一个。

阅读课上，师生思维碰撞顿悟出某些奇思妙想该是多么高兴。教师备课时的顿悟，会让教师越教越聪明；学生课堂上产生的顿悟，会让学生积累更多的阅读智慧。一旦将乐于求索、享受求索、收获求索作为阅读课堂的内在动力，那应该是热闹、活跃，不断产生惊喜的令人难忘的课堂。

多视角谈语文教师的阅读素养和责任

河南师范大学文学院教授　曾祥芹

与其他学科一般教师的阅读资质有所区别，语文教师的阅读素养因其专业性强肯定要求更高。35 年来，中国阅读学经历了"从无到有→从普通阅读学到汉文阅读学→从文学阅读学到文章阅读学"的三次飞跃，如今已在阅读原理上构建了"阅读四体"（客体、介体、本体、主体）理论框架，在阅读技术上形成了"阅读三法"（精读、略读、快读）训练体系，在阅读教学上实施了"用阅读学指导"的十项改革策略。我想从阅读学"原理、技术、工程"三级体系的多重视角，对语文教师的阅读素养和责任建言献策。

一、从阅读本质特性看，语文教师
应是社会精神生产力的元生产者

什么是"阅读"？我主编的《阅读学新论》这样定义："阅读是披文得意的心智技能，是缘文会友的社交行为，是书面文化的精神消费，是人类素质的生产过程。"它超越了《中国大百科全书·教育卷》和《现代汉语词典》的阅读定义，突破了主客结构的思维定式，扩展到主体之间的社会交往，深识到精神消费和生产的辩证关系，展示了阅读思维的四重视界（包含读者与读物、读者与世界两种"主客间关系"和读者与作者、读者与自我两种"主体间关系"），因此，它是一个全新的阅读定义。阅读根本改变了人类的生活方式：从单纯追求生、欲、利的自然人升华为追求真、善、美的文明人。阅读作为一门社会科学技术，既是一种直接的精神生产力，又是一种间接的物质生产力，更重要的是精神生产力的生产力（即元生产力）。语文教师应站在社会生产力的高度看待人类的阅读行为，才能充分认识阅读的科学和人文价值，才能明确"阅读导师"在社会精神生产大军中担当"元生产者"的重任。

二、从阅读客体对象看，语文教师应是"纸本书、电子书、无字书"的全息阅读者

阅读客体涵盖阅读对象、阅读环境、阅读时间。世界上的"书"共有三种。无字书（Wordless – Book）指自然、社会万事万物之"理"。人类文明史有多久，无字书就有多久，中国读无字书的历史已有五千多年。纸本书（Paper – Book）指简册和帛书之后出现的印本书籍，有1300多年历史。凭借东汉蔡伦的造纸术和北宋毕昇的印刷术，才有唐代出版的《金刚经》到清代出版的《六合丛谈》，再到21世纪的大批量图书报刊。而今中国作为出版大国纸本书生产量已居世界第一。电子书（Electronic – Book）指磁带、光盘、软盘、网页为载体的数媒出版物，才几十年历史。中国网民已达7.1亿，居世界第一。纸本书、电子书共属"有字书"，是本体意义上的读物，是真正科学意义上的阅读对象；而"无字书"包含"大自然"和"大社会"两部"活书"，是比喻意义上的读物。纸本书、电子书、无字书构成了阅读的"外宇宙"，表明阅读对象、阅读空间、阅读时间都是无限的。语文教师要树立"阅读宇宙观"，引导学生通读天下所有的"书"，就应该是"纸本书、电子书、无字书"的全息阅读者，既会读纸媒和数媒的有字书，又会悟自然和社会的无字"理"。

鉴于文字作品大别为文章和文学两类文体，二者之间又存在一个庞大的"两栖文体集群"。所谓"全息阅读者"既要善读诗歌、散文、小说、剧本等文学作品，又要善读新闻、史传、应用、学术等文章作品，还要善读报告文

学、传记文学、游记文学、科学小品、科学演义、文学随笔、抒情散文、杂感、寓言等边缘交叉文体。

三、从阅读中介工具看，语文教师应是
阅读工具书、工具器、工具学、工具语的全面操盘手

阅读工具是阅读主体和阅读客体建立联系的中介，是科学阅读的技术条件。阅读工具的"硬件"，指以实物形态存在的各类阅读工具书（如字典、词典、辞海、文摘、百科全书等）和各类阅读工具器（如传统的"文房四宝"，现代的电脑、手机、电视等）；阅读工具的"软件"，指以观念形态存在的各种阅读工具学科（如微观的文字学、音韵学、训诂学、校勘学，宏观的版本学、目录学）和各种阅读工具语言（如内部言语、口头言语、书面言语）。语文教师应该是阅读工具书、工具器、工具学、工具语的全面操盘手，能够引导学生软硬兼施。查检阅读工具书需要六种阅读工具学的指导，利用阅读工具器需要三种阅读工具语的传导。要使阅读活动科学化，必须充分发挥阅读工具系统的桥梁作用，它是强化阅读主体能力的有效手段，是标示阅读发展水平的客观尺度。

四、从阅读完整过程看，语文教师应是
"披文→得意→及物"的全程阅读者

阅读过程是阅读主体和阅读客体的矛盾运动在时间上的前后相继和在空间上的连续不断。"披文→得意→及物"这个阅读过程是"察物→创意→缀文"那个写作过程的逆向运转，二者构成"物→意→文"与"文→意→物"螺旋循环"文运流程"。现代阅读学顺应现代写作学把阅读全过程分为"前阅读"（选文潜心）、"正阅读"（披文得意）、"后阅读"（用意及物）三大阶段。我们不能掐头去尾地只关注"正式阅读"（主过程），而忽视"非正式阅读"（亚过程）。如果说"认读、解读、赏读、评读、记读"是阅读的心理过程，属于第一重转化，那么"行读"（心得的言语化、实践化）则是阅读的

行为过程,属于第二重转化。按照孔子、曾子、子思的"博学、审问、慎思、明辨、笃行"的全程阅读论,语文教师应该是"辨体感言→入情得意→运思及物"的全程阅读者,既经历"披文得意"的意化过程,又完成"用意及物"的物化过程。阅读的出发点在"知",终极点在"行"。"半程阅读论"只重"吸收",不重"表达",只顾"取意",不顾"用意",只管"认知",不管"实践",割断了阅读过程的反复性、连续性和完整性,那样只能形成"两脚书橱"。

五、从阅读方法技术看,语文教师应是"精读、略读、快读一条龙"的全能阅读者

从阅读技术方面回答"怎样读",是阅读本体研究的重点,也是语文教师最感兴趣的话题。我研究阅读技法,从繁丰的 108 法,到简化的 3 大法,再到适中的 18 法,经历了曲折的探索,逐步走向成熟,组合成"精读、略读、快读一条龙":

精读法——主要追求阅读深度,要求每分钟读懂 250 字以下,理解和记忆率达 90% 以上,包括朗读背诵法、涵泳默会法、疑问思辨法、经验汇总法、八面受敌法、互文对读法、表达阅读法、迁移阅读法。

略读法——主要追求阅读广度,要求每分钟读懂 250 字~300 字或 500 字~600 字之间,理解和记忆率在 80% 左右,包括默读浏览法、提纲挈领法、搜寻猎读法、不求甚解法、扩散参读法。

快读法——主要追求阅读速度,初级标准要求每分钟读懂 600 字以上(这个底线已写进阅读新课标),理解和记忆率在 70%~60% 之间,包括无声阅读法、一目十行法、循章归旨法、意会神摄法、思维导读法。快读的中级标准是每分钟读懂 2000~3000 字;高级标准是每分钟读懂 5000~6000 字;特级标准是每分钟读懂 10000 字以上。

"精读、略读、快读一条龙"这个阅读方法链条以精读为主,快读为辅,略读为中介。承继叶圣陶、朱自清合著的《精读指导举隅》《略读指导举隅》,我与学术搭档甘其勋联袂主编了《快读指导举隅》,使传统的"读法二

分法"发展为现代的"读法三分法",使快速阅读成为语文教育的高科技。语文教师应该是驾驭"精读法、略读法、快读法"的全能阅读者。

六、从读者能力结构看,语文教师应是"智能、知识、情志"兼备的立体阅读者

阅读主体,指与读物发生了阅读关系并在阅读过程中始终抱积极主动态度的读者。他们是写作的参与者和推动者,是作品的评判者和价值的实现者,是文本的传播者和再生产者。语文教师的阅读能力表现为一种多维的立体开放结构:其阅读感知力、理解力、鉴赏力、迁移力、创造力组成的纵向层级结构,属于阅读操作技能的行为系统;其阅读选择力、思考力、想象力、记忆力、时效力组成的横向贯穿结构,属于阅读认知心理的智力系统;二者结合起来,统称之为阅读能力的智能系统,它是整个阅读能力的主干结构。

而阅读智能的生成总要以阅读知识为先导,为后辅。"阅读知识"主要指阅读学知识,诸如阅读本质、阅读过程、阅读规律、阅读文化、阅读美学等方面的阅读原理知识,阅读原则、阅读策略、阅读方法、阅读工具、文体阅读等方面的阅读技术知识,阅读课标、阅读教材、阅读病理、阅读训练、阅读测试等方面的阅读教学知识。它们是整个阅读能力的基础结构。单凭"习得"否定"学得""去知识化",显然是错误的。

阅读能力除了它的智能系统和知识系统之外,还有它的非智力的情志系统。"阅读情志"指阅读的意向品质,包括阅读动机、兴趣、情感、意志,以及由此综合养成的阅读理想、道德、态度、习惯,它们是整个阅读能力的动力结构。我主编的《阅读改变人生》一书,认为"阅读是文明之源、文化之流、学习之母、写作之根、理想之羽、求知之路、开智之窍、立德之柱、审美之鉴、养身之方、创造之灵、生活之舟、爱情之媒、家庭之乐、教育之本、科技之乡、网络之光、生产之力、管理之诀、致富之宝、用兵之道、护法之剑、治国之术、领导之谋、强民之法",全方位阐述了阅读的科学和人文价值。它宣示"闪光的人生始终伴随着阅读,高明的阅读不断改变着人生"。故该书被誉为"中国第一部'阅读动力学'"。站在"阅读社会"的文化背景来

看，阅读能力实质上是投身于精神生产活动的读者智能、知识和情志的总和。它既是把握"物的尺度"的求真能力，又是把握"人的尺度"的向善能力，更是把握"美的尺度"的审美能力。肩负阅读导师重任的语文教师必须用现代精神生产力理论来照射和鞭策自己，树立起"求真、向善、审美三位一体"的阅读能力结构观。

七、从读者角色提升看，语文教师应是"阅读→悦读→越读"的创新阅读者

阅读是读者素质的自我改造和不断提高的过程，在"爱日以学"的"阅读"体验中享受到"悦读"的快乐，在攻读经典的精神拥抱中蜕变成高度自由的"越读"者。这是阅读主体素养不断升华的自我创新过程。2005年，我在《图书馆杂志·悦读时空》专栏发刊词中表白："愿大家都成为一个由'阅读'而'悦读'的人。""悦"是心灵的兑换和交流，"读"是言语的买卖和收发。提倡"悦读"，就是着意营造读者的良好心境，使阅读活动变为一种乐趣，一种享受，一种审美愉悦，使单纯的阅读技术升华为充满人文精神的"悦读"情怀。从"阅读改变人生"的沉重话题到"悦读享受人生"的轻松话题，这个读者角色转换彰显了实用审美相兼、艰苦中求快乐的辩证阅读价值观。

凡有创意的阅读都是"解文、知人、论世、察己"的思维结晶。2005年，我在香港的国际性阅读研讨会上首次提出"阅读的'内宇宙'"，认为"阅读思维的四维空间，首先要跨越读者与文本的距离，解开文本的篇章意义；接着跨越读者和作者的距离，追寻作者的写作意图；进而跨越读者与世界的距离，挖掘文本的历史现实意义；最后跨越读者与自我的距离，省察文本的自我修养意义。这样在四大距离之间往返自由驰骋，就像鲲鹏在海天神游，高扬思维统辖阅读心智活动的主体精神"。

就文体阅读而言，我曾提出"防止悖体阅读，普及适体阅读，力争跨体阅读"的理念。所谓"悖体阅读"是违背文体特征和文体思维法则的阴差阳错的阅读。如2007年我写了《于丹〈论语〉心得：自由化误读的典型》

(《图书与情报》2008年第3期），批评她总体上把《论语》当作文学作品来解读，"视之为一眼温暖的'问病泉'"，未能适应学术文章体裁的阅读方略，坚守"理论思维为主"和"科学阐释为上"的原则，而是习惯于艺术思维和超验想象，以印象描述顶替理性分析，以虚幻故事论述人生哲理，结果把"活着的时候颇吃了苦头"（鲁迅语）的孔子误读成一个只顾"修己"而不重"济世"的"快乐孔子"。该书存在的20种阅读病灶，并非无伤大雅的个例，而是污染了学校的阅读课改和社会的书香风气。所谓"适体阅读"是适应文体特性和文体思维法则的返璞归真的"原形阅读"。即把文章当作文章来读，把文学当作文学来读，对两栖文体进行实用和审美的双重解读。所谓"跨体阅读"是在"适体阅读"的基础上"郢书燕说"的"超原形阅读"。即锐意把文章当作文学来读，把文学当作文章来读。如对文学名著所做的"社会—历史批评"和"科学阐释的批评"。跨体阅读是对产品目标和操作目标的辩证处理，是可以推广的"阅读克隆"。语文教师对阅读中的文体意识必须把握好强化和弱化的辩证法，保证"共性化通解"，避免"自由化误解"，力争"个性化正解"。

2009年，郝明义提出《越读者》的新概念，认为"没有越界，不成阅读"。这个"越界阅读"正是"左书右网"时代下创造性阅读所必经的"解文、知人、论世、察己"这"四重视界的四级跨越"。它不只是跨越纸书的界限，进入网络世界，还意味着跨越"有字书"的界限，进入自然和社会这两部"无字书"的大世界。只有在纸本书、电子书、无字书之间来回穿梭，让书本与实践循环验证的"神游者"，才是真正彻底的"越读者"。由"阅读者"到"悦读者"再到"越读者"，这是读者角色提升的三重境界，是创造性阅读的三级飞跃。

八、从阅读教学对话看，语文教师应是教学多重对话的主导阅读者

1987年，我主编出版了《语文教学能力论》一书，率先建构了语文教学的"十能"体系，其中的"语文教学阅读能力"，既要求教师善于阅读，又

要求教师善于导读。在"以学生为主体,以教师为主导"的教学论启导下,较早就认清了语文教学所需要的高强"阅读能力"和语文教师所必备的特殊"导读能力"。1992年,我与韩雪屏联袂主编出版了中国有史以来第一套《阅读学丛书》(包括《阅读学原理》《阅读技法系统》《文体阅读法》《古代阅读论》《国外阅读研究》5本,160万字),被《语文教学通讯》封底广告为"影响中国20世纪的教育大著"。1999年,我集结甘其勋、王继坤等国内阅读精英,主编出版了《阅读学新论》,认定"阅读是缘文会友的社交行为,是读者与作者及其他读者所进行的一场跨越时空的无声的伟大的对话"。这种阅读对话是主体间的双向互动关系,而不能在读者和文本的"主客间"进行,因为文本自身是缄口无言的。遗憾的是语文课程标准却传导着一种"主客间对话"的阅读理念:"阅读是读者与文本之间的对话","阅读教学是学生、教师、教科书编者与文本之间的多重对话"。这个"阅读教学对话"的表述只见"文本",不见"作者",缺乏对"文"后之"人"的终极关怀。2002年,我就著文建议修正为"阅读教学是学生、教师、教科书编者与文本(作者)之间的多重对话"。如此,让潜在的对话一方明朗化,凸显阅读对话的人际交往关系,使阅读教学对话避免了"主客间对话"常识性错误,坚持了"主体间对话"的真理。对于"导读",老一辈语文教育家叶圣陶、朱自清早就合著了《精读指导举隅》和《略读指导举隅》,率先垂范;语文特级教师中,老生代代表钱梦龙(《导读的艺术》)、中生代代表余映潮(《阅读教学艺术50讲》)和新生代代表程翔(《语文课堂教学的实践和研究》)等,给我们树立了导读的榜样。我认为,一位优秀的阅读导师对细研深思的精读,以声传情的朗读,烂熟于心的诵读,见形知义的默读,闻声解义的听读,提纲挈领的略读,一目十行的快读,都能在理念和操作两个层面做出典型的示范。教师阅读带动学生阅读,学生阅读调动家长阅读,以书香家庭为起点,以书香校园为重点,以书香政府为龙头,以书香城市、书香农村为远景,如此才能逐步推动全民阅读,营造书香社会。

九、从学人阅读习惯看，语文教师应是"读书、阅网、观景三结合"的阅读引领者

叶圣陶早就说过："什么是教育？简单一句话，就是要养成良好的习惯。"我想接着说："什么是阅读教育？简单一句话，就是要养成良好的阅读习惯。"现代学人的阅读新习惯就是"读书、阅网、观景"三结合。我把"读书、阅网、观景"三者结合在一起，看成阅读生活的规律，奉为阅读教育的目标，当作现代学人应养成的阅读新习惯。这是对全民阅读的顶层设计！习惯是不受别人驱使的自动化的行为。阅读习惯有坏习惯和好习惯，旧习惯和新习惯之分。孔子"学而不思则罔，思而不学则殆"，讲的是阅读的坏习惯。孙中山说一天不读书，就不能生存，他养成的是"阅读生活化"的好习惯。古代学人阅读的老习惯是"读书、观景"二结合，即把"读有字书"与"读无字书"联结起来。从先秦的老子、孔子、曾子、庄子、孟子到唐宋的韩愈、柳宗元、苏轼、苏辙、程颢、程颐、朱熹，再到明清的金圣叹、廖燕、王国维、梁启超，古代的"读书种子"、阅读学家都是在"揖"山"答"水的情景中品味书香。进入信息时代的读者，面对最新的电子书和传统的纸本书，都要重新审视自己的学习方式和阅读习惯。与时俱进的现代学人，尤其是语文教师，必须自觉地适应网络阅读新环境，紧跟阅读新潮流，从"左图右书"的传统阅读方式转变到"左书右网"的现代阅读方式，也就是说，要满怀喜悦，告别"读书、观景二结合"的旧时代，迎接"读书、阅网、观景三结合"的新时代。只有把"读书、阅网、观景"三者有机结合起来，"左书右网"，"内读外行"，乐于从有字句处得意，善于从无字句处明理，才算养成了阅读新习惯。

养成"读书、阅网、观景"三结合的阅读新习惯，其诀窍在于学会"精读纸本书，快读电子书，活读无字书"。纸本书中的古今中外经典作品多一些，应尽可能地学会精读；电子书中的超文本最新信息多一些，应尽可能地学会略读、快读；大自然、大社会这两本"无字书"，其中蕴藏的真理，学之不尽，取之不竭，应学会活读。三种读法可以交错地运用于三种书。并不是

网上阅读都是"浅阅读",没有"深阅读";也不是纸本阅读都是"深阅读",没有"浅阅读";更不是说读"无字书"皆为游山玩水,浮光掠影,没有学问。可以肯定地说,读"无字书"比读纸本书、电子书这两种"有字书"更艰难。老子和孔子观水就读出了很多名堂。老子的"上善若水"论("居善地,心善渊,与善仁,言善信,正善治,事善能,动善时")就是从水的七种善性悟出了人的七种德性。看人文景观比看自然景观更复杂,更需要眼力。鲁迅就是阅读社会这一部"活书"的圣手。由"读书"到"阅网",再到"观景",是步步高地攀登"文化泰山"的人生阅读"马拉松"赛。

　　语文教师的职业阅读要求自己成为精英读者、专家读者,欲担当引领阅读新潮流的重任,务必率先养成"读书、阅网、观景"三结合的阅读新习惯,因为它是适应全民阅读的、老少咸宜的、带有普遍意义的阅读新方略。振兴阅读科技,强化阅读教育,培养"读书种子",建设"书香校园",尤其要提倡和践行这种阅读的新风尚。

重视教师阅读素养的研究

北京四中语文特级教师　顾德希

中学语文教师的阅读素养存在不少问题，有在教学中只依据教参照本宣科的，有生硬解读简单说教的，有不负责任东拉西扯的。这些问题都与素养不足有关，亟须克服。但对此若持以居高临下的轻蔑态度，则无助于问题的解决。从个人方面来说，"正人"先要"正己"。要使学生树立正确的价值观念，自己却未必能；要使学生在阅读中感悟到真善美，自己却有所背离。这应是问题的根本。但这类现象的出现涉及的问题很多，倘若只把板子往中学教师身上打就很不公道。

绝大多数中学语文教师都是大学培养出来的，试问，大学在培养过程中有没有出现值得认真反思的问题？比如大学中文系教学，涉及经典名篇，大多是引经据典，对古今中外的相关知识介绍得很多，这诚然有益，但教师个人置身于作品中的切实感悟、真知灼见，则相对少得多。这种教学，在解读文本能力的养成方面，启发性是否存在明显不足？这反映在中学阅读教学中，就是教师会介绍作家、背景以及相关评论，而若要求结合作品具体文句进行有启发性的点拨，就捉襟见肘，几乎没多少值得一说的东西。很长时间以来，这正是中学生对语文课不感兴趣的重要原因。一篇课文摆在面前，倘若离开中学生看得见、摸得着的那些具体文句，只是翻来覆去讲些离他们很远的作家作品知识，或者墨守成规，机械沿用分段分层的办法来分析文章，要让学生喜欢语文课，实在太难。就我个人而言，走出这种困境，大概用了十几年工夫。

我的这种经历大概可以说明，中学语文教师阅读素养不足的问题由来已久。记得叶圣陶先生谈文学时曾说，大多数人是一辈子读不通也写不通的。叶老的意思是极言读写之难。除少数人外，对大多数人来说，是件非痛下功夫不可的事。那种站在"云端"里指责中学教师的事情最好终止。中学教师阅读素养问题，需要大学、中学合力解决。

讲若干条阅读方法，倘若讲得恰当，也会很有启发。但把太多的方法孤立起来就不行。太多，就脱离了普通读者阅读实际。人们的阅读范围十分广阔，不同人的阅读各有侧重。我觉得中学教师的阅读，既要有开阔的视野，也要把自己当成与学生差不多的一名普通读者。中学生并不简单，到了高中，杰才异能之士更多。上面说到，我之所以在阅读上花十几年工夫走出困境，就是始终深感自己未必比学生强。把自己当成一名普通读者来阅读，我个人的体会可以用八个字概括：心静意诚，入境则通。心静才能读书，心浮气躁，东翻西捡，读不出什么所以然。要心静，就得意诚。有不误人子弟的诚心，有把学生当作共同学习伙伴的诚意，教师就能孜孜以求地阅读。当你觉得自己比学生强很多很多的时候，其实不少学生早就不耐烦了，倘此时仍无自知之明，就很不妙。所谓入境，有两层意思。一指老师把自己放到与学生平等互动的情境中，此时水平高、水平低的学生都会令你有所发现，这就是教学相长。有时学生在阅读中会提出些似乎离题万里的问题，其实细想想，未必没有可以弥补教师不足的因素。老师的提高，缺少不了学生的作用。二指进入作品语境。文学作品的语境很重要，非文学作品也并非没有"语境"。记得我退休前，有篇课文是吕叔湘先生的《语言的演变》，不少同志认为这不过是篇枯燥的知识介绍，没得可讲。其实吕先生这篇文章也是有语境的，那就是汉语几千年语音、语义、词汇的发展变化。要进入这样的语境不大容易，但静下心来，把吕先生深入浅出的那些话好好消化消化，就不难发现吕先生的深邃之处，学生还是会从中受到极大启发的。又比如那时有邓小平《讲讲实事求是》一文，有的同志认为那不过是些尽人皆知的话，没意思。但我曾问过不以为然的同志，是否发现这篇文章在对实事求是的论述上，有别人从来没有说过的话。被问者颇感愕然。邓小平说，当一件事不这样做就什么事情都做不成了，就得这样做，这就是实事求是（大意）。这么来谈实事求是，是否有其独到的深刻之处？如果我们心静意诚，不管文学作品还是非文学作品，大凡经典之作，只要进入其中，都可获得许多发现。

要真正进入作品之中，起码是能把它复述一遍。这件事非"心静"莫办。古人所谓"书读百遍，其义自见"，所谓使其言皆若出于己之口，其意皆若出于己之心，都是"入境"的不二法门。舍此并无捷径。否则，读什么作品，大都只能站在外面，进入不到里面去，偶有"感悟"也常会抵牾难通，或者只能说些他人的话。当然，并不是说语文教师不准介绍别人的评论。但若自己总是读不出什么真切的感悟，那就与教育教学的实际需要存在很大距离。

要使语文教师不断提升阅读素养，校长的作用也很大。学者型的校长，对教师提高阅读素养有"身教"的作用。校长要生活在教师之中，学生之中。校长不应是只凭一堆毫无生命力的"数据"对教师实施管理的陌生人，而应是教师的良师益友。我刚参加工作的时候，四中主管教学的俞校长，为人寡言，但深受大家尊敬。他认真听每位教师的课，坚持正面引导，从不随便指手画脚。他与四中多位老教师反复切磋，总结各科教学的经验，拟定出四中教学十大原则——循序渐进，举一反三，深入浅出，直观形象，文以载道，温故知新，循循善诱，有的放矢，因材施教，教学相长——这些看似"老话"，但却是从群众中来、到群众中去的经验总结，每一条都有丰富的教学实践支撑，这就有巨大的生命力。其拟定过程，就是营造孜孜不倦、读书向上的优良风气的过程，对那一代四中教师提升阅读素养帮助很大。

办好一所学校的关键在于校长和教师，这是毛泽东同志的至理名言，永远不会过时。教师阅读素养问题与大学教育有关，与校长有关，这是不应被忽略的。

教师阅读素养是个大命题。语文教师的阅读素养是个小一点的命题。但既是课题研究，我想最好对研究范围进一步有所限定，这样可能对推动基础教育发展起的作用更大。我觉得不妨把"青年语文教师的阅读素养"作为研究重点。

关于这个问题的研究，我想是否可包含以下内容。

首先是关于阅读素养结构的初步研究。我们可通过文献研究、问卷调查、专家座谈等方式，对什么是阅读素养，做出初步的理论描述。对这种阅读素养的构成，我个人意见是，可含四个维度，即诵读、泛览、精思、表达。

我比较倾向于用"诵读"这个提法，而不用"朗诵"。诵读可以包括朗诵，但朗诵对先天条件要求较高，不一定适用于每个人。诵读则适用于每一个人。诵读既适合文言文也适合现代文。诵读可反映语感水平，也可反映准确认知能力和进入作品语境的程度。出声音的诵读是阅读素养的重要基础。诵读能力强，默读能力也必是好的。

泛览，既指阅读的范围广，也可包括浏览速度。如果在某些方面读的作品多，那么这方面的知识基础就会好一些，筛选信息的能力就会强一些。语文教师应当有广泛的阅读兴趣，古今中外，各类文学作品以及历史地理、哲学数理等其他文化著作，都应有所涉猎。各类工具书，包括一些重要的文集、年表、类书，都应翻翻。

精思，指精读思考，亦即对作品深入解读的能力。它的要求是，除了准确把握文句的一般语境义，还需善于从某些局部入手，有所发现，并继之以相关信息的筛选、梳理、整合，继之以恰当的比较、推断与评价。倘若不能"心静"，就不可能在较长时间对某些局部形成"稳定注意"，也就无从完成深度阅读与审美评价。

表达，主要指写文章。阅读是吸纳信息，表达是输出信息，但二者关系紧密。我认为"到得会'写'始能'读'"，可能是普遍规律。倘若没有若干篇作品"烂熟于胸"，当然不可能具备较强的写作能力；而一旦具备较强的写作能力，又必然会在阅读中更敏锐，更善于在人家"何以这样说"中获得更丰富的启示。

阅读素养的结构，是否适合用这四个维度来描述，还需要论证，这里不过是抛砖引玉而已。

但这一步研究很重要。我们只有对阅读素养的结构形成初步认定,才可能对于各维度上划分等级的诸要素做出进一步描述。有了这样的认定和描述,就可以对"阅读素养"做进一步的实证研究。

对于阅读素养,我认为很需要进行实证研究,这一步至关重要。

谁都可以就阅读素养问题发表很多见解,比如我说的"四个维度",便也是一种见解。但怎样证明实际状况确是如此呢?倘没有必要的实证研究,就很难说事实果真如此。也就是说,倘若我们仅仅停留在何谓阅读素养的讨论上,那么对基础教育工作进一步改进的实际作用就会很有限。

假设我们以300~500名25~35岁的语文教师为样本,根据各个维度上划分等级的诸要素来进行测量,并把测量所得与他们教学实际的状况进行比对。倘若最后统计结果证明,相关参数与他们实际的教学质量高度吻合,那我们就可初步认定,我们对阅读素养的理论描述是符合实际的,否则我们就要对理论描述再做完善,甚至大幅度修改。

这个实证研究的过程十分复杂,上面只是大略概述。果真开展这样的实证研究,工作量会非常非常大,在很多环节上,比如300~500名教师怎样选定、这个数量是否足够、各个维度上怎样确定划分等级的要素、统计测量要用怎样的具体方法、怎样与教学实际状况进行比对等,都还须全面、审慎地多次论证。

尽管实证研究很艰苦,但倘若没有具有科学意义的实证,我们又怎么走出泛泛而谈的尴尬境地呢?只是泛泛而谈,再谈20年,对基础教育的实际工作也很难取得"质"的突破。倘若我们的课题研究,能够证明在实际工作中教师的阅读素养是怎样的,能说清楚高一点的是怎样的,低一点的是怎样的,那我们的研究成果,必能发挥很大的积极作用。

教师阅读素养的构成是动态的。50年前的阅读素养与今天的肯定差别很大,20年后与今天也会有所不同。倘若从实际出发,对阅读素养的结构要素,做出与实际高度吻合的研究论证,这一研究过程必有十分重大的意义。因为这将预示着我们有可能对今后语文教师不断提升水平提出比较科学的动态"量表"。对于国外类似问题的研究应当有所借鉴,但汉语阅读有极大特殊性,最重要的还应是我们自己的实证研究。

在教师培养和教师继续教育方面,过去我们只有"学历"教育,后来引进的东西多一点了,但怎样确保教师质量的提高,怎样解决教师资源分配不均衡的问题,倘若能有比较科学的、关于阅读素养的动态"量表",那么这一切工作都可能获得进一步的"质"的改进。

中学生阅读鲁迅小说的几个问题

北京师范大学文学院教授　李　怡

关于鲁迅的作品在中学语文教材中的增减问题始终争议不断,据说,减除鲁迅作品的重要理由是他的思想和文字都太深了,也脱离了时代,并不受中学生欢迎。果真如此吗?是我们的时代真的超越了鲁迅的境界,还是我们的鲁迅教学根本就没有找到与学生沟通的有效渠道呢?在这里,我不想陷入"鲁迅意义"的重复性讨论,只想以具体的小说为例,以中学教材所收录的鲁迅小说为例,看一看我们还可以怎样阅读鲁迅,而这样的阅读是不是真的陈旧不堪,不能与当今中学生的心灵契合。

在过去,我们总是在鲁迅小说中挖掘现代革命史的形象说明,从鲁迅的文学中阅读出革命家的论述,这样一来,鲁迅就慢慢脱离开了文学的鲜活,成为僵死的历史说教。

鲁迅小说必然蕴含重要的社会人生主题,这一点似乎无可怀疑。但是,问题在于,我们对于所谓"社会人生主题"的理解不可过于狭隘,也就是说,"主题"往往存在于作家情感深处对于人生的基本关怀,而不一定是当时流行的某些历史观念。鲁迅小说就是这样,过去的鲁迅研究,一味在现代革命史的长河中寻找鲁迅的"革命"意义,最后,鲁迅的意义只存在于教科书里的历史主题,似乎这些主题不存在于鲁迅小说就不能证明鲁迅的价值。最后,政治家关于中国历史性质及近现代历史的论述直接被挪作鲁迅小说的主题，这些理解都大大地曲解了鲁迅，也缩小了作为"文学"的鲁迅小说的丰富性。

在传统鲁迅小说阅读中，人们常常提及他小说的"社会批判"主题，其实这就是一个似是而非的判断。因为，仔细阅读鲁迅小说，我们就不难发现，其中并没有中国现代化所必要的政治主题、经济主题与军事主题，尽管过去也有人不断将它附会于一些政治主题（如《风波》与张勋复辟，《药》与旧民主主义革命的不彻底性等）与一些经济主题（如《伤逝》与自由婚姻的经济基础问题等），但事实证明都与鲁迅小说的文本逻辑相去甚远。从总体上看，鲁迅并没有致力于空泛的"社会批判"，如何提高和改善中国人的生存质量才是他"社会"关怀的核心。如果说他进行了怎样的"社会批判"的话，那么这样的"批判"也就集中于我们这个生存的环境是如何以种种的形式剥夺和扼杀人的生存权利、削弱人的生存质量的。

也就是说，鲁迅社会批判的中心其实就是对摧残人权现象的批判，鲁迅所悲哀的是中国人的"非人间"生活。

《祝福》的主题是什么呢？过去，我们一般从"三座大山、四条绳子"这样的角度加以理解，这固然有它的合理性，但是，这样一来，其实我们就将祥林嫂的悲剧固定在了一个业已"消失"的时代——旧社会了。而且像鲁四老爷这样的乡绅也就理所当然成了罪魁祸首，因为这样的地主阶级恰恰就是"旧社会"的万恶之源。这样的理解与鲁迅小说的丰富性相比，实在过于简化！其实，像鲁四老爷这样接受传统伦理道德训育的乡绅，并不是肆无忌惮的刽子手，相反，出于维护传统民间道德的需要，他也会扶弱济贫，对像祥林嫂这样的不幸者给予适当的帮助。在《祝福》中，鲁四老爷两次让祥林嫂帮佣，其实这也就是提供就业机会的一种形式。鲁迅看待祥林嫂的悲剧，不是基于简单的阶级压迫与政治压迫，而是将它置放在更为宽阔的人类生存、人类尊严的领域中。在这个领域，能够压迫祥林嫂的就不仅仅是"地主"鲁四老爷了，而是祥林嫂周边的所有人物，是整个的中国生存环境。如果这本来就是一个没有人格概念、不尊重他人的"吃人"的环境，那么，几乎所有的人（包括其他弱小者与无辜者）都会自觉不自觉地实施对他人的伤害。比如"善女人"柳妈之于祥林嫂：

"唉唉，我真傻。"祥林嫂看了天空，叹息着，独语似的说。

"祥林嫂，你又来了。"柳妈不耐烦的看着她的脸，说。"我问你：你额角上的伤疤，不就是那时撞坏的么？"

"唔唔。"她含胡的回答。

"我问你：你那时怎么后来竟依了呢？"

"我么？……"

"你呀。我想：这总是你自己愿意了，不然……。"

"阿阿，你不知道他力气多么大呀。"

"我不信。我不信你这么大的力气，真会拗他不过。你后来一定是自己肯了，倒推说他力气大。"

"阿阿，你……你倒自己试试看。"她笑了。

柳妈的打皱的脸也笑起来，使她蹙缩得像一个核桃；干枯的小眼睛一看祥林嫂的额角，又钉住她的眼。祥林嫂似乎很局促了，立刻敛了笑容，旋转眼光，自去看雪花。

……

她久已不和人们交口，因为阿毛的故事是早被大家厌弃了的；但自从和柳妈谈了天，似乎又即传扬开去，许多人都发生了新趣味，又来逗她说话了。至于题目，那自然是换了一个新样，专在她额上的伤疤。

"祥林嫂，我问你：你那时怎么竟肯了？"一个说。

在这里，人在日常生活中被压抑的不能满足的欲望以扭曲的方式释放出来，而释放的结果却是别人对苦痛的玩赏，中国社会之蔑视人权观念已经渗透到了人们的无意识。同样，来自无意识层次的这种扭曲才是最根深蒂固，也最让人无从分辨的。鲁四老爷一家对祥林嫂既帮助，又自觉不自觉地戕害着，这种为日常道德所无法指责的冷漠恰恰是最可怕的。尽管她曾经"做工却毫没有懈，食物不论，力气是不惜的。人们都说鲁四老爷家里雇着了女工，实在比勤快的男人还勤快"。人们的喜庆与"祝福"都绝不包括这个"不干不净"的女人，祥林嫂还是没有基本的权利：

"你放着罢,祥林嫂!"四婶慌忙大声说。

她像是受了炮烙似的缩手,脸色同时变作灰黑,也不再去取烛台,只是失神的站着。直到四叔上香的时候,教她走开,她才走开。这一回她的变化非常大,第二天,不但眼睛窈陷下去,连精神也更不济了。而且很胆怯,不独怕暗夜,怕黑影,即使看见人,虽是自己的主人,也总惴惴的,有如在白天出穴游行的小鼠;否则呆坐着,直是一个木偶人。

后来,当祥林嫂死去的消息传来,鲁四老爷当即表示:"不早不迟,偏偏要在这时候,——这就可见是一个谬种!"是啊,不仅是鲁四老爷,也许谁都觉得她的存在就是一个多余!

《风波》的主题曾经被我们与张勋复辟紧密联系,仿佛赵七爷真就是张勋复辟势力的基层代表,这实在太高估赵七爷的政治觉悟与文化水平了。对于这位只擅长《三国演义》的乡村人,张勋与复辟都离他过于遥远,他关心的其实就是七斤对于他权威的挑战。"君子报仇,十年不晚",似是而非的"张勋复辟"传说只不过给了这个"君子""冠冕堂皇"复仇的机会——他可以借机实施对七斤一家的精神恐吓而勿须承担一丁点"刽子手"的责任。这种"中国式"的报复实在含蓄而"温和",但它却能恰到好处地挑动起一场令复仇者深感快意的"风波",而"风波"之兴起却又昭示了一个基本的事实:中国的家庭人伦关系何等脆弱,"夫妻本是同林鸟,大难临头各自飞"。当传统道德的纽带失效之后,我们目睹的是多么凉薄的夫妻、婆媳及街坊四邻的关系。王富仁先生分析说:"这是一幅在封建礼教的温情脉脉面纱覆盖下的凉薄、冷酷的人与人之间的感情关系图。鲁迅在小说一开头,说诗人们会将这幅图景误认是无忧无虑的田家乐,而他通过对这个场景的细致描绘,拆破了它表面的和谐恬美,暴露了人与人之间关系的冷酷凉薄。"①

同样,中国史学界已经证明了辛亥革命的伟大与成功,把辛亥革命成功之后出现的民国乱局都统统归结为"旧民主主义革命"的不成功是相当片面的,在这个时候,我们再简单认定《药》的主题是揭露旧民主主义革命的不

---

① 王富仁. 文化与文艺 [M]. 长沙:北岳文艺出版社,1990:178.

彻底性，显然就十分不够了。平心静气地阅读《药》，我们就会体会到，鲁迅的整个同情都倾注在革命者夏瑜身上，很难看出他对这位"旧民主主义革命者"的批判和指责。相反，鲁迅关注的是，一位为了大众幸福付出自己生命的革命者竟然在普通民众的心中毫无地位，其最大的意义不过就是成为"人血馒头"的一部分。在这里，人间的冷酷达到了令人窒息的境地。

以上阅读方式，质朴而不花哨，并没有采用流行时尚来"扮靓"鲁迅，但我相信它肯定是中学生愿意接受的内容：鲁迅并不故作高深，他关心的是人间的幸福，同情的是普通的弱者，反抗的是专断的强权，思考的是"我们现在怎样做父亲"。他以深沉的人间关怀，以自己的体温抚慰那些受伤的灵魂。对于正在寻求独立、走向社会而满眼惶惑的中学生而言，这不正是他们需要的温热和智慧吗？这样的鲁迅，在何种意义上脱离了时代、脱离了人性的基本需要呢？

至于说鲁迅的文字不符合当今的语言习惯，不利于"规范语文"的学习，我想同样存在巨大的误解。这里的关键问题在于，在文学阅读中，我们如何把握文字的魅力？仅仅是僵死的记忆、背诵某些字词呢还是总体感受文学语言、文学描写的新颖与奇异？如果只执着于个别字词的书写、使用形式，我们当然可以从鲁迅半个多世纪以前的书写中挑剔出与当今语言习惯的差异，但是我们也不可忘记，就是今天号称深受鲁迅文字魅力影响的文学大家如莫言、余华等，不是照样在建构非常具有当代特征的语言形态吗？鲁迅的语言影响何曾束缚了他们的思维与创造呢？

文学的文字价值，最重要的是它在整体上的艺术风格所传达的创造性与异样感。就是这样的陌生化的传达，才"激活"了阅读者的审美趣味，引发了新的语言文字的创造。

鲁迅小说以独特文字艺术打破了人们所熟悉的小说表现的单一性，在一种故事中努力发出多种"声音"，是谓"多声部"的艺术选择。他将叙写"世情""市井""世态"的传统小说样式与外来艺术趣味完美结合。这里有批判现实主义的忧愤深广，也有浪漫主义的反叛激情；有现代主义的阴郁，也有后现代式的反讽。在美学风格上，呈现为一种"悲喜交集"的特点。鲁迅俯瞰人生，容易发掘其荒谬之处，从而造成了文学的讽刺性与喜剧效果，但它同时又对广大众生的满怀悲怜，发现无处不在的悲剧性。《祝福》《风波》与《药》莫不是这样的悲剧小说。

值得注意的还有这些小说的叙述也出现了多重的"声音"。

一方面，鲁迅突破了全知全能的叙述模式。中国古典小说的叙述传统是全知全能，即作家高高地居于整个世界与人生之上，对他所描写的人生世事、人物关系均了如指掌，可以任意支配人物的行动与事件的发展。这样的叙述方式只有一个"声音"，即作家自己的观念和认识，因为作家完全可以控制事物的全程。然而，在"惨淡的人生，淋漓的鲜血"面前，鲁迅却失去了中国古代小说家那样"全知全能"的自信。他充分体谅和理解着一切生命的多样化存在形式，除了自己的"声音"，他并没有拒绝其他的"声音"。鲁迅大量使用了第一人称的叙述方式，如《祝福》中那个不能回答祥林嫂疑问因而大可质疑的"我"。"我"在鲁迅小说中颇有点暧昧晦暗的色彩，至少，并不代表作家鲁迅本人的明确立场，或者说也就是鲁迅有意为自己的多重人生理念所设计的多重"声音"之一。

另外一方面，鲁迅似乎又仍然希望在第三人称的"客观"叙述中汇入某种倾向的主观的"声音"，适当对读者传达个人相对明确的观感。如《药》的末尾那个坟上花圈的"曲笔"。鲁迅还是不愿意自己的小说过于绝望，希望用花圈的出现多少给人一点安慰。

对于习惯于单线条把握文学作品的读者而言，一下进入鲁迅小说，就很容易为其中的繁复景观所吸引，而能够理解鲁迅的小说，也就大大拓宽了我们的阅读视野，了解到文学艺术的世界原来可以如此广阔！这不也正是"初涉文学"的中学生所需要的吗？如果我们的中学语文教育都能够打破过去的教育模式，展示出一个真正有魅力的鲁迅的文学世界，那么，作为"课文"的鲁迅作品究竟应该是删节、是保留，还是增加，我想答案不言而喻。

论有意思的阅读

华中师范大学文学院教授　晓　苏

我这里所说的有意思的阅读，是相对有意义的阅读而言的。在我看来，有意义的阅读，主要是从作品中寻找、发现、打捞某种思想价值；有意思的阅读，则主要是从作品中感悟、体验、品味某种情调和趣味。它们是两种截然不同的阅读诉求，也可以说是两种迥然有别的阅读方式。

从阅读诉求来讲，有意义的阅读更强调作品的教育性，包括政治教育、道德教育、伦理教育，通俗地说就是我们经常所讲的三观教育。有意义的阅读，其主要目的就在于利用作品中所渗透的思想价值，帮助读者树立正确的世界观、价值观和人生观。有意思的阅读更强调作品的审美性，包括自然审美、社会审美、艺术审美，简单地说就是美学意味。有意思的阅读，其主要目的就在于把蕴藏在作品深处的情调和趣味发掘出来，让读者在美的感染和陶冶中形成纯正的审美意识，进而培养和提升读者感知美、鉴赏美和创造美的能力。

从阅读方式来讲，有意义的阅读更多采取的是粗读。粗读有三个特点，一是重速度。他们往往一目十行，有点儿像走马观花。这是由阅读诉求决定的。因为他们只是为了寻找作品的思想价值，所以眼睛就只盯着思想二字，认为有思想的句子和段落就多看两眼，觉得没思想的部分便一闪而过。二是重局部。一部作品，尤其是那些优秀的作品，即使单从思想价值来说，也可能是丰富多彩的。但是，他们所需要的思想并不是作品的全部思想，而只是对他们有用的思想。因此在阅读的时候，他们往往只关注作品的局部，甚至只是片语只言。常常掐头去尾，以偏概全，断章取义，丝毫不顾作品的本相与全貌。三是重内容。任何体裁的作品，无疑都是由内容和形式两方面构成的。然而，由于思想价值大多依附于内容，因此他们对作品的内容十分重视，而对作品的形式却视而不见。与有意义的阅读相反，有意思的阅读基本上采取的是细读，即精细化阅读。在细读的过程中，读者更看重质量，更看重整体，更看重形式。

我们可以把阅读诉求和阅读方式看作阅读姿态。姿态决定状态。由于阅读姿态不同，有意义的阅读和有意思的阅读便呈现出两种完全不同的阅读状态。总体来说，有意义的阅读给读者带来的感受，恐怕更多的是抽象、枯燥、干瘪、僵硬、沉重和疲倦，而有意思的阅读给读者带来的感受，更多的应该是形象、生动、丰饶、鲜活、轻松和兴奋。毫无疑问，与有意义的阅读相比，有意思的阅读更接近阅读的理想状态。

然而不幸的是，我们当下的阅读，特别是基础教育阶段语文课堂上的阅读教学，几乎都属于有意义的阅读。可以毫不夸张地说，我们的阅读教学基本被所谓的思想价值笼罩着，没有情调，没有趣味，干巴巴的，空洞洞的，死*板的，只见意义，不见意思，毫无美感可言。

为什么会导致这种糟糕而可怕的阅读状态呢？原因虽然是多方面的，但我认为最主要的一点，恐怕是教师的阅读理念有问题。由于极左思潮的干扰和影响，我们的语文教育长期以来都没能取得语文学科的独立性，始终承载着思想教育的义务。作为语文教育的重要组成部分，阅读教学更是首当其冲，一直发挥着它的教育功能，而其应有的审美功能却一再被忽视，被削弱，被降低。久而久之，语文教师便把对思想价值的获取当成了阅读的主要诉求，反而对作品的情调和趣味不屑一顾，或者是麻木不仁。与此同时，语文教师也逐渐习惯、适应、迷恋上了有意义的阅读，相反对有意思的阅读心存戒备，甚至刻意冷落和疏远。原因是，有意义的阅读不仅稳妥、保险、简单，而且也不怎么需要情怀、智慧和能力，客观上给很多语文教师提供了偷懒、投机和取巧的空间。

有意义的阅读尽管在当下的阅读教学中大行其道，并且备受大多数语文教师的青睐，但不可否认的是，这种阅读是违背语文课程标准的。按照语文课程标准的要求，阅读教学的基本目标是，帮助学生养成良好的阅读习惯，掌握科学的阅读方法，具备扎实的阅读能力。遗憾的是，有意义的阅读显然无法担此重任。那么，怎样的阅读才能实现阅读教学的目标呢？我认为，有意思的阅读应该是不二选择。因此，我们要大力倡导有意思的阅读。

有意思的阅读不仅能帮助我们实现阅读教学的目标，而且还能有效地改变当下让人担忧、令人痛苦的阅读状态。我在前面说过，有意思的阅读着眼于情调和趣味，并且将审美性贯穿于阅读过程的始终。它不求宏大而深刻的思想价值，或者说，它不怎么重视意义的提炼与归纳，只求感悟到某种情调，体验到某种趣味。这种阅读不端架子，不板面孔，不故作高深，更不装神弄鬼，往往显得很低调，很平实，很生活化，因此能有效地消除读者长期以来形成的对阅读的那种神秘感、恐惧感和厌恶感。同时在读者与作品之间建立起一种平和的、友好的、亲近的关系，从而让读者在精神与情感上得到更多的释放、宣泄和缓解，进而感到阅读是一件开心、快乐、美好的事情。

上面，我讲了有意思的阅读的必要性与重要性。接下来，我想着重讲一下如何实施有意思的阅读。换句话说，我们在阅读教学中怎样指导学生读出作品的情调和趣味，从而充分发挥阅读的审美功能。

前面我已经提到，有意思的阅读主要采取的是精细化阅读方式。精细化阅读也可以称为文本细读，指的是接受者对具体文本的细腻、全面、深入、真切的感知、阐释、分析。它要求读者紧扣文本，深入到文本内部，从细节、故事、情节、人物、环境等每个细微之处进行精读细解。实施精细化阅读的路径很多，这里，我主要推荐三种最能彰显文本情调和趣味的阅读策略。

第一种，细节化阅读。细节是文本中细小的环节，它有三个不可低估的力量，一是吸引力，二是说服力，三是感染力。细节是形象的、生动的，所以它能吸引读者；细节又是客观的、具体的，所以它能让读者信服；细节还是独特的、感性的，所以它能让读者受到感染。更重要的是，情调和趣味一般都潜伏在一个一个的细节之中。因此，有意思的阅读必须从细节进入。如果不读细节，只读情节和梗概，那么情调和趣味就会与读者无缘，或者擦肩而过。

在具体的操作中，我们应该特别关注那些关键性细节，尤其是在文本中反复出现的细节，它们蕴含的情调和趣味往往更加丰富和复杂，因而更有审美性。例如王祥夫的《上边》。同一部作品中三次写到儿子撒尿，细节的反复出现使情调和趣味不断增强。因为厕所的地面重新糊了一层水泥，没干之前不能使用，所以儿子就站在土场边上撒尿。

儿子去了院子西南角的厕所，但儿子马上又出来了，然后，就像小时候那样，叉腿站在院子里，脸冲着厕所那边，做什么？在撒尿。原来厕所里的水泥还没干呢。儿子像小时候一样把尿撒在院子里了……刘子瑞女人在屋里看着儿子叉着腿在院里撒尿。

儿子撒尿这个细节很真实，很独特，也很精细，但是如果只出现这一次，意思就不大。而王祥夫却紧紧抓住了这个好细节，在后面又两次别具耐心地写到了这个细节，并且一次比一次感人。儿子出远门后，母亲一个人回到屋里觉得心里空落落的，于是就走到院子里。

刘子瑞女人一下子看到了什么？嘴角抽了抽，像是要哭了，她慌慌张张地过去了，靠厕所那边的地上，湿湿的，一小片，但已经翘翘的，是儿子临走时撒的尿。刘子瑞女人在那湿湿翘翘的地方站定了，蹲下了，再后来呢，她把手边的一个盆子抱过来，把那地方牢牢盖住了，又哭了起来。

这个细节描写就是对第一次撒尿细节的反复，进一步写出了母爱的深沉与动人。作者写到这里还没满足，后来，也就是儿子离开的第二天，作者又一次写到了这个细节：

刘子瑞女人做完这一切，便又在那个倒扣的盆子边站定了，她弯下身子去，把盆子，慢慢慢慢，掀开了，盆子下边是一个干干的翘起来的泥碗样的东西，是儿子给她留下的。没有人能听到刘子瑞女人的哭声，因为上边的村子里再没有别人了。那些鸡，它们怎么会懂得主人的心事。

在第二次写这个细节时,那块尿是翘翘的,但还是湿湿的,到了第三次写这个细节时,那块被尿打湿的土已经是干干的了,并且翘得更厉害,翘成了一个泥碗样的东西。细节在反复中不断变化,在变化中不断拓展着人物的内心世界。作者通过儿子撒尿这个细节的反复与延伸,一步进一步地吸引读者,说服读者,感染读者。从上面这个例子中可以看出,细节化阅读是有情调的,有趣味的,属于真正的有意思的阅读。

第二种,多元化阅读。多元阅读是与一元阅读相对而言的,也是现代阅读与传统阅读的一个本质区别。传统的阅读属于封闭型阅读,它对文本的理解往往是绝对而单一的。现代阅读则属于开放型阅读,它主张读者对文本进行相对而多样的理解与阐释。文本之所以可以多元解读,是由两方面的因素决定的。一方面,读者具有差异性。从共时角度看,不同的读者由于生活经验、知识水平、感悟能力、思维方式、观点立场等方面的千差万别,往往对同一文本的解读会出现差异。从历时角度看,同一个读者在不同的成长阶段对同一文本的解读也会有所不同。因此,多元化阅读有利于最大限度地调动读者的生活积累和情感积累,充分发掘出文本的多种情调和多样趣味。

比如一部作品的主题,我们就应该从不同的角度去进行理解与阐释。现代写作者都非常注重主题的多义性,从写作者的角度说,可以在同一篇作品中表达多个主题。从阅读者的角度讲,一部作品的主题可以从不同的角度去把握,因而就有了各种不同的释义。现代阐释学认为,文学文本能够脱离它在创作时的特殊而具体的语境,具有作品自身独立的语境,所以,文本的主题并不局限写作者写作时的主观意图。它是向广大读者开放的,读者可以摆脱写作者当初的语境,联系自己的生活体验,从而创造一个新的语境,进而解释文本中蕴含的各种隐喻意义或象征意义,得出新的主题。如现代诗人卞之琳的《断章》:

你站在桥上看风景,看风景的人在楼上看你。明月装饰了你的窗子,你装饰了别人的梦。

有的读者认为这首诗表达了诗人对爱情生活的观察与沉思。站在桥上的人和站在楼上的人是一男一女,至于哪一位是男哪一位是女并不重要,重要的是他们并没有相互对视。站在楼上的人爱着站在桥上的人，而站在桥上的人却爱着别处的风景。可以说楼上的人只是单相思，也可以说桥上的人有了第三者。总之，诗人写出了爱情关系的复杂性。有的读者则认为这不是写男女爱情的，而是泛写人际关系的。在社会生活中，每个人虽然都是独立的个体，但时时处处都在与他人发生着关系。人与人之间是相互依存又相互制约的，人与人之间是互为风景的，你在把别人当作风景看的时候，另一个别人也在把你当作风景看。诗人似乎在告诉我们，作为社会关系总和的人，总是有太多的限制，不可能进入世外桃源，获得绝对的自由。有的读者进而将这首诗的主题推得更广，扩得更大，认为它揭示了万事万物的相对性。你看风景，看风景的人在看你，你又成了别人眼中的风景。明月装饰了你的窗子，你又成了别人梦的装饰，这说明宇宙间的万事万物都是相对而言的。很显然，这种多元化阅读有效地彰显了文本的情调和趣味，给读者带来了更多的人生启迪与美感享受。

第三种，形式化阅读。形式在文本中是与内容相对的一个概念，可以看作是内容的组织原则，包括文体形式、结构形式和语言形式。在传统的文学理论看来，文本内容的重要性要远远大于形式，认为内容决定形式，形式只能为内容服务。我却认为，在一个具体的文本中，尤其是在文学作品中，形式的重要性要大于内容。内容虽然能决定形式，但形式并不是被动地为内容服务的，有时候形式还可以扩大内容，改变内容，颠覆内容，甚至创造内容。因此，我们在阅读时千万不能小看形式，更不能像有意义的阅读那样忽略形式。

更有意思的是，同一种内容，如果用不同的形式呈现，内容会传达出不同的情调和趣味。比如有一篇题为《明天大雪》的小说，写的是四个地方四对男女的婚外恋和一夜情，其内容可以说毫无新意，而且俗不可耐。然而，作者却独具创意地使用了一种圆形结构，从而把一个又旧又俗的故事写出了新意。故事发生在四个地方的八个人之间，时间是一场大雪来临的前夜。这四个地方分别是吴镇、王庄、张沟和洪村。大雪来临的头一天，洪村姓洪的商人前往吴镇找吴老板，但吴老板却不在吴镇，他前往王庄买野味了，吴老板的妻子小素接待了姓洪的商人。小素是一个爱读书爱幻想的女人，她一直崇拜着姓洪的商人，于是主动向姓洪的商人示爱，两人终于睡到了一起。也就在这天晚上，吴镇的吴老板到了王庄，可王猎户不在家，他前往张沟打猎去了。吴老板于是和王猎户的老婆碗儿发生了关系。还是在这天晚上，王庄的王猎户到了张沟翠翠家，他对翠翠垂涎已久，恰好翠翠的哥哥去洪村了，王猎户便抓住这个机会向翠翠求爱。仍然是这个大雪到来之前的晚上，张沟以烧木炭为生的翠翠哥哥到了洪村，他是为一个叫玖的女人送木炭去的。这个叫玖的女人疯疯癫癫，一天到晚生活在对往事的回忆之中，她可能就是姓洪的商人的妻子。正好姓洪的商人前往吴镇了，所以翠翠的哥哥就抓住这个难得的机会和玖待在了一起。作品共有25节，每一节都用小标题来标志事情发生的空间。第一节写吴镇，姓洪的商人到了吴老板的客栈，看见了动人的小素。第二节写王庄，吴老板看见了王猎户的老婆碗儿从菜畦里冒出一颗俊俏的头来。第三节写张沟，翠翠听见屋后林子里传来一声枪响，便知道是王猎户来了。第四节写洪村，疯疯癫癫的女人玖盼望一个卖炭的男人吆喝着向洪村走来。以上四节构成了第一圈，都是上一节的结尾连着下一节的开头。第一圈写完之后，第五节又写到吴镇，依次又写王庄、张沟和洪村，全篇一共循环往复了六次，最后一节又写到吴镇，与小说的开头相连，形成了一个完整的圆。这种圆形结构具有多方面的艺术功能。一方面，它能使作品产生一种乐章式的节奏感和音乐美。另一方面，它能使叙述产生一种跳跃性，不至于让读者在阅读过程中感到沉闷和疲倦，反而能使读者始终处于一种兴奋状态。更为重要的一个方面是，这种圆形结构形式本身也具有一种解释学的意义。像婚外恋和一夜情这类旧而俗的内容，如果用传统的结构形式来叙述，肯定是难以卒读。由于作者采用了一种崭新的结构形式，把一组具有同质性的故事巧妙地安排在同一个圆上，并且形成了一个意味深长的故事链，于是这篇小说便拥有了多种解读的可能和多向审美的空间，一组俗而又俗的故事也因此化俗为雅，并且散发出一种特殊的诗意。由此可见，形式化阅读是有意思的阅读的一个重要途径。因为意义一般是从内容中生发出来的，而意思却来自内容和形式两个方面，所以与意义相比，意思就多了一种形式感，所以我们在阅读中一定要重视形式。只有这样，我们的阅读才可真正充满情调和趣味,进而获得美的享受。

在这篇文章即将结束的时候,我想特别说明的是,我提倡有意思的阅读,并不意味着我就反对从作品中读出思想价值,更不是主张忽视作品的教育意义。我的意思是,阅读应该先从情调和趣味这两个入口进入作品,让读者带着一种轻松、自由、愉快的心情,去感受作品中生动的细节、好看的故事和鲜活的人物,从而进入一种审美状态,然后不知不觉地、自然而然地、水到渠成地、润物无声地、潜移默化地受到某种教育,获取某种思想。

教师阅读与专业发展

人民教育出版社编审　顾之川

年年读书日,今年大不同。在第 22 个"世界读书日"即将来临之际,《中国教师》杂志特别策划推出"关注教师专业阅读"专题。聚焦教师阅读,研讨阅读规律,分享阅读经验,促进专业发展,很有必要,也非常及时。设立"世界读书日",目的就是"希望散居在世界各地的人,无论你是年老还是年轻,无论你是贫穷还是富裕,无论你是患病还是健康,都能享受阅读的乐趣,都能尊重和感谢为人类文明做出过巨大贡献的文学、文化、科学、思想大师们,都能保护知识产权"。李克强总理在 2017 年的《政府工作报告》中,第四次提到"全民阅读",并且由往年的"倡导"变为"大力推动"。推动全民阅读,教师理应发挥引领作用,责无旁贷。然而,教师为什么需要阅读,教师阅读应该读什么,怎么读,恐怕言人人殊,看法未必一致。这里结合语文教师的专业发展,谈谈自己的点滴体会。不妥之处,祈望方家教正。

一、教师为什么需要阅读?

百年大计,教育为本。中小学教育是为国家民族未来奠基的事业,决定着社会发展的方向,代表着民族精神的希望。中华民族几千年文明之所以能够生生不息,代代传承,教师发挥着重要作用,教师的"传道、授业、解惑"

厥功至伟,功不可没。2014年教师节,习近平总书记视察北京师范大学时,提出优秀教师的"四有标准",即有理想信念,有道德情操,有扎实学识,有仁爱之心。教育部部长陈宝生提出教育要回归常识。教育的常识就是读书,要围绕读书来办教育,积极引导广大师生读"国情"书、"基层"书、"群众"书,读优秀传统文化经典、马列经典、中外传世经典和专业经典,杜绝浮躁。我理解,这是对教师阅读与教育实践的当代表达,对教育界近年来流行的浮躁风气具有纠偏作用。

教育大计,教师为本。教师承担着立德树人的神圣使命,是传播知识、播撒光明的启蒙者,是点亮学生心灯与激情的火炬手,是锤炼品格、创新思维的引路人。唯有教师自己底蕴深厚、视域宽广、心灵纯净、情趣高雅,才能给予学生最深厚的滋养和最有力的引导。也只有志存高远、知识丰富、悟彻人生的人,才能真正悟出培养人才、促进人生成长的教育真谛,也才能在教育教学中有所创新。教师的"扎实学识"从何而来?只能从阅读中来,从学习实践中得来。教师应是读书人。语文教师阅读不仅仅是为了充实提高自己,培育扎实学识,实现专业进步与发展,更是教学生学会阅读、掌握语文工具、提高语文核心素养的必然选择。

尽管都是阅读,但教师阅读不同于一般读者阅读。一般读者阅读,固然也可以与古今中外伟大的思想家、文学家、艺术家倾心交谈,把人类创造的精神财富、智慧瑰宝占为己有,像孔子说的"学而时习之,不亦说乎",像苏轼说的"腹有诗书气自华",像于谦说的"书卷多情似故人,晨昏忧乐每相亲。眼前直下三千字,胸次全无一点尘"。但是,教师阅读还有其独特的价值与意义。通过阅读,我们可以走近古今中外的优秀教育家与教学名师,拜他们为师,以他们为友,与他们对话,领略其教育教学风采,学习其激情洋溢的教育思想,感受其充满智慧的教学实践,从而加深我们对语文教育的理解,扩大知识积累,锻炼敏锐史识,提高阅读、思维与写作能力,获取创造性思维能力和创新精神。优秀教师总是善于学习,并以此为乐,所谓"知之者不如好之者,好之者不如乐之者"(《论语》),把读书学习当作一种崇高的精神追求。那么,什么样的人可以当教师呢?孔子在《论语·为政》中说:"温故而知新，可以为师矣。"温习已有的知识，并且有自己的独到体会与发现，这就可以当教师了。用今天的话说，教师不仅要有知识，更要有智慧，独立思考，善于守正出新，与时俱进。所以苏霍姆林斯基说："读书，读书，再读书，教师的教育素养正是取决于此。"

语文教育是国家文化战略的重要内容，社会整体的语文素养体现着国家的文化软实力。语文不只是中小学的一门学科，是中考、高考的必考科目，更是我们的民族之魂、文化之根、精神之源，是实现国家认同、国际理解的基础，所以联合国教科文组织提出"学习母语是一种权利"。语文教育的根本任务，就是要教学生学会运用自己的母语，为他们的终身学习和可持续发展打下坚实基础。学生提高语文素养的主要途径，一是课堂有效教学，二是课外大量阅读，三是社会生活实践。语文教师理应有教育理想、教育情怀和教育追求，要用中华优秀传统文化帮助学生树立文化自信，培育出具有中国气质、中国精神、中国思维的新一代中国人。学生的核心素养决定着一个民族的核心竞争力，基础教育的任务就是要为学生打开一个广阔的认知空间，引导他们读书、思考、创新、实践。人文素养是中小学生的核心素养，语文是实施素质教育、提升核心素养最有效的学科之一。语文是纯正的中国话，语文是流利的方块字，语文是举手投足的书卷气，语文是字里行间的家国情。语文教师要善于引领学生，说铿锵有力的中国话，书端方平正的中国字，读文采飞扬的中国书，写挥洒自如的中国文，做顶天立地的中国人！

二、教师应该读什么？

教师应该读什么书，既没有统一的阅读标准，也不可能有统一的阅读书目。只能教师根据自己的学术基础、专业发展志向以及兴趣爱好来制订阅读计划，选择阅读书目。当年胡适曾拟"一个最低限度的国学书目"，共有185部；梁启超又拟"国学入门书要目"，共132部；周予同《中学国文学习法之商标》附"几部重要的书籍",共有92部,被认为"或太高深,或太漏略"。① 叶圣陶先生说:"天地阅读室,万物皆书卷。"毋庸讳言,当前国民阅读确实有浅表化、碎片化、娱乐化、功利化倾向,教师阅读应尽量选择经典名著。独立思考的前提,就是你读过上百本经典。具体说来,一是要结合自己所教学科的需要来读,包括图书报刊甚至网络,了解本学科发展的新动向、新知识、新成果。二是要选读与教育教学有关的内容,包括教育学、心理学等方面的论著,教育改革新理念,语文课程标准,语文教学的方法技巧,语文名师的教学论著,不断改进自己的教学,提高教学效率。读书的目的在于运用。

除以上两点外,还应由所教学科拓展开去,有意识地选读一些非专业书,不能把眼光只限定在自己的"一亩三分地"上。有些书看起来与自己任教的学科没有直接关系,但能有效提高人文素养,增强语文教师的人格魅力。优秀语文教师往往阅读视野广阔,博观约取,"内外兼修"。作为语文教育工作者,语文教育经典论著,语文教育大家如叶圣陶、吕叔湘、朱自清、黎锦熙、张志公、刘国正等人的著作,语文教学名师如于漪、章熊、钱梦龙、孙绍振等人的著作固然要读,但也不妨根据自己的兴趣爱好,选读一些哲学、经济、教育、文化、军事、科技等方面的著作,不求走火入魔,但求略窥门径。语文教学涉及方方面面,语文教师要做"杂家",正如孙权劝吕蒙读书时所说"但当涉猎,见往事耳"。语文教师既是经师,也是人师,在立德树人的伟大事业中肩负着重要使命,因为语文教学不仅是传授语言文字知识,还传播价值观和信仰。要当好语文教师,必须对人生有着丰富而深入的体验,要求语文教师必须广泛阅读、深入思考、创新实践。

就笔者近年来的阅读体验来说,以下图书曾使我深受教益与启发,不妨公诸同好。一是顾明远、钱理群、江晓原主编"现代教师读本"丛书(广西教育出版社2006年版),包括人文、科学、教育、艺术、生活情趣五卷。人

---

① 林轶西. 初中国文科读书问题之研究//. 李杏保,等. 国文国语教育论典(上)[M]. 北京:语文出版社,2014:359~362.

文卷着眼于教师人格、独立思考、人道精神、责任操守等教师素养；科学卷着眼于科学精神、科学思维的启迪；教育卷着眼于现代教育理念与教师专业发展；艺术卷着眼于审美趣味与艺术修养；生活情趣卷着眼于教师的心灵世界与精神追求。二是任翔主编"教师素养读本"丛书（济南出版社 2016 年版），按照哲学、教育、文学、艺术、科学、文化六个方面，精选古今中外文质兼美的名家名作，分编为《哲学的星空》《教育的智慧》《文学的旅程》《艺术的韵味》《科学的奥秘》和《文化的印记》六卷。三是人民教育出版社近年来出版的一些图书，如刘国正主编《叶圣陶教育文集》、商金林《叶圣陶全传》《夏丏尊教育文存》、朱永新《叶圣陶教育名篇选》、董宝良《陶行知教育名篇选》、张志公《张志公语文教育论集》、刘国正《刘征文集》、于漪《我和语文教学》、钱梦龙《我和语文导读法》、蔡澄清《中学语文点拨教学法》等。

三、教师阅读怎么读？

教师阅读怎么读？正如读什么没有统一标准，读书方法也不宜"一刀切"。诸葛亮读书"独观其大略"，陶渊明"好读书不求甚解"，欧阳修读书常在马上、枕上、厕上，朱熹强调熟读精思，华罗庚提出书要"越读越薄"。我的体会有以下几点：

第一，读书宜采取"拿来主义"。当然并不是提倡带着功利目的去读书，也不能纯粹为了读书而读书，而是说，要读有用之书，能够为我所用，最理想的是把阅读与自己的教学工作或研究兴趣结合起来。杨绛说读书是为了遇见更好的自己，我理解读书是一种"借力"，即借助别人的经验智慧充实自己。我读书基本上既是工作需要，也是自己的研究兴趣所在，读书与写作紧密结合在一起，阅读的过程同时也是搜集写作素材、提炼思想的过程。比如，作为语文教材编辑，选文时就不能"捡到篮里就是菜"，捡哪些菜大有讲究。叶圣陶先生说，语文教材无非是个"例子"，要举就需要举最典型的例子，最能说明语言文字运用规律的例子，以便学生通过这些例子，在阅读、写作方面能增长知识，受到启发，提高语文素养。这就须有敏锐的"衡文"眼光，练就一双火眼金睛,能够慧眼识珠。教师们经常要出题目考学生,尤其是高考、中考试卷,也是这个道理。试卷所选语料,一要能够体现立德树人、服务选拔、引导教学的核心立场。二是便于考查考生的必备知识、关键能力、学科素养和核心价值。三是能够出来题目,即要有所谓"题眼",并且要努力体现基础性、综合性、应用性、创新性。

第二,阅读方法可以"各随所愿"。即根据自己的需要采用适合自己的阅读方法。读书这事儿其实并没有什么固定章法,没有一定之规,完全可以八仙过海,各显神通,想怎么读就怎么读,想什么时候读就什么时候读,想读多少就读多少。精读细品亦可,浮光掠影亦可,挑灯夜读亦可,见缝插针亦可。正襟危坐可以读,躺着站着也可以读。所谓饱读诗书,学富五车,博览群书,其实现在来看,也不是越多越好,关键是读书时要运用自己的智慧,有自己的独立思考,取其精华、去其糟粕。每读一书,不一定要记住多少内容,更不需要记住书中的每一句话,但每读一次,总要力求更接近本质,理解内涵,掌握要领。人们之所以嘲笑那些"书呆子"或"两脚书橱",就是因为他们读书时往往食书不化,没有变成自己的东西。

第三,读书最好能"雁过留痕"。读书的过程就是不断吸收营养的过程,读时可能会受到感动、得到启发。作者的某一个观点看法,可能正是自己想过但没有想那么明白,或者虽然想到却没有说出来的,正所谓"与我心有戚戚焉"。这种感动或启发常常稍纵即逝,随风而散,这时就要善于抓住这"灵光乍现"的一瞬,及时记录下来,形诸文字。否则,一旦时过境迁,即便想要再写,也就印象模糊、无从写起了。据江苏省教研室的统计,阅读能力和写作能力是语文教师最核心的专业能力,读书写作对自己专业成长起到至关重要的作用,读写生活是构建自我职业身份的关键所在①。一个语文教师专业发展很大程度上取决于他的读写能力。

教师阅读,永远都不会晚。从今天起,做一个幸福的悦读者!

---

① 任翔. 语文教育新论 [M]. 北京:北京出版集团公司 北京出版社,2016:221.

持续阅读促语文教师专业提升

杭州师范大学教授　倪文锦
上海浦东干部学院副教授　李冲锋

长期以来，我们对教育改革的认识存在一定的误区。人们往往一厢情愿地认为：基础教育改革，课程教材改革是关键；只要解决了课程教材问题，教育的其他问题也就迎刃而解。我们并不否认课程教材对于教育的重要性，但实践证明，无论课程设计再合理，教材编制再完美，如果没有良好的师资，课程教材的功能也不可能得到充分发挥。反之，即使课程设计不合理，教材编制有缺陷，只要有了优质的师资，充分发挥他们的能动性、创造性，课程教材的不足也可以得到弥补。与其他因素相比，人的因素是第一位的。

教育改革最深厚的基础存在于广大教师之中，有效的、可持续发展的中小学教育改革必须依靠教师质量的提高。没有高质量的教师，就不可能有学生整体质量的提高。这正如习近平总书记2014年9月9日考察北京师范大学，同师生代表进行座谈时所强调的，教师重要，就在于教师的工作是塑造灵魂、塑造生命、塑造人的工作。一个人遇到好老师是人生的幸运，一个学校拥有好老师是学校的光荣，一个民族源源不断涌现出一批又一批好老师则是民族的希望。从语文教师专业发展的视角看，我们要当一名好教师，终身学习就是一个必要条件。唯有终身学习，才能不断促进专业提升。其中，阅读是终身学习、专业提升最为重要的途径之一。教师的专业水平很大程度上取决于教师拥有什么知识、如何使用这些知识以及如何获得知识。从教师知识结构的角度看，语文教师专业发展需要提升四类知识：本体性知识、条件性知识、实践性知识和背景性知识。对在职语文教师而言，这四种类型知识的提升都可通过阅读来达成。

一、阅读以深固本体性知识

语文教学的本体性知识是指语文教师所必备的语文学科知识。语文本体性知识主要包括古代汉语、现代汉语、语言学、中国文学史、外国文学史、文学理论、写作、美学等方面的知识。这是语文教师从事语文教学的基础。

对大学里汉语言文学专业或汉语言文学教育专业出身的教师而言，大学里的语言学、文学史、文学理论等专业课程都是为打下坚实的本体性知识而服务的。对那些非汉语言文学或汉语言文学教育专业的教师而言，其本体性知识是相对薄弱的，这就非常有必要系统补学。可以首先从补学大学相关课程入手，然后持续跟进学习。对本体性语文知识全面系统的掌握，需要通过阅读来完成。在职语文教师对语文本体性知识的阅读主要集中在三个方面。

一是继续巩固。虽然大学里学习过一些语文本体性知识，但有的人在读书时对有些知识并没有完全掌握，这会导致教学中出现学无所用、张冠李戴、概念混淆等各种状况。因此还需要在从教后继续学习，自觉重读相关教材或书籍，进一步巩固基础的本体性知识。

二是深化学习。大学里所学习的本体性知识有的多是点到即止，并没有深入，其背后的来龙去脉、所在的知识体系等都没有全面深入地揭示。这些内容需要在从教后，通过自己的阅读进一步去深入挖掘、深化学习、深刻领会。

三是补充拓展。大学里所学的本体性知识，还只是一些基础性的，并不是语文教师所需要的本体性知识的全部，更多领域的知识，需要教师在工作中通过阅读不断补充所学、拓展所学。另一方面，本体性知识也在不断发展、更新，在终身学习的背景下，更有必要持续关注本体性知识的发展，通过阅读及时补充学习。

如果说，读书时所学的本体性知识是以掌握基础知识为主，那么工作后则以查漏补缺、继续巩固、深化学习和补充拓展为主。可见，对本体性知识的学习不是一劳永逸的，而是需要持续更新。

二、阅读以深化条件性知识

条件性知识是指语文教师所必备的与语文教育相关的教育、心理方面的知识。条件性知识是语文教师从事语文教学的必备条件。要具备扎实的条件性知识，语文教师需要阅读以下方面的著作。

阅读教育学方面的著作。这类著作又分为两类，一是普通教育学著作，如教育原理、德育原理、课程论、教学论等方面的著作，阅读这类著作可以打下坚实的教育理论基础。二是语文教育学著作，如语文教育史、语文教材史、语文教育哲学、语文教育学、语文科课程论基础、语文课程与教学论、语文教育前沿展望等方面的著作。阅读这类著作可打下良好的语文教育理论基础。理论著作的特点是学术性强、概念术语多、难读，教师要下决心花力气啃几本难读的书，从读不懂到读懂的过程正是不断提升的过程。通过阅读难读的书，不仅可以掌握理论知识，而且有助于理论思维的形成。

阅读心理学方面的著作。这类著作又分为两类，一是普通心理学著作，如普通心理学、教育心理学、学习心理学、行为心理学、认知心理学、格式塔心理学等方面的著作。阅读这类著作有助于掌握心理学理论，为语文教育教学提供心理学理论支撑。二是语文教育心理学著作，如语文教育心理学、阅读教学心理学、作文教学心理学等方面的著作。阅读这类著作可以直接为语文教学服务，为语文教学指明方向。

阅读教学法方面的著作。这类著作也分为两类，一类是普通教学法著作，如教学方法应用指导、教学模式论等方面的著作。这类著作有助于掌握常见常用的教学方法和教学模式等。二是语文教学法著作，如语文解读学、文本解读的方法、语文教学设计法、语文教学方法、语文教学模式、语文教学评价等方面的著作。阅读此类著作直接有助于语文课堂教学实施。在此类著作中，教师应加强文本解读类著作的阅读。文本解读是语文教学的前提，然而不少教师的文本解读能力较弱。除了阅读今人文本解读的理论著作和个案分析类著作，建议语文教师多阅读古典名著评点本，向古人学习文本解读的方法。此外，多阅读《名作欣赏》之类的杂志，也有助于掌握更多文本解读知识与方法，提升文本解读能力。

三、阅读以吸纳实践性知识

实践性知识是指语文教师所拥有的、与课堂情境紧密相连的、在教学实践活动中随时能够迅速调用的知识。这是一种基于教师经验的课堂情景知识。实践性知识是语文教师教学经验的积累，是从事语文教学的保证。

本体性知识和条件性知识具有相对高的确定性、普适性和可言传性，而实践性知识是一种缄默知识，或称之为默会知识，具有不确定性、特殊性和不可言传性。实践性知识虽然不可言传，但不等于不能传，虽然大部分无法言表，但可以意会。长期跟随在有经验的老教师身边是意会实践性知识的重要途径。其实，阅读也是一种可以习得实践性知识的重要途径。语文实践性知识的提升可以多阅读以下三种类型的著作。

一是阅读语文教师成长类著作。语文教师自述成长经历的著作中包含了成长的经验，这些经验有的直接言说，有些则内隐于文本中，在阅读时可以意会得到。这类著作阅读得多了，就可以意会到蕴含在言语之中的教育经验，可吸纳名师们的教育智慧，进而转化为自身的教育智慧。

二是阅读语文教育故事类著作。语文教育故事里包含着事件、包含着问题，更包含着教师面对事件、解决问题的经验智慧，多阅读这类著作也可以吸纳教师们的实践性知识，进而增强自己的教育智慧。

三是阅读语文教学实践类著作。这类著作包括语文教学的教案、语文课堂教学实录、语文教学反思等，它们不仅直接呈现了教学设计的结果、课堂教学的情况、教学反思的结论，而且也蕴含了未能言明的经验和智慧，通过大量阅读也能够从中吸纳到其中的实践性知识。比如，多研究某位名师上课的实录或课例，时间久了，自己的教学就会带有名师的痕迹，其中一部分原因就是对名师实践性知识习得的结果。

实践性知识的意会往往通过大量积累才能形成，因此这就需要大量阅读和反复阅读，多研读名师、多研读课例，进行专题阅读，是吸纳名师实践性知识的有效途径。在大量阅读中积累、归纳、概括、提炼他人的教育经验，在反复阅读中慢慢领悟教育经验的精妙。

四、阅读以拓展背景性知识

背景性知识是与语文教学相关的各学科的知识。具有开阔的背景性知识是语文教学成功的保障。这些知识包括历史、地理、哲学、法学、宗教、民俗、伦理、文化等方面的知识。

语文教材里所涉及的知识可谓方方面面，如果把语文教材里所涉及的知识归纳整理起来，不亚于一部小型百科全书。涉猎知识广，涉及学科多，这是语文教学区别于其他学科教学的一个重要特点。这一特点也就决定了语文教师要是一个"杂家"，是一位"博学者"。虽然不能要求语文教师对各学科的知识样样精通，但与语文教学相关方面的知识却应都有所涉猎。这就要求语文教师要广泛阅读。

对背景性知识的学习与阅读，可以结合语文教学进行，即语文教学中涉及某学科的知识，就阅读相关方面的知识；也可以跳脱语文教学的需要，进行更广泛的阅读。因为，无论在什么时候、什么地方，这些知识都能够用得上，谁也说不准，不能等到用的时候再去学，那时可能就晚了。所以，需要先学习，后运用。

不论是哪类知识的学习和阅读都需要教师养成阅读的习惯，持续而适度的阅读，并在这个过程中享受读书的乐趣。每天读点书，持之以恒，不知不觉中专业知识就会拓展，专业能力就会得到提升。

教师素养阅读：读什么——怎么读

——《教师素养读本》的内容和特点

山东师范大学文学院教授　曹明海
山东师范大学文学院硕士研究生　王　海

教师素养阅读是教师加强自我素养、促进专业发展的重要途径。中小学教师的教育生活和专业发展，与注重自我素养阅读息息相关。教师素养阅读并非狭义上的教育或教育学专业阅读，而是包含哲学与教育、文学与艺术、文化与科学在内的多维"有氧"阅读，是一种面向人文素养和科学精神、聚焦教师素养的智慧阅读。教师素养阅读为教师夯实理论功底、开拓专业视野、充实内存储备的涵养教育智慧搭建发展平台。忽视素养阅读，教师素养的提升就是一句空话。所以，教师素养阅读是教师专业发展、融合提升自我素养的必然选择。

北京师范大学任翔教授重视教师素养阅读，关注中小学教师素养和专业发展，她主编的《教师素养读本》2016 年由济南出版社出版。这套素养读本分《哲学的星空》《教育的智慧》《文学的旅程》《艺术的韵味》《文化的印记》《科学的奥秘》六册，是教师素养阅读、提升自我素养、促进专业发展的一套好书。这套书为提升教师素养和促进专业发展擘画了科学的蓝图，使教师在素养阅读中接受文脉滋泽与思想洗礼的同时，享受自我完善、超越自我的幸福与愉悦。教师本是读书人，阅读是教师的生存方式。阅读哲学、教育、文学、艺术、文化、科学读本，实际上是教师颇有滋味的阅读生活享受。在阅读素养读本的过程中与自我体悟的生命相遇，就会有情感、精神的建构和整个生命系统质的提升。一个充满智慧和希望的民族，必定是一个热爱阅读的民族，教师应该是热爱阅读的示范者和引导者。教师是否热爱素养阅读，直接影响着教育教学的质量。素养阅读是教师专业生活的内核，专业发展的根基。为此，我们根据这套教师素养读本，对中小学教师素养阅读"读什么——怎么读"的问题加以探讨。

一、哲学与教育素养阅读的内容和特点

首先要说明的是，哲学与教育是两个学科领域，但两者又相互交叉，早就有"教育哲学"研究的学科领域。正是从这个意义上说，中小学教师应该认真读一读哲学与教育的素养读本。

1. "哲学的星空"与教师的精神庙宇

康德说，对"在我之上的星空和居我心中的道德法则"这两样东西，我们"愈经常愈持久地加以思索，它们就愈使心灵充满日新月异、有加无已的景仰和敬畏"。这是哲学的力量，一种超越个体生命经验的神秘存在。对于哲学，我们常常不屑于触碰，以之为务虚的幻觉，对中小学教学境遇改善鲜有裨益。正如任翔教授在素养读本《哲学的星空》中指出"哲学看似无用，但无用之用，乃为大用"。哲学的魅力正在于此，它会召唤我们迷失的心灵回家。

《哲学的星空》这册读本的主要内容，包括"哲学是什么""哲学与文化""哲学与美学""哲学与人生""哲学与生活"等，对哲学的一系列重要命题进行了多层面的阐释。哲学是一切学问的底子，哲学素养是教师素养的最重要部分，所谓"九层之台起于垒土"就是这个道理。哲学是精神指引，它恰如一块巨大的磁铁镶嵌在那神秘的星空，让人承受无尽的"脊椎之苦"的同时，享受无尽的精神愉悦。我们中小学教师，谁会拒绝来自思想上的启迪呢？谁又能抗拒这份迸发于心灵深处的灵魂震颤呢？哲学就是这般任性，让人欲罢不能，欲说还休！

那么，面对哲学素养读本，教师应该怎么读？要把握哲学素养是教师素养的构成要素，教师的哲学素养阅读主要是对教育意义的追求和净化，建构教师的精神庙宇，应该说，这就是哲学素养阅读的主要特点。在哲学素养阅读过程中，当我们不再埋头死读书，读死书，而是结合哲学素养阅读，不断反思教育和教学，营造属于自己的教育精神世界，这样或许就会俨然成了教育之王，一位真正的教育哲人。正如读本中苏格拉底的哲语所说："重要的不是活着而是活得好。"这就是说，哲学素养阅读的读法是活读，不是死读，要灵活把握哲学思想，不要死背哲学概念。现代社会光怪陆离，到处灯红酒绿，思考少一点，空虚就会多一点，追求少一点，危机就会多一点。哲学素养阅读赋予教师追寻教育意义和价值的能力，教师在反思和追问中活读哲学，领悟哲思，净化人格，充实精神，"诗意地栖息在大地上"。如果失去这些哲学精神上的探索，教师就在思想枯竭中渐渐老去。因此，在哲学璀璨的星空之下，教师的素养阅读要接受星光的指引，为教育寻得意义与价值，为自己的教育生活建构精神庙宇。

2. "教育的智慧"与教师的专业体认

教师作为中小学教育的专业人员，教育的智慧是专业体认必备的素养。相传庄子与惠子同游濠梁，"庄子曰：'鯈鱼出游从容，是鱼之乐也。'惠子曰：'子非鱼，安知鱼之乐？'庄子曰：'子非我，安知我不知鱼之乐？'"二子的"鱼乐"之辩非只功利之辩，还隐含体认之辩，非"鱼"不知"鱼"之乐，非"子"不知二子激辩之乐，非教育不知教师体认之智慧。所以，《教育的智慧》这部读本阐释的问题，就是教师的专业体认是教育的大智慧，其内容主要包括"新教育是什么""洞穴理论""什么是教育""教育的四个支柱""新的学生观对学生的影响""爱的教育""教育家的自家田地""知识的责任"等，主要目的是"审视教育，思考教育，探寻教育的真谛"。这不仅是读本的主题意涵，更是整套读本的基本立意。

那么，教育素养阅读应该怎么展开？我们面对这种教育素养读本，要把握它的一个基本特点，就是专业体认是教育智慧的根本，也是一切智慧的根本。没有专业体认的所谓"智慧"是空洞的，是缺乏实践钙质的伪智慧。正如该读本中所选《学记》中所云"虽有嘉肴，弗食，不知其旨也"，或曰食而不甘其味，缺乏体认，"食"或"不食"均不得嘉肴的要旨。足见，教育智慧素养阅读关键在于专业体认。孔子以对话体认教与学的智慧，孟子以雄辩体认人格修养的智慧，荀子以推论体认学习的智慧等，先秦诸子无不以"体认"为教育的至道。雅思贝尔斯说："个人进入世界而不是固守自己的一隅之地，因此他狭小的存在被万物注入了新的生气。如果人与更明朗、更充实的世界合为一体的话，人就能够真正成为他自己。"教育的智慧就在于使人成为"自己"，这也是专业体认作为中小学教师教育基本素养的价值所在。

要成为富有良好的教育素养的教师，专业体认至关重要，这是教师素养阅读的一个重要特点。从某种意义上说，"教育的智慧"是由教师的专业体认生成的，教师素养阅读就必须把握专业体认的特点。就像鲁迅在《我们现在怎样做父亲》中写的："生命何以必须继续呢？就是因为要发展、要进化。"做父亲体认做子女的辛苦，才能尽力地解放子女，使他们获得自由。父亲不是教师，但教师有必要先成为父亲，像体味家庭教育一样体认学校教育中的教师角色。有了这样真切的体认，教师素养阅读就能成就真正的"教师"。教育的智慧包罗万象却并不混杂，它是以专业体认为指归的教育思想凝结。教师阅读的专业体认是成为一名教师的基本要求。我们在素养阅读中发现，《教育的智慧》读本以独到的教育思想或深刻的实践见解，为教师素养阅读的专业体认拨亮心灯，引航他们的专业成长，使中小学教师的专业生活也富有生气。

二、文学与艺术素养阅读的内容和特点

文学与艺术是一家之亲，两者相互交融，具有你中有我、我中有你的特点。文学与艺术是教师必备的基本素养，加强文学与艺术素养读本的阅读，提高文学与艺术素养，是中小学教师素养阅读的主要课程。

1. "文学的旅程"与教师的人文情怀

总以为文学是语文教师的事情，无关其他学科教师专业发展，这样的偏见一度甚嚣尘上。其实，文学是心灵的艺术，通过对人内在情感的形象书写与生动传达来感染人、塑造人和改变人，最终实现个体生命的重塑。文学以

熏陶感染为核心的人文化育功能,不仅是中小学语文教学的至宝,也是其他学科教学的凭借。

《文学的旅程》读本主要内容包括"毛诗序""审美与人的全面发展""诗歌的趣味""小说的艺术""散文的知性和感性"以及"文学的材料""怎样运用文学的语言""小词中的人生境界"等篇章,给人以不少启迪。"教师是塑造灵魂的职业",教师阅读有着特别的意义,即在掌握专业知识技能的同时,更要重视精神上的陶冶与升华。教师在该读本阅读中享受一段"文学的旅程"是涵泳教师人文情怀的重要选择。应该说,文学可以将沉睡的心灵唤醒,塑造自由博爱的灵魂,澄明个体在教育中的意义、情怀与精神。这个读本以"文学的旅程"为主题编写,反映出对中小学教师人文素养培育的重视。该读本精选"各体文学鉴赏之原典",强调文学一般原理的阐发,小到字词咀嚼,大至艺术况味,编写者的匠心隐约可见。那么,在文学素养阅读中应该怎么读?我们在读本中可以发现,应该把握文学阅读的"教化"特点,打开中小学教师的人文情怀。读本中"毛诗序"提出的"温柔敦厚"诗歌教化思想,为教师素养阅读呈现了"情动于中而形于言","手之舞之","足之蹈之"的文学教化之境。刘勰在《文心雕龙·知音》中写道"夫缀文者情动而辞发,观文者披文以入情,沿波讨源,虽幽必显",人情能够破译文本的意义密码,即使再隐秘的深意,也会在诚挚的内心显现。童庆炳先生在《谈审美与人的全面发展》中力主"以人为本、以人的情感为本、以人的本质力量为本,其最大的功能就是促进人的全面发展",从而超越人"断片化"发展的现实困境。像这些从诗歌阅读教化、文学解读和审美教育等角度诠释文学素养的经典在"旅程"中还有很多,是中小学教师素养阅读和专业发展中不能错过的魅力景观。文学作为教师素养阅读和专业发展的要件,见证了教师人文情怀的孕育与升华。

应该说,这个文学读本给我们不少素养阅读的启示。文学是社会意识与文化传达常见的表现方式,它剖示了人的心灵世界的独特意蕴,乃至一个民族的人文情怀与智慧。中小学教师作为社会意识和文化的传播者,必然要具有相洽的文学素养,这样才能充分认识教育教学的人文化育内涵,并有效发挥人文化育的功能。文学素养虽不是教师人文情怀的全部意涵，但对于引航教师人文素养的发展与提升具有不可替代的作用。而且从文学阅读的视角审视学科教学，只要是作为教育教学的构成，就离不开人情、审美和教化。这是教师文学素养的应有之义，也是教师人文情怀的具体体现与传达。

2. "艺术的韵味"与教师的审美情趣

教师总是懒于虑及自身的审美情趣，他们的情趣往往只与专业有关，而艺术总是落寞的。在有的人眼中，中小学教师就是匠人，靠着教学这门手艺吃饭的人。这样的认识很浅薄，可在审美情趣上也确实存疑。任翔教授认为："教师阅读，既是增长见识、提升品位，更是为了哺育塑造下一代。"看来，教师阅读缺乏审美情趣是不行的，不可让人怀疑教育是在培养审美情趣贫乏的下一代。

《艺术的韵味》读本主要内容包括"乐论""童心说""画说""唐诗过后是宋词""舞蹈应该是怎样的""京剧与传统文化""中国传统建筑的文化反思与展望"等。编写者的主要意图和取向，是通过教师审美情趣的培养，直接作用于教学实践，使君子乐于道，礼乐统于心，教化水到渠成。《乐论》曰："礼乐之统，管乎人心矣。"传统教育以习礼为贵，常常忽视"乐"的学习，所以不能发乎心，见于行，"穷本极变"，教育就难以从根本上改变人。唯有依《尚书》所云"八音克谐"，才能"无相夺伦，神人以和"。因此，中小学教师的素养阅读，艺术不能缺席，艺术缺位的素养阅读，教师素养和专业成长是不完整的。

那么，艺术素养阅读该如何进行？应该根据艺术素养读本的特点，把握教育包含审美的要素，审美是中小学教育的重要场域。教师艺术素养阅读要抓住这个特点，即加强审美阅读情趣的培养，否则，就会使教育活动偏离艺术教育的基本精神。艺术素养阅读者必须是有艺术趣味的人，善于从艺术阅读中捕捉审美光点，体味美感，从而引导并升华艺术阅读的审美体验。"审美是发现幸福、创造幸福的重要法宝"，艺术审美就是这个法宝具象化的表现。对此，我们在艺术素养读本中会有深切的审美体味：从宗白华的《中国艺术意境之诞生》中感受主观情愫与客观世界交相融通的和谐艺术情调；从启功的《谈诗书画的关系》中咀嚼诗、书、画艺术熔铸的传统中国文化信号；在李泽厚的《中国的宫殿》中畅想中国建筑艺术"虽由人作，宛自天开"的实用入世的情怀等。这些跳动着明媚艺术灵光的审美符号，为教师素养阅读展现了源自生活美感的主体自由创造的审美趣味。这种阅读幸福感爆棚的艺术韵味，必会潜移默化为打开教师幽闭心门的钥匙，开启主体审美趣味的深锁。

教师如果缺乏审美趣味，至多就是一个匠人。艺术阅读美感体验的贫乏，会让教师难以从教育教学中找到归属感和幸福感，他们的职业倦怠就会趁势袭来。教师在艺术素养阅读中应该是收获审美幸福的人，不只是因为从事培养人化育人的事业，还因为教育教学活动本身就是审美的存在，就是收割审美幸福感的艺术刀镰。这是技术和艺术交融互渗的主体自由创造过程，审美情趣的体验和创生活动。这应该是读本《艺术的韵味》希望达至的阅读效果和阅读境界。深谙艺术韵味的教师审美阅读是幸福的，因为他们获得了较高的艺术素养阅读审美趣味。

三、文化与科学素养阅读的内容和特点

文化与科学是人类文明进步的两个重要支柱。没有这两个支柱，人类社会的发展都无从谈起。所以，中小学教师要有对文化与科学的认知，具备教育教学所必需的文化与科学素养。

1. "文化的印记"与教师的文化胎记

"文化人"是整个社会对于教师的基本认知，是人们对"教师"这个群体的最好称谓。作为文化人，中小学教师的身上有着特定的文化胎记和文化气息。文化是教师自身素养和专业发展的内在底蕴，它是哲学、文学、科技、教育、艺术、信仰等精华的凝聚，在教师身上表现为从言行思想到精神风貌，一种刻到骨子里的"教师味"。文化素养是教师专业发展的基本素养，也是教师作为文化人典型特质的真实写照。《文化的印记》读本主要内容包括"论语""中国文化要义""中国梦当有文化作为""古今学风变迁与政俗之关系""古代人的穿着打扮""法律与民族精神和风俗习惯""交光互影的中外文化交流"等。它告诉我们，有了文化素养的累积，教师才能成为实至名归的文

化人。教师素养阅读是弥补教师专业发展中文化短板的最好选择。任翔教授认为："一个国家或一个民族的强大，靠的是综合国力，而文化实力必居其中。"应该说，中小学教师阅读实际上是引领民族文化、改善文化发展软环境的重要一环。

那么，文化素养阅读应该怎么展开？根据这个读本以"文化的印记"为主题的整体构成，我们应该把握体悟和对照的阅读特点：一方面，教师要在文化素养阅读中体悟民族文化精神。如读本中张载的《横渠四句》，字字珠玑，掷地有声，道出了为社会、为苍生、为学问矢志不渝的坚定信念；李泽厚的《试谈中国的智慧》中宣扬的实用理性论和乐感文化观，指出了中国文化不仅务虚更务实，是注重现世生活的现实文化；熊十力的《略说中国文化》直陈思想是文化的"根底"，中西文化合必枝繁叶茂，离则两败俱伤，强调融通比割裂好。此外，还有陈寅恪、胡适、钱穆等文化大师对中国精神、中国文化洞若观火的见解。另一方面，通过中外文化的对照，度长絜大，增强民族文化的自信，更好地承续中国优秀文化。西方人对中国文化的认识别有洞天。伏尔泰认为中国人更理智更有见地，从不因宗教狂热而相杀。而罗素眼中的中国人则聪明有风度，当然也有诸如冷漠、软弱等人性上的弱点。中西方文化哲人对中国文化的多元看法，展现"各美其美、美人之美、美美与共、天下大同"大文化观的情态。在这样的文化情境和文化读本中，中小学教师素养阅读获得的是丰厚的学养和包容开放的眼光。

中华传统文化博大精深，其中既有精华也有糟粕。从中甄别遴选出适合教师阅读的优秀佳作、对教师文化素养提升有助益的文化经典，是一个中小学教师素养培训工程。该文化素养读本精选立足于教师专业成长需要，具有着眼大文化视域的教师文化素养兼收并蓄的特点，有利于教师获得文化素养提升——既是教师形象的塑造，又是教育理念的升级，从根本上实现了中小学教师教育工作和教学职能的转变。所以，充实教师文化素养，助力民族文化传承，这或许就是编撰《文化的印记》读本的初衷。

2. "科学的奥秘"与教师的教育信仰

科学是"爱智者"的学问，面对科学的奥秘，爱智者常常口不择言。探索科学，获取知识，不只是创造性的活动，还体现为思想或信仰取向的重要抉择。爱智者以为，与其说这是一种行为，毋宁说这是一种信仰。教师都是爱智者，在他们看来，这是一种科学和信仰。《科学的奥秘》读本主要内容包括"科学的起源""科学名词与科学现象""哥本哈根精神""我的信念""唐宋大诗人诗中的物候""美与天文学""科学与人文的融合""关于进化论的演讲"等。爱科学的教师把专业当作生活乃至生命，不仅要对科学知识进行系统的考察，还将把它转化成自己的爱好或使命，并为之不断努力。这是科学的魅力，也是科学教育信仰的力量。

那么，科学素养读本应该怎么读？应该根据科学素养读本的编写指向，把握科学素养阅读的一个特点，就是以教师的科学教育信仰为切入点。中小学教师是在科学教育信仰的文化沃土中成长起来的，爱科学、爱教育，有坚定的科学教育信仰。没有对科学的信仰就不会有坚定的教育信仰。中小学教师的专业发展需要根植于坚定的科学教育信仰，即一种融合科学与人文的教师素养。所以，应该倡导素养阅读在强化教师人文素养提升的同时，务必重视其科学教育信仰的培育，为教师树立坚定的科学教育信仰奠基。读本以"科学的奥秘"为主题构思，在探源科学内涵及中国古代科学历史轨迹的基础上，重点探究科学精神、科学方法及科学与人文融合的理念，强调教师阅读既可以提升科学素养，又可以坚定科学教育信仰。如亚里士多德《求知是人的天性》中指出人有求知的本性，科学是本性使然。王选在《我一生中的八个重要选择》中说，要有敢于挑战权威，不为名利所累，敢闯敢做的科学精神。奥本海默在《行动的能力》中呼唤协调狭隘的憎恨与热爱，并将之与社会公正相协调。这些具有科学与人文融合理念的经典，能使教师成为忠诚的爱智者，具有更坚定的科学教育信仰。

探索科学的奥秘，不是在宣扬一种"科学至上主义"的教育观，而是推崇教师对于科学教育信仰的执念，着意申明科学教育信仰构成教师素养的真义。教师具有坚定的科学教育信仰，才不至于迷失科学教育的方向。当科学信仰像文化一样浸入教师的教育信仰，在教育教学活动中散发出清爽之气时，教师或许就意识到《科学的奥秘》素养读本的潜在价值。

语文教师阅读素养专业发展论纲

南京师范大学教育科学学院教授　黄　伟

语文教师的第一素养是阅读素养,阅读素养既是语文教师素养的重要构成,也是语文教师综合素养和其他素养赖以养成的基础,更是语文教师专业发展的根柢。语文教师的阅读素养是什么或者说应有什么样的阅读素养?窃以为,它可能包括以下几个方面:一是宽广而综合的阅读类和阅读量;二是良好的阅读兴趣与阅读习惯;三是实切的阅读方法和阅读能力;四是专业的阅读格调与阅读关怀。

一、二、三点容易理解,也容易被人接受,第四点需要做一番解释。第一,关于"专业的阅读"的理解。教师是职业,这种职业具有较高的专业性。所以,教师的阅读应该有很大一部分是专业性的阅读,如果从职业角度说,教师阅读就是专业阅读。第二,关于"专业的阅读格调"的理解。专业的阅读格调,包含三个方面的内涵:阅读风味、品位和格局。专业的阅读风味具有专业的阅读的兴味、阅读情调、阅读风格和阅读风采;专业的阅读品位,要求教师的阅读级别、档次和品质应该是专业的;专业的阅读格局,要求教师的阅读布局、阅读态势(走向)、阅读境地(境界)是专业的。第三,关于"专业的阅读关怀"的理解。专业的阅读关怀也包含三个方面的内涵:专业的阅读心向、专业的阅读沉浸、专业的阅读会通。专业的阅读心向,要求教师的阅读要指向专业，旨趣在专业；专业的阅读沉浸，要求教师的阅读能够用专业的方式方法进入阅读、深入阅读；专业的阅读会通，要求教师的阅读能够与自己的专业联通，打通阅读与自身专业的联系，从阅读中获得新的专业理解和专业智能。

语文教师不仅有教师的共性，还有语文学科专业的特性，是以教学语文学科为专业职守的专任教师。作为语文教师，阅读素养的养成并通过阅读来提升自己的专业就更为重要。阅读素养是语文教师专业素养中的核心素养，因此，语文教师的阅读素养的专业发展理应成为专业发展中的核心议题。那么，语文教师如何实现阅读素养的专业发展呢？

概括地说，教师阅读素养有序而坚实地发展，需要打好三个基础，实现两次跨越，搞好一次整合。三个基础是普通阅读、专研阅读和职业阅读；两次跨越是从普通阅读向专研阅读提升，从专研阅读向职业阅读转化；一次整合是实现普通阅读、专研阅读与职业阅读的整合。

一、打好普通阅读基础，努力向专研阅读精进

（一）普通阅读的特点

教师作为一个完整的人、具有日常生活的文化人，应该有日常的普通阅读。什么是普通阅读呢？普通阅读就是作为一个阅读爱好者的日常阅读，这种阅读有以下几个特点。

1. 普通阅读是真我全我的阅读，真实的读者与真切的体验

普通阅读是没有框架、没有限度的阅读。它没有对错优劣的标准，是非优劣完全取决于"我"，随"我"一己之断。于心相得就继续读下去，不对味时就随手抛开，因而这种阅读也是最本真的阅读，是最能获得真切的初感体验的阅读。

2. 普通阅读是用自己喜爱的方式阅读，是个性化的阅读

普通阅读完全由读者选择用自己喜欢的方式阅读，无论是情感的融入与隔离、情境的进去或出来，还是为了达成某种目的，全由读者取舍。这种阅读没有负担，最能获得娱情体验，最能成全自己的阅读需求。

3. 普通阅读是消费性阅读，是功利与非功利混合的阅读

普通阅读是一种精神消费，是寻找知音、是情感慰藉、是促成思考、是获得灵悟……不一而足，既可能有直接的功利目的，也可能缘于无功利的兴致所生。

4. 普通阅读是多样化的阅读，是随意性的阅读

普通阅读因为没有限定，没有要求，没有压力，因而，阅读既广泛又杂乱。有时可能很粗犷，有时又可能很精细，是信马由缰的阅读旅行，是精神修养中的杂食和杂糅。

但是，不可小觑和忽视这样的阅读，它对教师成长特别是语文教师的专业成长极有价值。

（二）普通阅读对语文教师专业成长的价值

教师首先应该是一位阅读爱好者，而普通阅读是养成阅读兴趣的起点和基础。教师有真实的日常的阅读，才可能有阅读兴趣和兴味。一个爱读书的教师是教师专业发展第一动力。教师有自由的阅读，阅读才有广度，才有多样化的方式，让无处不在无时不有的阅读成为教师常态生活的一部分。当阅读成为教师的日常生活，他便成为文化人进而成为知识分子。教师的精神成长、文化积淀、独特的兴趣爱好、个性化诗意化，其奥妙常常就蕴藏其中。特别是，普通的阅读是真性情真我投入的阅读，是审美个性化和体验独特性的阅读，这种真情感真生命融注的阅读，对学生会产生深刻的潜移默化的影响，是感染学生热爱语文最隐蔽的元素。没有教师真正喜欢的课文，便没有学生真正喜欢的课文；没有教师普通的真正的阅读，便没有学生适性的阅读；如果教师没有对课文真情投入，就没有学生真正的真情投入，貌似投入也是逢场作戏。我们常常看到这样的现象，本来学生喜欢的课文，因为课堂上教过了反而就不喜欢了，可能就缘于教师对课文的真心真情的疏离，没有很好地融入真我体验，没有让学生用自己喜爱的方式阅读。也许还有别的原因，但肯定与教师本人的阅读缺陷有关。

尽管教师的普通阅读可以是自由的、广泛的、兴趣的阅读，但这种阅读也应该有一定的规划和设计，为此，对教师普通阅读提出三条建议：自由性

与多元性统一,广泛性与计划性统一,兴趣性与选择性统一。实现这三者统一,就能为从普通阅读走向专研阅读铺设桥梁。

(三)专研阅读的特点与要求

教师不仅是普通读者,还是高级读者。语文教师是深受阅读滋养和母语熏陶的知识人,况且语文教学恰恰要教的是"如何阅读""如何专题研读""如何审美赏读"等,因而,语文教师要努力使自己成为有专研阅读能力和素养的阅读者。这里谈谈专研阅读的特点与要求,为教师从普通阅读走向专研阅读提供一点参考。

1. 专研阅读是深度阅读,是专题性阅读、聚焦性阅读

在专研阅读阶段,就不能浮光掠影、天马行空,而是要带着问题或从文本中提出问题或就文本中的某一问题进行深入的探究,也可以说是提出问题并解决问题的阅读,且这一问题具有专业性和具有深入研究的价值。相对于普通阅读的散和宽来说,专研阅读则具有聚焦性和研磨性的特点。

2. 专研阅读是高级阅读,是专业阅读、精深阅读

高级阅读是指超越一般常识理解走向深层理解;专业阅读是指能够运用一套专业知识、专业技术、专业方法来对某一文本或某类文进行解析和评论;精深阅读是指对某一具体的问题进行深入的探究,以实现恰当的理解和深入的分析。

3. 专研阅读是审辨阅读,是批判性阅读、反思性阅读

专研阅读不是只限于欣赏、沉浸的层次,而是主要能够运用理性对文本进行历史的、现实的、比较的等多方面多维度的审察、考查,对文本进行美学意义和相关价值研判和重估,或者考虑对文本进行价值转换和重建。

(四)专研阅读对语文教师专业成长的价值

普通阅读对于语文教师专业成长非常重要,但更为重要的是专研阅读,它是语文教师阅读的"必修课"。专研阅读对语文教师专业成长的价值主要体现在以下几点。

1. 专研阅读是语文教师专业成长的基石和支柱

教师的成长离不开继续学习和研修,这是公认的常识。但语文教师的主

要研修方式是阅读，对专业成长的阅读最为重要的是研读。这是因为，语文教学是直接与文本打交道的活计，况且语文教学与文本打交道的过程恰恰就是研读的过程，因而，语文教师的成长之基和成长之柱便是研读经验和研读能力。研读经验和研读能力是影响语文教师教学专业能力的决定性因素。

2. 专研阅读是语文教师专业成长的切实而可靠的路径

教师成长有多条路径可以选择，但对语文教师来说，最为切实且可靠的路径是专研性阅读。与其他学科相比，语文教师的教学素养和水准主要来自专研性的阅读，而阅读又是最为便捷的研修方式，只要有书可读，语文教师便有了发展的方向和发展的津梁。对于语文教师来说，只要手中有书便有通向理想彼岸的帆船。

3. 语文教师教学艺术和教学风格的奥秘隐藏在他的阅读中

优秀教师的教学之所以能迅速抓住文本要点，直击教学要害，主要得益于他的研读经验；之所以能信手拈来而相映成趣，主要得益于他阅读之丰富；之所能擘肌析理，豁然贯通，主要得益于他平时研读多有心得……他教学中所表现的或幽默风趣，或严谨缜密，或诗性抒情，一定与他的阅读偏爱有关。从某个角度可以说，阅读塑造教师。

教师成长离不开阅读，而阅读中的研读是教师成长的深功和内功。在教师自主发展的历程中，若能独立专研若干篇或几类文本，对专业成长特别是教学水平的提升必有巨大作用。

二、职业阅读：从普通阅读、专研阅读走向教学阅读

教师阅读是既要有普通阅读，也要有专研阅读，这两种阅读是教师作为日常生活中的人和文化修养中的人的阅读。如果教师是一种职业，在这种职业中的阅读就是职业阅读。这种职业阅读有它的本质属性和凸显特征。

（一）教师职业阅读的本质属性：教学性

阅读当然可以作为日常生活、精神生活的一部分，但从教师专业发展角度上说，教师阅读本质上是指向教学、服务教学、聚焦教学，因而，教学性是教师职业阅读的本质属性。

以教学性为本质属性的教师职业阅读，可以简称为"教学阅读"。这种阅读以教学为中心，通过阅读寻求提升教学水平、提高教学质量的各种可能性。具体地说，语文教师的教学阅读，首先是语文素养和语文教学能力的自我修炼；其次，这种阅读也为语文教学准备直接和间接课程资源，其中包括教师在语文教学中的知识视野和文化储备；其三，保持对文本的敏感觉知，增强文本解读能力，实现对课文文本的恰当解读。总体上，教学阅读，是为了打下宽厚扎实的语文基础，养成高品位的文化品格，修炼语文教学的技能和技巧，直接服务于语文课堂教学。

（二）教学阅读的主要特征：交互性

日常的普通阅读和专研性的专家阅读，在关系的构成上基本是读者与文本的关系，但教学阅读除了构建良好的读者与文本关系外，还要构建适当的其他诸种关系，在这个意义上也可以说，教学阅读的凸显特征是交互性或多维交互性。

1. 两个视角交集

两个视角的交集是指学生视角和教师视角聚焦到一处。教学职业中的阅读不应只是教师一己的个体阅读，也不应只从教的视角来看文本，他同时要有学生的阅读视角，要能从学的视角来读文本。即，既在自己读懂读透的基础上找准可教之点、应教重点、细教难点，还应换位思考，从学生学的角度找学的难点、学的疑点、学的趣点，这两个视角交集到一处便是教师职业阅读的最佳处理。因此，值得注意的是，教师职业阅读不是简单地追求一己的读深读精以致在文本中一路狂奔，也不是独享自我的一时沉浸而自得其趣，而是在阅读之后来审视捡拾教学的入口与要津。

2. 两个视镜交映

两个视镜交映是指阅读时文本的本体价值与文本的教学价值双向审视，相互映照。文本有其本体价值，这种价值不因它是否选入教材而增削，比如，讯息价值、知识价值、晓理价值、传情价值、道德价值、审美价值、艺术价值等。教师职业阅读要能充分认识到这一独特的文本在某个方面的优势价值和特色价值，并充分发掘、利用文本中自有的价值富矿，以满足教学需要，实现教学目标。但是，文章作品进入教材，除了文本中富含的教学可资利用的本体价值外，课程和教学还可以赋予它独特的教育价值，比如，训练价值、智慧价值等。课文既是我们阅读理解的对象，同时也是语文训练的载体，通过它来训练学生听、说、读、写的能力。还可以用它来训练学生的言语思维，如表达的条理性、逻辑性、准确性、生动性。因此，教学职业中的阅读既要有辨体识文的专业洞见，也要有课程教学的职业慧眼。

3. 两个视点交会

两个视点交会是指教师的职业阅读要将文本的形式和内容联系起来加以考察。在普通的阅读中可以不求甚解，可以得意忘形；在专研的阅读中可以就其一点或形式或内容展开深入研究而不及其余。但教学的阅读必须二者兼顾，尽管可以视其文本特征和教学需要而有所侧重，但不能单线独进而偏于一隅。教学阅读必须将形式与内容统摄起来考虑。一般而言，教学阅读从形式进入内容，再从内容回到形式，大多情况是，读懂内容是为了更好地理解形式并掌握形式，而不是相反。反复阅读不只是一个渐深渐细的理解文意的过程，更是一个对文本内容与形式的关系特别是形式的艺术性反复观照、回视、研磨的过程。这也正是教学阅读与其他类型阅读的区别所在。

4. 两个视窗交接

两个视窗交接，是指教学阅读首先要开启两个视窗即课文文本视窗和与课文相关的文本视窗——具有文内文外两重视野，并实现两种文本交叠与对接。教学阅读面对文本不能像对待日常阅读文本那样，只读本文而不及其余，教学阅读主要面对的是课文，但又不能仅仅只读课文，必须由阅读课文牵连相关的文本，涉猎相关文本，这样才能做到举一反三，触类旁通。阅读教学以课文为例，既要做到举一反三，执简驭繁，也要搞好举三反一，披繁入简。当前，课内课外结合、群文阅读教学、一篇带多篇是语文教学改革的可行之路，它也反过来促使教师的教学阅读开好多个视窗，而非只盯课文，这是语文教学对教师的教学阅读的特殊要求。

（三）教师阅读要从专研阅读走向教学阅读

就其文本鉴析评论的水平而论，语文教师不及文章研究专家和文艺评论家，但是，他们也决不可取代语文教师独特的专业研读。事实上，语文教师也绝不是把文章研究专家与文艺评论家的文本解析成果简单地搬用到课堂上，也可以说，好的文章研究专家和文艺评论家并不一定就是好的语文教师。语文教师的教学阅读既要有专家的基本阅读素养，更要有作为语文教师独特的教学阅读能力和阅读视角。

首先，语文教师要有较高的阅读素养，要有相当于专家阅读的问题识见和问题评析能力。语文教师对文本的阅读应当属于专业性较强的阅读，虽然仅就文本分析的理论水平而言，没有文章研究专家和文艺评论家那么高深，但他也是洞悉文本的行家里手，更是提出问题、表征问题的高手。但是，语文教师在这方面的内行程度也不应要求过高，因为要求过高，不仅不切实际，也会逼压教学研磨的时空。

其次，语文教师要善于把自己的阅读理解、阅读能力、阅读方法等阅读素养转化为教学内容和教学艺术。语文教师阅读的专业化和优秀程度，不仅体现在他读解水平之高，而且在于他能否将自己的读解素养转化、融通到语文课堂教学之中。事实上，一个成熟的语文教师的教学阅读，既有自我的独立的阅读体验、见解与发现，还有专家的解析、评论、鉴赏的能力，更为重要的是，他能把个体自我的阅读、专家阅读改造成教学资源，整合到教学阅读中，使之共同构成切实有效的语文教学方法和语文教学内容。

三、语文教师阅读的"三位一体"及其实践价值

如上所述，语文教师的阅读行为是日常阅读、专研阅读和教学阅读；相应的，语文教学阅读身份应该有普通读者、专家读者和职业读者。这三种阅读行为和阅读身份构成了教师的完整阅读行为和阅读面貌。这三者缺一不可，它们构成了递升转换与良性互动的关系。

日常阅读、专研阅读是教学阅读的基础，教师职业阅读素养的最高境界是实现好的教学。教师阅读的最佳状态是实现自我成长与教学成长的协调与融合，实现日常情趣阅读、专业趋向阅读和职业定向阅读的有机统一而又相得益彰。

我们倡导语文教师三种三层阅读，因为它们各有其自己独特的价值，同时，我们也倡导三种三层阅读整合，做到"三位一体"，这样更有教师专业发展价值和教学发展价值。日常阅读可以享受"悦读"（自由愉悦的阅读），专研阅读可以实现"越读"（实现超越的阅读），而职业阅读可以推进"约读"（规划约定的阅读）。通过"悦读"而开阔知识视野、丰富精神生活、提升文化品位；通过"越读"提高语文专业素养、提升文本解读水准和研究能力；通过"约读"，提供教师专业发展的基本路径，提高语文教学的专业性和精准性，提高语文教学的有效性。三种三层阅读可以帮助教师获得新的教学理解，拥有新的教学追求，形成新的教学风格，获得新的教学人生。

语文教师的文学阅读

广东外语外贸大学教授 唐晓敏

语文教师阅读文学作品,首先应该是尽可能阅读第一流的作品。第一流的作品具有最大的教育价值,最值得阅读。这也是古今中外学人的一致看法。歌德曾说:"鉴赏力不是靠观赏中等作品而是要靠观赏最好作品才能培养的。所以我只让你看最好的作品,等你在最好的作品中打下牢固的基础,你就有了用来衡量其他作品的标准,估价不至于高,而是恰如其分。"[1] 叔本华讲:"没有别的事情能比读古人的名著更能给我们精神上的快乐。我们一拿起一本这样的古书来,即使只读半小时,也会觉得无比的轻松、愉快、清静、超逸,仿佛汲饮清冽的泉水似的舒适。这原因,大概一则是由于古代语言之优美,再则是因为作者的伟大和眼光之深远,其作品虽历数千年,仍无损其价值。"[2] 宗白华曾讲:"我向来主张文学非从第一流的天才入手不可。我近来看了些萧伯纳的剧,实在不发生什么特别的意味。从前,我读《浮士德》,使我的人生观一大变;我看莎士比亚,使我的人生观察变深刻;我读梅特林克,也能使我心中感到一个新颖的神秘的世界。从前的文学天才,总给我一个

---

[1] [德国] 爱克曼. 歌德谈话录 [M]. 北京: 人民文学出版社, 1980: 32.
[2] [德国] 叔本华. 生存空虚说 [M]. 北京: 作家出版社, 1987: 63.

'世界',一个'社会',一个'人生'。"① 孙犁谈文学名著阅读。他说:"在文艺学习方面,我认为应该'取法乎上',多读,并且认真地学习古典名著。""按目前的学习需要,应该多读一些外国的古典名著。""多读好作品,经常在头脑中有个较高的尺度,衡量我们的文字,衡量我们作品的思想和表现生活的高度。"② 孙犁致铁凝:"多读外国小说……外国小说,我读得也很少。但总觉得古典的胜于现代的。不是现代的都不如古代,但古典的是经过时间选择过的,留下的当然是精品。我读书,不分中外,总是觉得越古——越靠前的越有味道,就像老酒老醋一样。"③ 苏联的教育家苏霍姆林斯基在他的《帕夫雷什中学》讲,这所中学就要求学生大量阅读名著。他说道:"我们把归入人类文化宝库的那些作品的书目装饰得像鲜艳的艺术宣传画一般:一共两大张,四周饰有大作家的肖像(荷马、莎士比亚、普希金、舍甫琴科、歌德、雨果、德莱塞、伊拉谢克、密茨凯维支、尼克索、卢斯达维里等)。书目前面是致青少年的话:'男女青少年们!开列在你们面前的是一些收入世界文学宝库的不朽名著的书目。人类将永远厌读它们。你们不仅应当读完这些书,而且应当反复阅读,从中寻找智慧和美,获得愉快和美的享受。'"④

教师阅读文学作品,还应注意长篇文学作品的阅读。长篇作品,有其特殊的价值。叔本华这样说:"一颗大的钻石如果打得细碎的话,这些小破片价值之总和,无法和它原本的价值相比拟;一支庞大的军队,若把它分成若干小部队,则威力必大减,发生不了什么作用。同样,伟大的精神,若使之中断、搅乱、破坏或转向,它和普通精神已无任何差异。"⑤ 中国学者王瑶说:"人的一生,通读几本大部头的经典著作很有必要,通读才能知道它的完整的思路,才能领会它的整体气魄。"⑥ 他的学生杨义说得更具体,杨义提到《史

---

① 宗白华. 宗白华全集(一)[M]. 合肥:安徽教育出版社,1994:422.
② 孙犁. 孙犁文论选集[M]. 北京:人民文学出版社,1983:97.
③ 孙犁. 孙犁文论选集[M]. 北京:人民文学出版社,1983:390.
④ [苏联]苏霍姆林斯基. 帕夫雷什中学[M]. 赵玮,等,译. 北京:教育科学出版社,1983:283.
⑤ [德国]叔本华. 生存空虚说[M]. 北京:作家出版社,1987:63.
⑥ 杨义. 晨窗剪霞[M]. 福州:福建教育出版社,2000:230.

记》时说："《史记》的结构宏伟工整，富有哲理意蕴。……显示了总览历史浮沉兴废的伟大气魄。如果读书也可以养'气'的话，是不妨读一读这类大书的。也许每读完一种，你会享受到精神被提升至一个新境界的喜悦。"① 语文教师工作很忙，但也不能仅仅读短章，也需要读一点"大部头"。

  阅读文学名著，往往需要重读，反复地阅读。这首先是因为，杰出的作品意蕴深刻、丰富，不是一次阅读就能充分理解的。有人曾这样说过，对鲁迅小说《阿Q正传》的阅读，需要看很多遍："看第一遍，我们会笑得肚子痛。看二遍，才咂出一点不是笑的成分。第三遍，鄙弃阿Q的为人。第四遍，同情化为深思的眼泪。第六遍，阿Q还是阿Q。第七遍，阿Q向自己身上扑来。第八遍，合二为一。第九遍，又一次化为你的亲戚故旧。第十遍，扩大到你的左邻右舍。第十一遍，扩大到全国。第十二遍，甚至到洋人的国土。第十三遍，你觉得它是一个镜。第十四遍，也许是警报器。"每个人在阅读《阿Q正传》时，其具体情况各有不同，对上面的这种描述当然不能死板地理解，但这确实已经说明了杰出的文学作品需要反复阅读。《阿Q正传》是这样，其他杰作也如此。苏联著名电影艺术家普多夫金讲到列夫·托尔斯泰的作品时，就以崇敬的心情说过这样的话："对我来说，托尔斯泰的创作永远是一个活的世界……《战争与和平》这部小说我重读三十多遍，以便一再生活于小说所描写的那些人物的生活之中。每一次我进入这部小说的境界，就仿佛重访自己曾经到过的某些住宅、城市和地区，而在这以前好像由于时间匆促未能细看和熟悉其中的一切。在这里，一切都有它自己的独立生活，都有它自己的一切复杂内容和无数细节。你在小说中漫步，时而停下来，想再一次较长久地从山上俯瞰壮丽的景色，想再一次和可爱的熟人谈谈。时而离开了常走的道路，看出以前没有觉察到的东西，倾听出并理解到以前未能识别出来的事物。"普多夫金的这段话含有丰富的内容，但首先表明的是，像《战争与和平》这样的作品必须反复地阅读，只读一遍不可能真正了解，甚至不能注意到作品中的许多细节，当然更不可能真正理解作品的深刻意蕴。

---

  ① 杨义. 晨窗剪霞 [M]. 福州：福建教育出版社，2000：56.

文学作品需要重读，这不仅是由于那些杰出的作品意蕴丰富，同时也是阅读活动的特点所决定的。重读与初读的区别，如现象学美学家们所说，在于"第二次阅读……是从不同的视角去观察本文的"。初读时，读者犹如坐着马车的旅游者，从游移的视点去观察作品。"他要在记忆中组织他所历见的一切，建立一个一致性的模式。其本质和可靠性部分取决于旅程各段他的专注程度，而任何个别时刻他都不可能一下子产生关于旅途的总体观察"。重读则不然，重读是在了解结局之后再来看作品的开头和故事的发展过程，作品中具体的细节会因为被置放于总体之中而显示出不同的意义。"熟悉的事件现在易于以一种新的姿态出现，似乎时时被修正着，时时被丰富着"。叔本华曾说过："任何重要的书都要立即再读一遍，一则再读时更能了解其所述各种事情之间的联系，知道其末尾，才能彻底理解其开端；再则因为读第二次时，在各处都会有与读第一次时不同的情调和心情，因此所得印象也就不同，此犹如在不同的照明中看一件东西一般。"① 叔本华所说的不特指文学，但他符合文学阅读的实际。

阅读文学，既要重质，也需要有"量"的考虑，读书多总是好的。而且，这不仅仅是一种数量的积累，更重要的是，文学作品之间实际上是密切联系的。我们阅读一篇文章，需要理解文章中字词的含义，但这种理解，是在阅读整篇文章中逐步实现的。仅仅是去查字典，是不行的。因为一个字一个词，往往有多种含义，而在这篇文章中究竟是什么意思，需要看其上下文。王佐良谈及"字词"时曾说，字词的意义是复杂的，"一个词不仅有直接的、表面的、字典上的意义，还有内涵的、情感的、牵涉许多联想的意义。一句话不只是其中单词的意义的简单的综合，它是结构、语言、语调、节奏、速度也都产生意义。一词一句的意义有时不是从本身看得清楚的，而要通过整段整篇——亦即通过这个词或这句话在不同情境下的多次再现——才能确定"②。一个字、一个词是这样，一篇文章其实也是如此。即是说，任何一篇文章都

---

① ［德国］叔本华. 生存空虚说［M］. 北京：作家出版社，1987：62.
② 王佐良. 词义·文体·翻译//. 罗新璋，陈应年，编. 翻译论集（修订本）［M］. 北京：商务印书馆，2009：924.

不是孤立的。它是整个的、时代的、文化传统的这部"大文章"中的一个"词语"。因此，若想真正理解这篇文章，也需要了解这篇文章的"上下文"，即阅读相关的其他文章，联系与此相似或相异的作品，将这篇文章与相似或相异的文章加以比较，才能深刻理解和真正把握这篇文章的特点。霍松林分析柳宗元《小石潭记》，就是这样做的，他分析说："'潭中鱼'几句，不太细心的读者会以为只不过写鱼罢了。其实不仅写鱼。大画家只画飞虫，不画天空；只画游鱼，不画清水。但由于虫的确在飞，鱼的确在游，因而在欣赏者面前，就出现了天空、出现了清水。这几句，正是采用了这种以实写虚的手法。'皆若空游无所依'，脱胎于前人的创作。但袁山松的'其水十丈见底，视鱼游若乘空'（《宜都山川记》），吴均的'水皆缥碧，千丈见底，游鱼细石，直视无碍'（《与朱元思书》），郦道元的'绿水平潭，清洁澄深，俯视游鱼，类若乘空'（《水经注》），沈佺期的'朝日敛红烟，垂钓向绿川，人疑天上坐，鱼似镜中悬'（《钓竿篇》），王维的'涟漪涵白沙，素鲔如游空'（《纳凉》），都是先写水清，后写鱼游。至于苏舜钦的'人行镜里山相照，鱼戏空中日共明'（《天章道中》），楼钥的'水真绿净不可唾，鱼若空行无所依'（《顷游龙井得一联，王伯齐同儿辈游，因足成之》），刘熵的'炯倏鱼之成群，闯寒波而游泳，若空行而无依，涵天水之一镜'（《鱼计亭赋》），阮大铖的'水净顿无体，素鲔若游空，俯视见春鸟，时翻荇藻中'（《园居杂咏》），看来都借鉴了柳文，又各有新意，但在先写水清，后写鱼游这一点上，却都与袁、吴、郦、沈、王之作相类。柳宗元的独创性，在于不复写水，只写鱼游，而澄澈的潭水已粼粼在目。"① 这里无疑是把握了柳宗元文章描写的特点，但之所以能如此，是因为霍松林的心中有着大量的同类描写的诗句。没有这些诗句作为比较的对象，也就无所谓发现柳宗元此文此举的特点。

一篇文章是这样，一个作家也是如此。若想真正理解"这一个"作家，需要阅读其他作者的作品。只读李白，未必能够说清李白的特色，读完杜甫，才能对李白的特色有所领会。自然，读杜甫也还是不够的，还需要读王维、

---

① 霍松林. 唐宋名篇品鉴［M］. 北京：中国社会科学出版社，1999：384.

白居易、李商隐……每读一位作家，就都不仅仅是了解了这位作家，同时也能够对原来读过的每一位作家有更多的了解。因为特色都是在比较中才能被掌握的。郭沫若在《荀子的批判》（《十批判书》）中说："孟文的犀利，庄文的恣肆，荀文的浑厚，韩文的峻峭，单拿文章来讲，实在各有千秋。"这里对孟子等风格的感受，是以阅读了庄子、荀子、韩非子为基础的。贝琼《唐宋六家文衡序》言："盖韩之奇、柳之峻、欧阳之粹、曾之严、王之洁、苏之博，各有其体，以成一家之言。"他认为只读一位作家的作品，无论读得多么认真、细致，都无法真正了解这位作家。

语文教师阅读文学作品，还需要朗读文学作品，特别是欣赏诗歌和古代散文时，更应朗读。清代文学家姚鼐讲："大抵学古文者，必要放声疾读，只久之自悟；若但能默看，即终身作外行也。"曾国藩在《家训·字谕纪泽》中讲："如'四书'、《诗》、《书》、《易经》、《左传》、《昭明文选》，李、杜、韩、苏之诗，韩、欧、曾、王之文，非高声朗诵则不能得其雄伟之概，非密咏恬吟则不能探其深远之韵。二者并进，使古人之声调副然若与我之喉舌相习，则下笔时必有句调凑赴腕下，自觉琅琅可诵矣。"朱自清也说："'熟读'不独能领略声调的好处，并且能熟悉用字、句法、章法。诗是精粹的语言，有它独具的表现法式。初学觉得诗难懂，大半便因为这些法式太生疏之故。"[①] 朱光潜说："从前文学批评家常用'气势''神韵''骨力''姿态'等词，看来好像有些玄虚，其实他们所指的只是种种不同声音节奏，声音节奏在科学文里可不深究，在文学文里却是一个最重要的成分，因为文学须表现情趣，而情趣就大半要靠声音节奏来表现，犹如在说话时，情感表现于文字意义的少，表现于语言腔调的多，是一个道理。从前人研究古文，特别着重朗诵。姚姬传说：'大抵学古文者必要放声疾读，又缓读，只久之自悟。若但能默看，即终身作外行也。'读有读的道理，就是从字句中抓住声音节奏，从声音节奏中抓住作者的情趣、'气势'或'神韵'。"[②] 俞平伯讲："古人做

---

① 朱自清. 朱自清语文教学经验 [M]. 北京：教育科学出版社，2007：79~80.
② 朱光潜. 散文的声音节奏//. 朱光潜全集（四）[M]. 合肥：安徽教育出版社，1987：220，221.

文章时，感情充沛，情感勃发故形之于声，作者当日由情思而声音，而文字，今天的读者有了解当时的作品，也只有遵循原来的轨道，逆溯上去。作者当时之感慨既托在声音，今天凭借吟哦背诵，同声相求，来使感情再现。念古人的书，借以了解、体会古人的心情。"① 教师在朗读中提高自己的朗读能力，不仅能够更深刻体会所读的作品，同时也能更好地指导学生的朗读。

阅读文学作品，还需要把那些优秀的诗文背诵下来。许多学者都强调背诵的重要性。朱自清先生认为："偶然的随意的吟诵是无用的，足以消遣，不足以受用或成学。那得下一番切实的苦功夫，便是记诵。学习文学而懒于记诵是不成的。"② 程千帆讲："背诵名篇，非常必要。这种方法似笨拙，实巧妙。它可以使古典作品中的形象、意境、风格、节奏等都铭刻在脑海中，一辈子也磨洗不掉。因而才可能由于对它们非常熟悉，而懂得非常深透。光看不行。"③ 季羡林说："背诵散文，同背诵诗歌一样，是中国几千年来传统教育方式的内容之一。这个优秀的传统我们必须继承下来。目前我能够想到的方法有二：在本书的基础上由老师或家长选出二百篇多年传诵的名篇，让中小学生背诵，大学生如果缺这一课，也必须补上。"④ 语言文学教育的许多名师，也都有出色的背诵能力。姜亮夫回忆他在清华国学研究院的学习生活时讲，王国维、梁启超两位先生的背诵能力就非常强，"记得有一次同乐会，大家要任公也表演，任公说他背一段《桃花扇》，结果全段都背出。《桃花扇》在正统学术上不算什么，但他能全背出，很了不起！静安先生当即也背诵《两京赋》，这也难能可贵"⑤。又说："我所接触的先生们中似乎有一个共性，就是记忆力惊人的好。梁、王先生们自不必说，廖季平先生更突出。《十三经

---

① 俞平伯. 关于治学和做文章//. 俞平伯散文 [M]. 呼和浩特：内蒙古文化出版社，2006：308，309.
② 朱自清. 论诗学门经//. 朱自清全集（二）[M]. 南京：江苏教育出版社，1996：83.
③ 巩本栋. 程千帆沈祖棻学记 [M]. 贵阳：贵州人民出版社，1997：52.
④ 季羡林. 谈写作 [M]. 北京：当代中国出版社，2007；29.
⑤ 姜亮夫. 忆清华国学研究院//. 姜亮夫文录 [M]. 昆明：云南人民出版社，1999：176.

注疏》讲注时,他可以把注大段大段背诵,并且还可以告诉你们在某一版本某一页某一段,你们可以查对。还有祝杞怀父子记性都了不起。如讲唐代平淮西这件事,他把《唐书》资料、《通鉴》中资料、韩昌黎写的《平淮西碑》,以及后人评淮西的诗词整整背了一个半小时。"① 童庆炳先生回忆大学学习生活时也说:"我的几位老师,如刘盼遂先生、李长之先生、陆宗达先生、黄药眠先生,他们对自己的研究对象都是烂熟于心的。黄药眠先生给我们讲课,只带几张卡片,根本没有讲稿,资料和对资料的分析是背诵出来的,连某些文学作品也是背诵出来的。陆宗达先生给我们讲《说文解字》,讲得十分生动,也完全是背诵出来的。""郭预衡先生给我们讲中国古代散文,常常成段成段地背诵《国语》《战国策》,更不用说'语''孟'了。"② 姜亮夫、童庆炳说的是大学教师,中小学语文教师也是一样,也需要有背诵能力。背诵可以说是重视文本的极端形式,背诵一篇是"使研究对象烂熟于心",这样才能"掌握对象的全部情况,才能掌握对象的种种复杂的矛盾"③。从教学实际看,教师在课堂上能够熟练背诵诗文作品,与照稿念这些作品或是用课件展示这些作品,效果是很不一样的。而且,语文学习对学生的背诵有一定的要求,教师若能够流利地背诵这些篇章,也会对学生产生影响,唤起学生背诵的意愿。同时,教师的背诵也有利于自己的科研,文章写作的实际告诉我们,写作之时,原本就烂熟于心的材料是最好用也是最有价值的。张世英先生讲治学的基础时说,写文章需要事先有较多的材料积累,不能到写作时再去找;"现买现卖的东西,放到文章里,终觉不是出自肺腑,未免生硬。"④ 这就是说,时文背诵对教学有帮助,也是文科科研的基础。

---

① 姜亮夫. 忆清华国学研究院//. 姜亮夫文录[M]. 昆明:云南人民出版社,1999:177.

② 童庆炳. 语文教学与审美教育//. 教育,整个生命的投入——童庆炳教育思想文萃[M]. 上海:华东师范大学出版社,2016:100.

③ 姜亮夫. 忆清华国学研究院//. 姜亮夫文录[M]. 昆明:云南人民出版社,1999:176.

④ 张世英. 新哲学讲演录[M]. 桂林:广西师范大学出版社,2004:581.

教师阅读决定国民素质与民族未来

北京师范大学文学院教授　任　翔

阅读是一件关乎国民素质和民族未来的大事。世界文明国家,无不把阅读作为提升国民素质、创造美好风尚的基础工程和战略工程。在不久前闭幕的两会上,李克强总理再次发出"大力推动全民阅读"之强音。如何大力推动,教师应当是关键所在。教师阅读带动学生阅读,学生阅读调动家长阅读,从而深入持久推动全民阅读。因此,教师阅读尤为重要,她不仅是提升素养和专业能力之根基,更重要的是教师阅读影响国民素质和民族未来。

一、教师职业决定教师必须阅读

教师是人类历史上最古老的职业之一,也是最伟大、最神圣的职业之一。自古以来,中华民族就有尊师重教的优良传统,正所谓"国将兴,必贵师而重傅;贵师而重傅则法度存"。在中华民族五千多年文明发展史上,英雄辈出,大师荟萃,都与一代又一代教师的辛勤耕耘是分不开的。

教师肩负着开启民智、传承文明的神圣使命。"师者,所以传道授业解惑也。""传道""授业""解惑"构成了教师职业的三维度,无论是"传道"还是"授业""解惑"都要以读书为职志。教师只有源源不断地从阅读中吸取新知识,获得新感悟,才能给学生以新知识、新启示。与其他职业者的阅读相比，教师的阅读有特别的意义。若说一般人的阅读是为己而读，那么，教师的阅读不仅是为自己而读，而且也为他人而读。这里的"他人"，就是受教育者。打一个比方：多数人吃饭只为自己的肌体所需，而正在哺育新生命的母亲，吃饭不仅为保证自己的健康，还要兼顾襁褓中的婴儿。因此，母亲的进食显得格外重要，她不仅要维持自己的生存，还必须产生乳汁以哺育后代。教师阅读，与此类似。不同的是，母亲给婴孩输送的是供身体成长的乳汁，而教师给予学生的则是供精神成长的甘乳。我们常说，"要给学生一杯水，教师须有一桶水。""为了使学生获得一点知识的亮光，教师应吸进整个光的海洋。"这里的"一桶水""整个光的海洋"便是教师通过阅读获得的知识。教师要讲好教科书上的《〈论语〉选读》，就应通读《论语》乃至古今研究《论语》的代表性文献；要给学生讲好鲁迅的作品，就不能只读选入教科书的几篇鲁迅作品，而应通读《鲁迅全集》，至少应阅读《呐喊》《彷徨》《朝花夕拾》《野草》中的名篇，并研读研究鲁迅的最新成果。尤其是信息时代的教师，自己所知道的知识必须超过将要教给学生的。不仅要有胜任教学的专业知识，还要有广博的通用知识和宽阔的视野。教师应该是智慧型的，具备学习、处世、育人的智慧，既授人以鱼，又授人以渔，能够在各个方面给学生以帮助和指导。

教育是成就人的事业，教师职业的特殊性需要教师以自己的职业身份去阅读，让教育者的使命感和责任意识在阅读中不断加强和坚定。2014年教师节，习近平总书记考察北京师范大学，提出好教师的四个标准：有理想信念、有道德情操、有扎实学识、有仁爱之心。要达到这些标准，阅读是基础。只有热爱阅读的教师，才可能拥有远大的理想、坚定的信念、高尚的情操、扎实的学识和仁爱的情怀。

二、教师专业成长必须通过阅读

一位颇富学养的教师说过："在学校里，最可怕的是一群不读书的教师在忙碌地工作，因为这样的教师会把本来聪明的孩子教得不会学习。"这句话看似寻常却发人深思。国家语委重大课题"面向基础教育的阅读行动研究"课题组,对全国中小学教师阅读现状进行调查,发现教师的阅读量、阅读内容、阅读时间、阅读保障等状况令人忧虑。多数教师读书偏少,读书则多为教辅用书,阅读人文社科经典著作及本学科前沿的书甚少,这在很大程度上羁绊教师的思想。培根曾说:"读书在于造就健全的人格。"尤其是经典阅读,对教师特别重要。阅读经典著作可以训练思维,沉淀情感,提升素养。更重要的是人文经典书籍中蕴含民族文化的基因,深藏民族文化的精神,只有通过阅读,才能增强民族文化认同,传承民族文化精神,凝聚民族思想情感,让教师的人格得以完善。

然而,不少教师年年岁岁、含辛茹苦地工作,几乎没有时间也没有习惯阅读。知识老化,得不到更新,他们在讲台上年复一年向学生传授的是自己学生时代所学的知识,有的甚至完全是应试的技巧。这样的教师,能给予学生多少心灵的滋养?因此,面对神圣的阅读,不要轻描淡写。教师阅读,不仅可以涵养自己的气质,提升个人素养,更是为了塑造下一代。教师唯有通过阅读,掌握新的教育理念和教育思想,才能拓宽自己的教育视野和教育境界,更新自己的教育行为和教育方式。读书应是教师的一种工作方式,也是一种生活方式,教师只有通过阅读,才能实现自我价值。

新世纪课程改革,人们在教师问题上的一个关注点就是教师专业成长。因为大家都深深地认识到,教育改革的关键在教师。而在笔者看来,教师专业成长的关键之一便是阅读。苏霍姆林斯基早就告诫过我们的教师:"读书,读书,再读书——教师的教育素养正是取决于此。要把读书当作第一精神需要,当作饥饿者的食物。要有读书的兴趣,要养成博览群书,要能在书本面前坐下来,深入地思考。"教师只有通过阅读,才能丰富自己的思想、升华自己的情感、提高自己的专业能力。因为阅读能滋润心灵、丰富情感,这种滋养影响着教师的一言一行,使教师成为一个真正意义上的文化人;因为阅读能与作者对话,教师阅读经典作品都是在与伟大的灵魂做深刻的思想交流,分享他们的情感与生命体验,从而获得人生的启迪;因为阅读能改变一个人的精神状态,在教师职业仍没有被社会多数人理解与尊重的今天,教师要保持一种良好的状态,更需要一种奉献精神,一种专业情怀,这种奉献精神和专业情怀从何而来？阅读！

  教师承担着传承人类文化的重任，正是因为有了教师，人类文明的薪火才能够代代相传。作为文明之火的传递者——教师，传授给学生知识，就是在为他们描绘蓝图，给他们讲述美丽新世界的故事。这蓝图，这故事，从何而来？从阅读从思考中来。古今中外的原典，是人类文化的精华。未来世界怎样？答案可以从中寻找。可以说，教师阅读决定教师专业成长，教师专业成长决定教育振兴，教育振兴决定国民素质。

三、教师阅读推动全民阅读

  自党的十八大报告提出"全民阅读"后，李克强总理连续四年在两会上呼吁全民阅读。何以推动全民阅读？教师应当是关键所在，可以说，教师是推动全民阅读的引擎。中小学是学生打基础的最重要阶段，也是学生的世界观、人生观、价值观形成的关键时期。因此，中小学教师的素养至关重要。王国维曾说："若论学问之根柢与教师之所自出，则初等教育之根柢存于中等教育，中等教育之根柢存于高等教育。"这一观点在今天也不过时。人文素养是中小学教师"根柢"的固有内容，审美情趣、思维方式、价值取向、理想人格等皆与人文素养相关，可谓兹事体大。因此，基础教育阶段的阅读尤为重要。

  教育是社会振兴的基石，基础教育尤其是义务教育则是一个国家文明进步程度的标志。我国作为世界上人口最多的大国和发展中国家，已全面普及义务教育，从根本上解决了适龄儿童上学问题。那么，如何提高义务教育质量？关键在阅读！基础教育改革，只要抓阅读就抓住了改革的核心。在一所学校里，教师热爱阅读，学生热爱阅读，这所学校的人文气息必定醇厚，从校长到学生乃至普通保洁工，其精神面貌、言语行为必定清雅。梁启超说："少年智则国智，少年富则国富，少年强则国强，少年独立则国独立，少年自由则国自由，少年进步则国进步，少年胜于欧洲，则国胜于欧洲，少年雄于地球，则国雄于地球。"少年周恩来"为中华民族崛起而读书"，那昂扬的文字和豪迈的话语今天读来依然激奋。现在，不再为适龄儿童"有学上"而担忧，担忧的是如何将他们培养成心灵健康、人格健全的高素质国民。未来的社会充满竞争，竞争的特点是人才的竞争、国民素质的竞争。一个国家、民族要立于竞争的不败之地，靠的是大批高素质的人才和富于竞争力的高素质的国民。国民素质的提高要靠教育，义务教育是学校教育的起点，因此，抓好义务教育阶段的阅读至关重要。笔者近年利用假期到青海玉树、广西玉林等地支教，这些地区教学资源已渐趋丰沛，但学生的阅读量堪忧。阅读量不只反映人的阅读能力、表达能力，还影响人的思维能力和社会交往能力。最近，笔者看到一位年仅11岁的美国小学生接受记者采访的视频，其自信的表情、流畅的表达、机敏的思维、长远的规划以及对国家、社会的责任意识，着实令人感叹。这虽然是个案，但也从一个侧面反映了美国的基础教育状况。美国联邦政府要求各学段的学生，每天至少有一个小时用于阅读。欧盟则制定了国家语文行动计划和终身学习计划，其核心内容是阅读，以确保每个欧洲人具备在现代社会中获得成功的基本能力。

现在，我国政府已将全民阅读提升到议事日程。那么，如何推进这项基础工程和战略工程？教师为先！阅读是教师的知识和精神的源头，只有热爱阅读的教师，才能以丰富的学识引导学生、以博大的胸怀爱护学生、以高尚的人格感染学生。同样，只有热爱读书的教师，才能培养出热爱读书的学生；只有热爱读书的学生，才能改变校园面貌、家庭面貌和社会面貌。由教师阅读带动学生阅读，由学生阅读调动家长阅读，从此，阅读之风盛行。从这个角度而言，也可视教师阅读为全民阅读之入口。通过教师阅读，架设"学校——家庭——社会"的阅读桥梁，从而深入持久地推动全民阅读。因此，教师阅读是一种责任，她为育人提供坚强保障，为培养高素质国民奠定坚实基础。

试论"诗教"背景下语文教师的专业素养与经典阅读

中国人民大学文学院副教授　朱子辉

一、为什么要提倡"诗教"

2017年1月25日，中共中央办公厅、国务院办公厅印发了《关于实施中华优秀传统文化传承发展工程的意见》，其中第9条明确提出，要把中华优秀传统文化"贯穿国民教育始终"，要"按照一体化、分学段、有序推进的原则，把中华优秀传统文化全方位融入思想道德教育、文化知识教育、艺术体育教育、社会实践教育各环节，贯穿于启蒙教育、基础教育、职业教育、高等教育、继续教育各领域。以幼儿、小学、中学教材为重点，构建中华文化课程和教材体系"。这一政策要得到具体和顺利的实施，作为引领国民教育的一线教师就显得尤为重要。

那么，如何提升语文教师的传统文化素养呢？语文教师自身重视并热爱传统文化，通过广泛的经典阅读来夯实、提升自己的文化底蕴，这当然是一条必由之路。但是，由于传统文化博大精深，传统文化的典籍浩如烟海，再加上现行教育体制所造成的语文教师传统文化底蕴的严重匮乏，这些问题都需要我们语文教师在传统文化的学习与经典阅读的过程中，应该有的放矢、循序渐进，特别是应该结合我们语文教育的学科特点与目标追求，进行有针对性的、系统的阅读和学习。这就要求每一位热爱并立志从事传统文化教育和传播事业的语文教师,应该首先建立起积极而明确的语文教育观,这是引领语文教师阅读方向、培养相关专业素养的指路明灯。虽然长期以来,由于语文教育在不同历史时期的价值取向不尽相同,人们对语文教育观的认识存在诸多分歧,但语文教育是以培养学生语言文字的运用能力为基础、以提高学生的语言文字素养为核心、以促进学生的全面发展为终极目标的观点,已经成为学界越来越多人的共识。[①]

然而遗憾的是,根据我个人对当下语文教育的实践和观察,发现一线语文教师对构成语文本体的汉语言文字的认知,仍然停留在非常肤浅、狭隘的符号和工具层面;对语文教育的目标,仍然定位在比较功利、短视的知识与应试层面。而那些关乎学生审美能力的培养、情感境界的提升以及文化底蕴的夯实等人格教育方面的内容,在目前的语文教学中,仍然处于一种非常明显且严重缺失的状态。这些问题在语文教育中的长期存在,一方面当然是由于语文教师相关专业素养的欠缺,但更为本质的问题则在于很多一线教师根本就没有树立起明确的语文教育观念,不知道"语文"究竟为何物,"语文教育"到底要教什么,又为了什么而教。有鉴于此,本文明确提出"语文"即"语言和文化","语文教育"即是立足于语言文字的基础之上,逐级层深地引导学生探寻语言文字的审美、情感与文化问题,以实现有言语能力、有审美意识、有善感心灵、有文化底蕴的健全人格的培育和养成。这些既是语文教育的应有之义,也是当前特别强调将中华优秀传统文化贯穿国民教育始终的根本目的之所在。也正是在这一点上,我们完全可以将目前校园内开展的各种传统文化教育与语文教育紧密结合起来,从而实现语言文字教育、审美教育与民族文化情感教育的互动、交融与整合。

以上所有这些传统文化与语文教育内涵、目标的设定,都可以旗帜鲜明地统归于"诗教"的观念之下。这是因为一来"诗教"在我国有着悠久的历史和传统,孔子所谓"兴于诗,立于礼,成于乐",就特别强调诗歌教育对感发人心、敦厚人格的首要性;二来诗歌在中国古代一直经久不衰,是历代文

---

① 任翔. 语文教育新论 [M]. 北京:北京出版社,2016:27~53.

人必须擅长的一种文学表达形式，在它的身上凝聚着中国古代文人的文化心灵与不同时代的历史印迹，因而它可以当之无愧地成为我们今天窥探中华民族优秀传统文化的一扇窗口。品读诗语，鉴赏诗美，感发诗心，最终寻觅诗歌深处的文化之源，便成为我们触摸中华优秀传统文化的一条清晰的线索。语文教师的经典阅读与传统文化素养的提升，据此便不仅可以有针对性地、系统地展开，而且还能在教与学相互促进的过程中，形成一套属于自己清晰、全面而又开放的教学模式。

二、"诗教"内涵的重新阐释

传统的"诗教"，应该写作"《诗》教"，它是指先秦儒家经典教育（"六经之教"）中的一种，特指《诗》对人的教化作用。在先秦儒家看来，《诗》是上古礼乐文明的集中体现，其中蕴涵着深刻的王道思想和雅正的道德内涵。如《史记·孔子世家》中记载了孔子删订、整理《诗经》的目的是"取可施于礼义……礼乐自此可得而述，以备王道，成六艺。"《论语·为政篇》中也记录了孔子对《诗经》的总体评价："诗三百，一言以蔽之，曰：'思无邪'。"正是由于《诗经》具有如此丰富的政治、道德内涵，所以，以孔子为代表的先秦儒家，特别强调《诗》在教育中的重要作用。《论语·季氏篇》中，孔子就曾经语重心长地告诉过自己的儿子孔鲤"不学《诗》无以言"。在《论语·阳货篇》中，孔子再一次询问孔鲤有没有学习《诗》中的《周南》《召南》，并且非常严厉地告诫他"女为《周南》《召南》矣乎？人而不为《周南》《召南》。其犹正墙面而立也与"。同样是在《论语·阳货篇》中，孔子又建议自己的弟子们都要读读《诗》，并且向他们系统地阐述了《诗》的作用，他说："小子何莫学夫诗？诗，可以兴，可以观，可以群，可以怨。迩之事父，远之事君。多识于鸟兽草木之名。"孔子之所以如此重视《诗》，如此不遗余力地向自己的儿子和弟子们推荐《诗》，是因为他想通过《诗》教，培养"温柔敦厚"的人格，实现自己"克己复礼"的政治理想。这在《礼记·经解篇》上有着明确的表述："入其国，其教可知也。其为人也，温柔敦厚，《诗》教也。"

由此可见，传统的儒家"诗教"具有一种非常浓厚的偏重政治、崇尚道德的思想特征，这当然是针对当时春秋末期的时代和社会问题而在教育上提出的一种救世之道，有其深刻的历史合理性的一面。世易时移，今天的语文教育，虽然不可能彻底摆脱对政治、道德的依附，但经过两千多年的沉浮跌宕，我们重新回眸和反思语文教育，应该得到一个沉痛而深刻的历史教训，那就是语文教育应该尽量避免沦为政治宣传的工具，也不要总摆出一副道德说教的面孔，而要确立自己鲜明而独立的学科属性，即立足于语言文字这一根本的质素。以审美的心态、善感的情怀，引导学生走向民族文化的自觉与自信，塑造适应这个时代的、健全的中华民族的新型人格。正因如此，我们必须对"诗教"进行重新阐释，以揭示它新的时代内涵。

要揭示"诗教"的内涵，就必须知道诗歌的内在特征。因为诗歌的教化功能是由诗歌的内在特征所决定的。从文字学的角度来看，"诗"字是由形旁"言"与声旁"寺"所构成的左右结构的形声字。形旁的"言"即表明：诗歌离不开语言，它是一种语言的艺术。《毛诗·大序》对"诗"的解释是"在心为志，发言为诗，情动于中而形于言"，强调语言是将内心的情志表达为诗歌的一个重要媒介，语言自然也就成为诗歌的一个重要质素。可以说，没有语言也就没有诗歌，品读诗歌或其他以语言为媒介的艺术形式，不能忘了语言。所以，"诗教"内涵的第一个层面就是"语言教育"。

再来看"诗"字右边的声旁"寺"。根据宋人王圣美的"右文说"，所谓"凡字，其类在左，其义在右"，即声旁相同的一组形声字，一般都具有共同的意义，这一意义由形声字右边的声旁所赋予，左边的形旁只决定该字所表示的一般事类范围①。据此，"寺"作为"诗"的声旁，它不仅标注了"诗"的读音，更重要的是它也了揭示了"诗"字的语源义，即凡是从"寺"之声旁的汉字，一般都含有"等待"的意义，如等、待、侍、峙、痔、持……皆有此义。这是因为这里作为声旁的"寺"，它本身也是一个上下结构的形声兼会意字。上面的声旁"土"显然是文字演变过程中所产生的讹变，实际上应该是"之"，表示人行走的"去"或"往"的意思；而下面的形旁"寸"，作

---

① 蒋绍愚. 古汉语词汇纲要［M］. 北京：北京大学出版社，1989：165.

为一个指示字,与人的手的动作密不可分。由此可见,"寺"在字源义上,原本是表示一个人手里拿着东西,正等待去往某地(即"持"的本字)。正因如此,汉字体系中,凡是由"寺"这个偏旁构成的汉字,一般都有"等待"的意思。根据文字学的这个结论,我们可以给"诗"下个定义:"诗"是一种生命情感的"等待"。《毛诗·大序》说:"诗者,志之所之也。"从上述依据文字学所得的结论来看,这句话说的正是诗人心中所持有("寺"之下方"寸"的本义)的某种被感发的情志,有一种去往或要被表达出来("寺"之上方"之"的本义)的欲求。但这种情感,它在一开始必然是粗糙、鄙陋,甚至是浅薄、庸俗的,必须要经过一种"等待",而所谓"等待",其实就是诗人情感的自我酝酿和升华。它本身就具有一种高度的审美价值,这也正是我们提倡读诗、实施诗教的根本意义之所在。

而情感的"等待"(酝酿和升华),又必然和诗歌语言选择与淬炼密切相关,这是因为诗情的升华往往要借助于诗语的精心构建。历史上凡是优秀的、具有高度艺术价值的诗歌,它们在诗歌体式的选择、音声节奏的安排、字句章法的构造、典故意象的经营等方面,都是极为倾注巧思和心力的。而诗歌的这种高度艺术化的审美语言形式,由于经历了千百年来诗歌艺术创作技巧的时代传承与民族文化精神的心灵积淀,蕴藏着极为丰富、厚重的历史文化内涵。这些错综复杂的各种因素,造成了中国古典诗歌除了"语言"这一重要的质素之外,还理所当然地包括"情感、审美、文化"等其他各类要素。也正是在这个意义上,"诗教"的内涵除了上述的"语言教育"之外,还逐级层深地主要表现在"审美教育、情感教育、文化教育"这几个方面。需要特别说明的是,经过我们重新阐释的"诗教"内涵的这四个方面,并不是界限分明、各自独立的,而恰恰是互为依存、彼此密切关联的。虽然在学理上,每一个方面所承担的教育功能各有所侧重,但在实际的教学实践中,这四个方面实在是你中有我、我中有你,不可分割。用图示的方法,可能会表达得更为清晰:

语言教育　　审美教育

×

情感教育　　文化教育

三、实施"诗教",语文教师应该具备的专业素养

以上我们从文字学的角度,梳理出诗歌的四个重要质素:语言、审美、情感、文化,这也就决定了"诗教"的内涵相应地表现为:语言教育、审美教育、情感教育和文化教育。而要在传统文化的教育过程中,顺利地实践和完成这四种教育,就要求我们的语文教师也必须相应地具备语言、审美、情感和文化这四个方面的基本专业素养。

具体来说,在"诗教"背景下,"语言教育"是通过诗语的品读来实现的。但是我们所谓的"诗语品读",又不同于以往诗歌选集中仅仅局限于生僻字词、历史典故的解释,而是立足于诗歌语言形式(包括诗体、音律、语词、句法)的细致分析,引导学生对汉语言文字的情感内涵、文化品质展开深度的认知。这就要求语文教师应该具备良好的语言文字素养,这样才能在诗歌文本的解读过程中,更为准确地理解和感受诗歌的内在情韵、审美特点和文化内涵。以陈子昂的《登幽州台歌》为例。诗云:"前不见古人,后不见来者。念天地之悠悠,独怆然而涕下。"很多老师和学生都以为这首诗不押韵,其实只要我们对中国古典诗歌、对音韵学有基本的了解,就不会轻率地得出这个结论。通览中国古典诗歌,几乎没有不押韵的,古人就有所谓"无韵不成诗"的说法。此外,语言是发展演变的,汉语的语音从唐代到今天,经过一千三百多年的发展,在声、韵、调各个方面都发生了巨大的变化。因此,我们今天去诵读唐代的诗歌,就必须经常翻翻古代的韵书。这首诗二、四句的最后一个字"者"和"下",在《平水诗韵》中就都属于上声"马"韵。而上声字的音调特征是先降后升,婉转曲折,非常适合表达一种迂回郁结的情思,这也正符合陈子昂在这首诗中所表达的情感色调①。又如岑参《逢入京使》中的"双袖龙钟泪不干"。对此句中的"龙钟"一词,历来解读也歧见纷呈。《唐诗三百首》章燮本注:"龙钟,竹名,喻年老者,其枝叶摇曳,

---

① 朱子辉. 唐诗语言学批评研究 [M]. 桂林:广西师范大学出版社,2015:136~142.

不自禁持……此言年又衰迈也。"这样的解释可能受我们经常所说的"老态龙钟"一词的影响。"龙钟"一词的确有表示"老态或衰惫貌"的义项，但并不符合此句诗意的解读。"龙钟"作为叠韵联绵词，还经常形容眼泪淋漓的样子，如东汉蔡邕的《琴操》中有卞和歌云："空山歔欷涕龙钟"，亦是此义。岑参此句是以"龙钟"来形容自己东望故园，思乡心切，因而激动不已，泪流不止的凄楚情状。再如李白《送孟浩然之广陵》中的"烟花三月下扬州"，很多注本对此句中的"烟花"一词，要么粗疏地放过不做解释，要么解读得十分含混不清。张忠纲先生的《唐诗三百首评注》中说："烟花，泛指春天的景色"①，就不能令人信服。因为唐诗中"烟花"一词经常在句法上与"锦绣""文章"等语词对举，如杜甫《清明》中的"秦城楼阁烟花里，汉主山河锦绣中"，李白《春夜宴桃李园序》中的"况阳春召我以烟景，大块假我以文章"，所以准确地说，"烟花"应该解读为"春天艳丽的景色"，才更为符合诗意，诗歌的意境也因此而更为丰富、开阔和明朗。

如前所述，我们这里所说的"诗教"，其实代表的是一种语文教育观，它立足于语言文字的基础之上，逐级层深地引导学生探寻语言文字的审美、情感与文化问题，从而实现有言语能力、有审美意识、有善感心灵、有文化底蕴的健全人格的培育和养成。所以，在正确理解语言文字、细致品读诗歌语言的前提下，我们必须进一步将"诗教"引向审美的、情感的和文化的教育。这几个方面的教育，其实原本都包含在诗歌的语言教育之中，与语言教育密不可分，这从以上我们所做的诗歌语言品读中即可见出。但我们之所以还要分而论之，就是要强调每一种教育在传统文化和语文教育中对于健全人格的培养，具有不可或缺的独特价值。如审美教育，其目的是在诗美鉴赏之中，让学生得到审美能力的锻炼，从而知美丑、辨善恶、明是非，培养学生敏锐的艺术直觉和高尚的人生趣味。情感教育，则是要求诗歌作品的解读，必须密切结合诗人的身世背景，做到知其人、论其世，对诗人进行多维、立体的"同情之了解"，力求深入发掘诗歌文本中诗人幽隐的生命情感，从而启发学

---

① 张忠纲. 唐诗三百首评注 [M]. 北京：中华书局，2014：397.

生获得一种生命体验的共鸣和自我情性的提升。而最终的文化教育，则是要将每一首诗作和每一个诗人，置于中华文化的大背景中去考察，去寻绎他们隐匿在诗歌语词之中最为根本的文化心灵，学生于此也必然获得一种传统文化底蕴的夯实和提高。

以王维的《鹿柴》为例，从审美的角度来看，这是一首写景诗，描写了鹿柴附近的山林，在傍晚时分那种清静幽美的景色。该诗在艺术上的美学价值主要表现在以动写静，声色交融，清新自然，空灵飘逸。一、二句先写"空山"寂绝人迹，接着以"但闻"一转，引出"人语响"，空谷传音，愈见其空，这正是"以动衬静"的艺术妙用；三、四句则从声音的衬托转为色彩的映照，亦即从听觉转为视觉，愈发写出了山林晚暮时分特有的清空与静谧。而如此幽深、空寂的山林，只不过是诗人心灵的示现和外化。在经历了安史之乱后的王维，可谓"人生几许伤心事，不向空门何处销"，隐居于辋川，清心寡欲，佞佛奉禅。因而《鹿柴》这首诗虽然也反映了山水自然的幽美，表现了王维置身其中的宁静淡泊的生命情趣，但更为深层的心灵背景，则是王维对喧嚣尘世的厌弃，对人世无常的佛理参悟。

由此可见，诗歌的审美、情感与文化，的确是逐层深入而又相互联系的，而它们又统摄于语言的表达之中。这首诗中如空山、夕照、深林、青苔这些语词意象固然十分重要，因为正是它们共同构建了一个无尽幽深的寂寥与虚空，呈现出王维的情感底色与人生图景。然而像"但""复"这样的虚词，以"只""又"这样的词语意义在句际间形成互动，赋予了诗中所有其他名词意象以一种特殊的情韵，即意味着对于"空山"与"深林"而言，这仅有的声光是暂时的，唯有那深不可测的虚空，方是恒常永久的。

四、提升专业素养，语文教师应该面向经典阅读

要把中华优秀传统文化"贯穿国民教育始终"，首当其冲的一个问题就是经典的阅读。可是，古代的典籍浩如烟海，我们到底要读哪些经典呢？历史上很多著名的学者或结合自身的阅读体验、或根据自身的专业角度、或考虑到中华文化的全面传承，都曾列举过不同的经典阅读书目。比如胡适先生，

就曾开过"实在的最低限度的书目",涉及方方面面,不仅有儒释道各家的经典,如《四书》《老子》《法华经》等,还有文学作品选集(如《乐府诗集》),甚至还包括现代的学术著作(如《中国哲学史大纲》)在内的各种典籍一共三十八种。梁启超先生也提出"最低限度国学入门书目",从"经、史、子、集"四个方面,进行了清晰的分类,而且告诉读者:"以上各书,无论学矿、学工程……皆须一读,若并此未读,真不能为中国学人矣。"著名的语言文字学家黄侃先生,更是语出惊人,"八部书外皆狗屁",认为除了《毛诗》《左传》《周礼》《说文解字》《广韵》《史记》《汉书》《昭明文选》这八部书外,其他书都不值得一读。钱穆先生则认为《论语》《孟子》《老子》《庄子》《六祖坛经》《近思录》《传习录》这七部书,是"中国人所人人必读的书"。当代学者楼宇烈先生则认为"三玄"(《老子》《庄子》《易经》)"四书"(《大学》《中庸》《论语》《孟子》)、"五经"(《诗》《书》《礼》《易》《春秋》)这十二本书,可以统领中国文化。

  可见,由于每个人的学术背景不一样,思想偏好、阅读习惯等也都不尽相同,所以每个人关于传统文化经典阅读的看法也只能是"仁者见仁,智者见智"。但是,针对语文教师来说,经典的阅读和传统文化素养的提升,则必须以一定的语文教育观为指导,必须遵循语文教育的学科特点与目标追求,并着实能解决当前语文教育中出现的一些实际问题。也正是在这一点上,"诗教"内涵的重新阐释,以及四个方面教育的明确提倡,就给我们语文教师的经典阅读指明了方向。

  以语言教育为例,作为"诗教"的基础层面,它不仅与我们主张的"以提高学生的语言文字素养为核心"的语文教育观相一致,而且也要求我们的语文教师必须具备相应的语言文字方面的专业阅读和专业训练,否则,语言教育就无从落到实处,学生语言能力的培养就成了一句空话。我们今天语文学科的语言教育,偏重于生僻字词的识读、句型结构的解剖、篇章组织的分析,而对于汉语言文字的起源、发展、演变,特别是它们身上所承载的中华民族的生命印迹、历史信息与文化心灵,则基本上没有深入和系统的介绍。这就造成了今天的语文教育始终停留在比较肤浅的层次,因而学生自然也就感受不到汉语言文字的内在魅力,语言的学习因而也就显得极其的呆板和苍白,缺乏一种人文的深度和厚度。要彻底改变这种情况,语文教师自身需要在汉语言文字学方面进行系统的阅读和专业的修习。系统的阅读,可以先从一些入门的基础知识入手,如《文字学概论》《音韵学教程》《训诂学概论》之类,通览之后,对相关知识就有了一个全面的了解。专业的修习,当然指的是深入研读经典,诸如《说文解字》《广韵》《尔雅》《释名》等。通览精读之后,对汉语言文字的理解自然就更加准确和深刻了。而一个语文教师,如果具备了这种语言文字的素养,再去解读各种文本,自是信手拈来,游刃有余,而且会更为准确和生动。同样,与审美、情感、文化教育对应的经典阅读也是如此。由一般通识或概论性质的入门书籍阅读进入,观其全貌,知其梗概,进而深入元典,勇猛精进,细读深思,对比归纳,长此以往,自会满腹经纶,精神浩然,气格光华。而以"诗教"所代表的传统文化与语文教育,正是要求每一位教师,在课堂上传授的不仅是一种知识、学问,更要给学生一种人格力量和生命精神的薰习和感染,这原本就是它们共同的目标。

五、结语

从以上的论述中可以看出,经过我们重新阐释以后的"诗教",它所指向的语言、审美、情感、文化四个方面的教育内涵,不仅在具体的诗歌解读中有着完整的体现,而且也由此启示我们语文教师一种行之有效的、包括诗歌在内的各种文本解读的教学模式。特别是在当下语文教学过分重视知识教育而漠视审美教育、情感教育以及文化教育的大背景下,"诗教"教育内涵的重新阐释与明确提出,可以有针对性地解决语文教育中出现的种种弊端,促进当下语文教育全面、深入和健康的发展。而如果专门就语文教师的专业素养而言,"诗教"所包含的这四个方面的教育内涵,也正给当前语文教师的经典阅读指明了方向,有助于他们以此为框架,结合自己的教学实践,补缺补差,从而系统地设置自己的阅读计划,完善自己的知识体系,全面提升自身的专业能力。

"一带一路"背景下东南亚华文教师的跨文化阅读研究

——教师阅读研究的一个新方向

中南财经政法大学国际教育学院教师　王　耿

一、引言

新时期以来,围绕如何提升教师素质这一课题,许多专家学者做了大量的研究与实践,其中,"教师阅读"是提升教师素养和专业水平的一条重要途径。我国教师阅读研究萌芽于20世纪90年代。21世纪初学者们开始将"教师阅读"与教师专业发展紧密结合起来,从不同角度分析了教师阅读的内容、动机、类型以及教师阅读的意义,取得了丰硕的成果。而且,学者们还针对不同的教师群体进行了差异化研究,比如对幼儿教师、英语教师、数学教师、农村教师、中小学教师、高校教师甚至特殊学校教师的阅读状况进行了调研,促使教师阅读研究向精细化、专门化方向发展。然而,从目前的研究来看,学界忽略了奋战在基础教育领域的一个重要群体——海外华文教师。关于他们的阅读环境、阅读状况、阅读需求等问题还未曾深入研究。从教学内容来看,华文教育无疑属于基础教育范畴。郭熙明确指出"海外华人社会的汉语教学就总体而言是一种语文教育"[①],但由于我国学科分类所致,海外华文教

---

① 郭熙. 海外华人社会中汉语(华语)教学的若干问题[J]. 世界汉语教学, 2004(3): 83.

育研究一般隶属于国际汉语教育界。国际汉语教育界对于华文教师的培养也极为重视，各种师资培训在如火如荼地开展，但是，教师阅读这一课题还未得到应有的重视。简而言之，我国基础教育界在进行教师阅读研究时忽略了海外华文教师这一群体，而国际汉语教育界又未能重视教师阅读对华文教师专业发展的作用。因此，本文试图将二者所忽略的因素结合起来，探讨关于东南亚华文教师跨文化阅读研究的一些基本问题。

二、东南亚华文教师基本情况

1. 华文教师队伍现状

据国务院侨办最新统计，现在海外华人华侨有六千多万人，分布在世界198个国家和地区，因此拥有巨大的华文教育需求。海外华文教学，指的是"海外华人华侨（或曰华族）子弟的汉语教学"①。由国务院侨办委托华侨大学进行的"海外华文教育情况普查及动态数据库建设"项目正在进行中，初步估计国外华文学校大约有两万所，在职华文教师数十万人。华文教师队伍成分复杂，郭熙指出"各地华文教师呈现出多样性，基本由四部分人员组成：（1）当地教师，以华人居多；（2）旅居当地的华侨、留学生；（3）中国志愿者；（4）其他"②。近年来，人们越来越关心海外华文教师的质量。周健考察了马来西亚、印度尼西亚、新加坡、菲律宾、柬埔寨、泰国、越南等东南亚国家的华文教育状况。他指出："东南亚地区的华文教师具有如下一些显著的特点：他们多为第二、三代华侨，母语多为汉语粤闽方言。他们热爱中华传统文化，能长期在逆境中坚持开展华文教育，与华裔学生有着天然的密切的联系。但他们普遍没有受过汉语教学理论和方法的训练，也不大熟悉汉语发展的现状，文化素质偏低，年龄偏大。"③ 可以说，华文教师队伍建设所面临

---

① 李宇明. 海外华语教学漫议 [J]. 暨南大学华文学院学报，2009（4）：6.
② 郭熙. 对海外华文教学的多样性及其对策的新思考 [J]. 语言教学与研究，2013（3）：3.
③ 周健. 浅议东南亚华文教师的培训 [J]. 暨南学报（哲学社会科学），1998（4）：67.

的问题比国内严峻得多。自 20 世纪 90 年代起,国务院汉办、侨办、华文教育基金会及各高等院校等举办了多批次培训班,已经形成了长期与短期、学历与非学历、面授与函授相结合的培训框架。师资培训的主要内容有二:一是第二语言教学法;二是必要的汉语和文化知识。二十多年来,各类培训确实改变了海外华文教师的整体面貌。然而,培训的时长、内容及针对性有限,并不能取代教师的自主学习。徐天云指出:"通常情况下,培训只能算作华文教师成长过程中的一个小插曲"[1]。培训之外,华文教师如何主动提升自身素质是值得思考的问题,"教师阅读"则提供了一条可行之路。

2. 华文教师阅读研究现状

关于华文教师的阅读问题,尚未引起学界的重视。目前,面向华裔学生的汉语教材琳琅满目,品类繁多,但是写给教师的读本却不多。商务印书馆曾出版了一套国际汉语师资培训教材,包含《汉语课堂教学技巧325例》《汉字知识与汉字问题》《汉字部首例解》《汉语可以这样教——语言要素篇》《国际汉语教师手册·新教师必备81问》等,这些教材偏重于汉语基础知识技能的讲解,只是解决了华文教学的燃眉之急。但是很多华裔学生本身具有一定的汉语基础,有的华裔学生汉语水平还非常高,所以仅仅对他们进行基础知识的讲解远远不够,还要进行更深层次的浸润着民族精神的中华文化教学,因此作为华文教学的主导,华文教师也要不断充实自己。

迄今为止,还没有关于东南亚华文教师阅读的专题研究,只有陈旭在《海外华文教师专业知识来源的个案研究》中谈到,"专业阅读能够促进华文教师解决教学问题,带动教师知识增长"[2]。该文通过对 25 名华文教师的调查指出,华文教师的专业知识主要来源于六个方面,其中就包括教师的阅读积累。陈旭在文章中还指出:"从现有的培训内容上看,祖国大陆培训活动的内容主要集中在三个方面:汉语理论知识、汉语教学法理论和知识以及中华文

---

[1] 徐天云. 海外华文教师培训的策略选择——以印尼为例 [J]. 肇庆学院学报,2013(1):91.

[2] 陈旭. 海外华文教师专业知识来源的个案研究 [D]. 华东师范大学硕士学位论文,2014:48.

化知识，但是在培训内容中并未曾见对华文教师专业成长方式的培训。"① 我们认为这一见解切中肯綮。阅读是教师成长的重要途径，华文教师的培训不应只关注知识教学，还应该引导教师增强主动阅读的意识和能力。

三 "跨文化阅读"的内涵及价值

1. "跨文化阅读"的内涵

跨文化阅读有两层含义，一是由于海外华文教师身处多元文化环境，教师阅读语境具有跨文化特点；二是在多元文化环境中，海外华文教师阅读内容也具有跨文化特点。

先来看东南亚华文教师的阅读环境。东南亚地区南岛语系、南亚语系、汉藏语系交织融合，中华文化、印度文化、伊斯兰文化、西欧文化交汇共生，形成了纷繁复杂的多元文化语境。文化语境（context of culture）最初是语言学概念，由英国人类学家马林诺夫斯基（B. Malinowski）提出。文化语境包括社会心理、时代环境、民族习俗、思维方式和文化传统等，这些因素能够影响人们的语言交际行为。在多元文化语境中，华文教师往往视野开阔，能从不同的视角对中华文化进行思考，其阅读过程也常常伴随着对文本的跨文化解读。有一位信奉基督教的新加坡华文教师喜欢读儒家的《孝经》。他告诉笔者他之所以喜欢《孝经》，是因为基督教与儒家的孝文化有很多相似之处。比如《孝经》的《谏诤章》讲的是儿女对父亲的不义行为有劝谏义务："父有争子，则身不陷于不义。"而基督教教义里也有对父权约束的内容②。可见，跨文化语境中的文化共鸣能促使文化"正迁移"，加深读者对文化的理解与吸收。

但是，多元文化语境使得中华传统文化产生了不同程度的变异，从而影

---

① 陈旭. 海外华文教师专业知识来源的个案研究 [D]. 华东师范大学硕士学位论文，2014：70.

② 《歌罗西书》第 3 章第 21 节："你们作父亲的，不要惹儿女的气，恐怕他们失了志气。"《以弗所书》第 6 章第 4 节："你们作父亲的，不要惹儿女的气，只要照着主的教训和警戒养育他们。"

响华文教师与华语文本的互动。以菲律宾的宗教文化为例，随着天主教的传播和地方化，来自中国的神明也以种种方式被吸收进来，比如关公、观音。关公被看作是华人的保护神。观音是女神，观音的形象常常同圣母玛丽亚联系起来。因此，华语教师在菲律宾天主教的语境中阅读《三国演义》《西游记》等古典名著时，需要注意关公、观音的本源含义。另外，在多元文化语境中，华语产生了各种变体，华文教师在阅读时可能会遇到障碍。宋飞调查了李宇明主编《全球华语词典》中东南亚特有的华语词，其中包括174个同形异义词。比如"一小撮"在中国大陆是贬义，在新加坡为中性。又如"干粮"在大陆为"做好的干的主食"，在新加坡指"干的蔬菜、豆类、海味等副食品"，在中国台湾还指"喂猫狗的饼干"。再如"出街"在香港、马来西亚、泰国是外出、上街的意思，在澳门、印度尼西亚指影片、电视节目公开放映，在新加坡、马来西亚、泰国、印度尼西亚可泛指"向社会公布"①。如果华文教师对这些词语在不同国家使用状况不了解，可能影响对文本的理解。

再来看东南亚华文教师阅读的内容。首先，阅读文本具有多语性。东南亚许多国家如马来西亚、新加坡、菲律宾、印度尼西亚等都有被殖民的历史，因此通行殖民国及本族语等多种语言。比如菲律宾官方语言有英语和他加禄语两种。新加坡官方语言有英语、马来语、华语、泰米尔语四种。马来西亚官方语言虽然只有马来语，但实际上在马来西亚各领域，英语是非常强势的第二语言。因此，在上述这些国家，华文教师所面对的阅读文本往往不止一种语言。不过据调查，除了新加坡，其他几个东南亚国家的华文书籍很少。其次，多语文本所承载的内容具有跨文化性。中华文化虽然对东南亚文化的影响深远，但毕竟只是多元文化中的"一元"。在跨文化环境中，"文化折扣（culture discount）"②现象会影响华文教师对阅读文本的选择。文化折扣指因文化背景差异，国际市场中的文化产品不被其他地区受众认同或理解而导致

---

① 宋飞. 东南亚特色华语词汇的区域和国别比较研究［J］. 语言文字应用，2016（4）：112.

② 霍斯金斯（Colin Hoskins）和米卢斯（R. Mirus）在1988年发表的论文《美国主导电视节目国际市场的原因》中首次提出此概念。

其价值的减低。华文教师的成长环境较为复杂，因此对不同语言、不同文化的亲和度也不同。他们在阅读时喜欢挑选自己擅长的语言文本，而且当他们阅读文化背景不熟悉的文本时，其理解力就会打折扣。许多东南亚土生土长的年轻华文教师没有父辈们对中华文化的切身体验，中文也是作为第二语言、第三语言在生活中使用，因此他们对于华文文本的接受度也有限。总而言之，在多元环境中，华文教师的阅读行为具有很多不确定性。

2. "跨文化阅读"的价值

关于阅读对教师的价值，前人已做过很多探讨，一般而言，阅读对教师有双重价值。第一是对教师个人精神世界的塑造及综合素质的完善，从这个角度来说，阅读之于教师和之于其他人没有区别；第二是对教师专业发展的促进，教师所承载的社会责任使阅读并不能止步于个人情操的陶冶，而是需要在教育活动中将其转化为"生产力"，从而提升专业技能，实现社会价值。阅读的双重意义同样适用于海外华文教师，但是，由于海外华文教师群体的多元文化背景，跨文化阅读对于他们个人及职业发展赋予了特殊的意义。

首先，跨文化阅读有助于华文教师加深对中华文化的理解。华文教育是华侨华人传承中华文化、保持民族特性的根本保证，而华文教师是华文教育最关键的一环。在异域环境中，华文教师不仅讲授华语，他们更是中华文化的鲜明符号，因此华文教师本身对中华文化的理解尤为重要。多元文化环境为华文教师接近和认识中华文化本真设置了障碍，但同时又提供了便利，因为只有在多元文化的阅读和对比中，才能抓住中华文化有别于其他文化的特质。比如东南亚华人披荆斩棘、开拓进取的精神举世公认，然而其他类型文化中不乏这一精神，如大航海时代欧洲人对世界的探索、英国人对美洲的征服等。但是欧洲人的地理大发现伴随着的是对异族的入侵、掠夺和消灭，这与中国文化的包容性有本质区别。再如"面子文化"也不是中国人所特有，在韩国、日本乃至欧美都存在程度不同、表现方式各异的面子文化。所以，华文教师站在东西文化交融的十字路口，背倚异域文化，重读中华经典，更有利于对中华文化进行反思和扬弃，从而真正体会到中国文化所蕴含的"和而不同""天人合一""天下为公""开放变革"等核心精神，为中华文化在多元文化中精确定位，同时也找准自身在华文教育中的位置。

其次，跨文化阅读有助于培养华文教师的跨文化意识。跨文化意识是对于与本民族文化有差异或冲突的文化现象、风俗、习惯等有充分正确的认识，并在此基础上以包容的态度予以接受与适应。华文教师对待中华文化有两种倾向，一是妄自尊大。最初华人"下南洋"带去了先进的生产力和生产关系，并通过艰苦创业积累了大量财富，在工商业界具有很强的话语权，因此有的教师唯中华文化而独尊。在多元文化环境中，这种"民族中心主义"心态不利于和其他文化沟通交流，教出的学生很难融入当地社会。二是妄自菲薄。东南亚很多国家西化程度及英语普及程度高，加上本土民族意识的觉醒，华侨华人在政治上一直受到压制，于是有的华文教师对待华文教育事业热情不高，仅仅当作一份谋生的职业，所传授的中华文化也停留在技能层面，比如剪窗花、包饺子、练书法等。看似热闹非凡，其实形式大于意义。上述倾向出现的根源在于华文教师跨文化意识不强，没有正确认识中华文化同异族文化的关系。而跨文化阅读能够扩大华文教师的视野，帮助其了解中华文化和当地文化的异同，建立包容、平和的心态。这种心态能够潜移默化地影响华族学生，使其更好地适应当地社会。

再次，跨文化阅读有助于培养华文教师跨文化教学能力。华文教育的基础是华语教学，而语言与文化是息息相关的。邢福义指出："语言是文化的符号，文化是语言的管轨。好比镜子或影集，不同民族的语言反映和记录了不同民族特定的文化风貌；犹如管道或轨道，不同民族的特定文化，对不同民族的语言的发展，在某种程度、某个侧面、某一层次上起着制约的作用。"①正因为语言和文化之间水乳交融的关系，所以在跨文化环境中进行华文教学时须注意文化对语言的影响。跨文化阅读能够给华语教师提供充足的文化背景知识，从而体察学生由于"文化缺省"而造成的语用偏误。笔者有一个菲律宾华裔学生无论何时何地都用"吃了没"这句话和人打招呼，甚至从卫生间出来遇到熟人也是如此，问其原因，他说是在菲律宾时华文启蒙老师教的。

---

① 邢福义. 文化语言学 [M]. 武汉：湖北教育出版社，1990：2.

原来，教师在讲授语言知识时没有考虑文化环境和语用条件。在当代中国，用"吃了没"打招呼的情况越来越少，更多的是直接说"你好"。笔者还有一个印尼华裔学生，在和老师交流时常常询问婚姻、收入、年龄情况，因为他在印尼的老师告诉他这在中国文化中是可以接受的。殊不知，随着时代的发展，中国人日常交流中也常常避开了涉及个人隐私的话题。可见，海外华族在坚守文化传统的同时不可避免地面对文化断层，而跨文化阅读是弥合断层、提升华文教师教学能力的重要途径。

四、跨文化阅读研究的基本内容

1. 海外华文教师阅读情况的调查

由于目前尚未有人对海外华文教师阅读情况进行专题研究，因此必须采取问卷调查和个案访谈的方法获得第一手资料。调查内容包含阅读时间、阅读动机、阅读态度等传统问题，同时考虑到海外华文教师群体的特殊性，还应涉及以下三方面内容。

一是阅读语言。阅读语言指阅读文本的语言。以东南亚为例，东南亚许多国家都是双语或多语社会，因此提供给教师的阅读文本不止一种语言，但是据初步调查，除新加坡以外，菲律宾、印度尼西亚、马来西亚等可供教师阅读的华文资源很少。除了华文教材以外，华文资源集中在几家华文媒体，如菲律宾的《世界日报》《商报》，马来西亚的《南洋商报》，印度尼西亚的《国际日报》。另外，由于台湾在东南亚经营华文教学多年，加上东南亚没有统一的华文规范政策，因此"规范汉字、繁体字、异体字、不规范的简化字、旧印刷字形、日本汉字、旧计量用字和韩国汉字都有使用"[①]。通过调查阅读文本语言情况，可以描摹出华文教师的阅读语言环境。

二是阅读偏好。阅读偏好指阅读时偏好的类别，如时事政治类、自然科学类、艺术文化类、教育教学类、哲学思想类等。文化环境会影响人们对阅读内容的选择。举例来说，二十世纪八十年代中国人喜欢阅读诗歌、小说，

---

① 刘华. 东南亚主要华文媒体用字情况调查[J]. 华文教学与研究, 2010 (1): 17.

九十年代经济类、计算机类图书很热门,进入二十一世纪后网络文学兴起。那么,多元文化环境中海外华文教师的阅读偏好如何,值得进一步调查。通过调查可以了解华文教师的阅读兴趣,从而有针对性地建设阅读资源。

三是阅读渠道。阅读渠道指接触、获得阅读文本的方式,如传统渠道有图书馆、书店、报刊亭等。进入网络时代,新媒体的兴起带来了阅读方式的更新,各种数字化媒体充斥着人们生活的各个角落,丰富的阅读资源通过新媒体得以广泛传播。那么,海外华文教师究竟倾向于利用何种渠道获得阅读资源值得探究,因为掌握了阅读渠道,就能更好地传播阅读资源。

2. 海外华文教师阅读资源的建设

阅读资源建设是为了解决"读什么"的问题。华文教师阅读资源的建设首先要考虑的是文本语言。从阅读对华文教师个人情操的陶冶和素养的提升来讲,哪一种文本语言并不十分重要,只要华文教师能够积极阅读自己熟悉的语言文本,必会有所收获。但是,从阅读对华文教育事业的促进来看,华文教师的阅读必然以华文文本为佳,因为语言是文化的载体,只有透过华文才能还原最原始、最完整的中华文化信息。华文教师是华文教育的关键,是中华文化在海外传承和发扬的中坚力量,因此,华文教师的专业阅读应该以华文文本为主,阅读资源的建设也应采用规范的华文。

其次,阅读资源的内容须在中华文化的基础上突出跨文化特点。海外华文教师所面对的是多元文化环境,因此需要在跨文化比较中体验中华文化的精髓。任翔主编的六卷教师素养读本在跨文化方面出做出了有益尝试①。该套读本虽是针对祖国大陆教师,但其实也包含了跨文化思想。每一卷读本不仅选取了中国学者的文章,还吸收了很多国外学者的文章,二者交相辉映,相辅相成,让读者能够跨越时间和空间的阻隔,均衡地汲取营养。该丛书为海外阅读资源的建设提供了参考。

再次,应注重纸质资源和电子资源共同发展。纸质资源能够提供最原始的阅读乐趣,而电子资源传播便捷,华文教师远在海外也能方便地获取,所

---

① 任翔. 教师素养读本(1~6卷)[C]. 济南:济南出版社,2016:1~6.

以在阅读资源建设时应综合考虑。

3. 海外华文教师阅读能力的培养

仅仅建立阅读资源并不能解决问题，如何消化和吸收阅读资源是海外华文教师面临的另一难题。许多华文教师侨居海外多年，或者是土生土长的移民后代，已经脱离了纯粹的华文环境，华文阅读能力堪忧，因此对其进行阅读能力的培训尤为重要。目前祖国大陆针对海外华文教师的培训侧重于华语知识、文化知识、第二语言教学法相关知识的传授，短期内很有效果，但培训的时长有限，而且教师往往处于被动参与状态，培训的能量在教师的职业生涯中能持续多久值得思考。学界一致认为，教师的成长很大程度上取决于自己的反思性学习，教师的自我教育应贯穿教师的整个职业生涯。阅读是教师反思性学习的重要组成部分。阅读能力的提升有助于教师对文本的解读。只有教师真正理解了文本的内涵，才能很好地传递给学生。特别是对华文水平有限的华裔学生，教师的正确引导和启发是至关重要的。因此，应该针对海外华文教师研究阅读能力提升的策略，并将其纳入培训体系，比如开设"阅读方法""名著导读"类课程，使华文教师逐步意识到阅读的意义。

五、结语

阅读是教师自我发展的重要途径，有关教师阅读的研究尚未触及海外华文教师这一群体。海外华文教师主要分布在东南亚地区，而东南亚是"一带一路"战略的重要节点，因此推进华文教师阅读研究有助于推动华文教育事业的发展，扩大中华文化的影响力。

由于东南亚华文教师身处多元文化环境，因此其阅读语境及阅读内容不可避免地带上了跨文化的特点。在多元文化背景中进行跨文化阅读，有助于加深华文教师对中华文化的理解并提升其跨文化意识及跨文化教学能力。进行东南亚华文教师的跨文化阅读研究，首先需对华文教师阅读情况进行调查，从而有针对性地建设跨文化阅读资源，同时通过培训加强华文教师的阅读能力。

目前，实施东南亚华文教师的跨文化阅读研究有两个有利条件：一是依托国务院侨办"海外华文教育情况普查及动态数据库建设"项目,对东南亚华文教师的阅读情况进行普查;二是借鉴国家语委重大课题"面向基础教育的阅读行动研究"的研究方法和思路。我们相信,两个领域的研究相结合必能获得有价值的成果。

儿童文学：小学语文教师专业阅读的重要内容

人民教育出版社编审　王　林

关于阅读，总有三个问题回避不了。一，为什么要阅读？二，阅读什么？三，如何阅读？教师阅读同样需要回答这三个问题。

教师需要阅读，其道理不言而喻。教师职业的特殊性，是以自身的德、才、情给学生以终生受益的影响和感化。正因如此，教师阅读的专业价值就显得更为重要。有专家认为，阅读是教师专业成长的主渠道。"阅读能提升教师的文化品位，塑造教师的专业精神，改善教师的专业结构，拓展教师的知识视野，生成教师的教育智慧，增强教师的科研能力。从而改变教师有知识没文化、有技能没常识、有专业没思想的状况，使教师成为一个有较高品位的文化人。"[①] 然而，近十几年来数次关于教师阅读的调查表明，教师阅读率一直走低，没时间读、无书可读、没有读书环境等都是个中缘由。虽然教师阅读率走低是和整个国家的阅读率走低联系在一起的，但教师作为"传道授业解惑"的职业角色和知识分子身份，社会理应对教师阅读有更高要求。

在阅读内容上，不同专家也给出不同答案。有的强调博雅阅读，有的强调人文阅读，有的强调专业阅读，有的强调精研阅读。各种教师阅读的阅读

---

① 徐卫东. 阅读：教师专业发展的主渠道 [J]. 宁波教育学院学报，2012 (4).

书单、年度推荐、书目评选也不断出现,良莠不齐,好坏并存。在小学教师的各种阅读书目中,普遍难以见到儿童文学作品的身影。本文所要阐述的重点是:儿童文学作品是小学教师,特别是小学语文教师专业阅读的重要内容,当前小学语文教师的儿童文学素养亟待提高。

一、儿童文学是小学语文教育的重要课程资源

儿童文学是以少年儿童为读者对象的文学,它的诞生很大程度上是因为成人意识到儿童有特殊的文学需要。现代意义上的儿童文学(由作家独立创作的儿童文学)在西方不过三百多年的历史,在中国有一百年(中国现代儿童文学诞生于五四时期)。但是,儿童文学从诞生之日起就同教育有着天然联系。17世纪英国的教育思想家约翰·洛克曾在《关于教育的思考》中提出应该让儿童读一些像《伊索寓言》《列那狐的故事》那样轻松愉快的好书。他的提倡直接推动了儿童文学创作。在中国最早提倡儿童文学的是周作人。1920年他在北京孔德学校演讲《儿童的文学》时,一开始就说:"今天所讲的儿童的文学,换一句话便是'小学校里的文学'。"

翻阅民国时期的小学国语文教材,可以发现儿童文学同小学语文教育有很好的互动关系:儿童文学作品被迅速纳入教材中,使"儿童文学化"成为20世纪30年代语文教材的一个重要特征。1932年民国教育部颁布的《小学国语课程标准》"目标"第三点即提出"欣赏相当的儿童文学,以扩充想象,启发思想,涵养感情,并增长阅读儿童文学的兴趣"。同时,小学语文教育的改革又推动了创作。身兼语文教育家和儿童文学家的叶圣陶,在1932年编写《开明小学国语课本》时,创作了大量的儿童文学。他说:"小学生既是儿童,他们的语文课本必得是儿童文学,才能引起他们的兴趣,使他们乐于阅读,从而发展他们多方面的智慧。当时我编写这一部国语课本,就是这样想的。"①

---

① 叶圣陶. 我和儿童文学//. 叶圣陶和儿童文学 [M]. 北京:少年儿童出版社,1990.

在新一轮的语文课程改革中，儿童文学在小学语文教育中也占有比较重要的位置。例如，《义务教育语文课程标准（2011年版）》对各学段阅读都提出了具体建议。第一学段（1~2年级），学生的阅读文类被明确指定为"阅读浅近的童话、寓言、故事""诵读儿歌、童谣和浅近的古诗"。这意味着儿童文学至少在小学低年级段已成为学生阅读的重要内容。在"关于课外读物的建议"部分，也有多项涉及儿童文学作品。根据课程标准编制的实验教材，儿童文学作品成为低年级课文的主体。

儿童文学可以成为小学语文教育中重要的课程资源，在于儿童文学本身有以下特点。

1. 儿童文学是儿童本位的文学

儿童文学是充分考虑到儿童的理解能力和审美需要而创作的文学。儿童文学界越来越认识到，儿童文学应该是以儿童为本位的文学，这个本位既包括生活本位，还包括心理本位和精神本位。儿童不是"缩小的成人"或"不完全的小人"（周作人语），而是独特文化的拥有者，独立精神的存在者。因此，优秀的儿童文学作家都意识到，为儿童写作并不是把成人的思想、信条强加给儿童，作品的内容和结构都应该符合并激发儿童的兴趣。① 创作儿童文学作品时，要尽可能贴近儿童的生活和心理，反映儿童的现实世界和想象世界，表达儿童的情感和愿望。儿童本位的立场使作为基础学科的小学语文，与儿童文学之间有着各个层面的共同性。例如，香港朗文版小学语文教材在前言中阐述到，小学语文"应以学生为本位，根据儿童的心理发展，包括认知发展及情意发展的特点而设计"，"教学情境配合儿童理解及接受，有助培育儿童发展多元智能"。从文字表述中可以发现，在儿童文学和小学语文之间，存在目标、原则、理念、方法的全面契合。

2. 儿童文学是关于语言的艺术

文学本质上是关于语言的艺术，儿童文学也不例外。在文学中，语言是

---

① 日本儿童文学学会. 世界儿童文学概论 [M]. 郎樱，方克，译，长沙：湖南少年儿童出版社，1989：9.

第一要素，它和各种事实、生活现象一起，构成文学的材料。文学中鲜活的人物形象、生动的故事情节、深刻的思想情感、艺术风格和个性，都要通过语言呈现和表达。儿童文学，因为以儿童为主要读者对象，对语言有着更高的要求。俄罗斯著名作家列夫·托尔斯泰晚年专门为乡村儿童写作。这位语言大师吃惊地发现，他花在语言上的功夫惊人得多。为了让故事字字句句都做到"精彩、简洁、淳朴，最主要的是明确"，他转而向民间文学学习语言，努力让自己的故事语言"明确、清晰、美丽和温和"[①]。儿童文学的语言必须把简明、规范和鲜明、生动结合起来，同时还要符合儿童的审美趣味，这样才能吸引儿童，让他们感悟到语言的艺术魅力。从世界范围看，各个国家的儿童文学作品，都显示了本民族母语特有的个性，具有较高的艺术品质，成为儿童学习语言最理想的范本。小学语文教学是母语教学，它的主要目的是发展学生的语言（口头和书面）。针对汉语言文字的特点，即使在小学阶段，语文的学习也应该注重语感和整体把握能力的培养。为了实现这一目标，学生需要直接接触大量的语言材料，通过具体的语言学习活动，掌握运用本民族语言的能力。儿童文学作品较之一般的语言材料，更形象、更生动，从而更能够激发学生学习语言的热情和主动性。大量的调查证实，小学阶段语文素养较高的学生，都有阅读儿童文学的经验。要将小学语文建设成开放而有活力的课程，全面提高小学生的语文素养，应该重视开发和利用儿童文学资源，以促进课程目标的最终实现。

3. 儿童文学是传递人类价值的文学

各国的儿童文学当然也具有意识形态性，但同时也反映一些共同的国际主题，如亲近自然、保护环境、热爱和平、国际理解、种族和解。儿童文学比其他种类的文学更适宜表现，也更能表现这些主题。希腊儿童文学作家洛蒂·皮特罗维茨在1986年日本IBBY（国际儿童读物联盟）发言中强调，儿童文学是一座桥梁，是沟通儿童与现实、儿童与历史、儿童与未来、儿童与成年人、儿童与儿童之间的精神桥梁，在这个"桥梁"的概念中，丰富地包

---

① 韦苇. 世界儿童文学史概述 [M]. 杭州：浙江少年儿童出版社，1986：159.

括了理解、抚慰、拯救、引导等不同的功能。在社会道德价值上，儿童文学中传达的也多是人类共通的基本美德，如诚信、勇敢、合作、宽容等。日本社会活动家池田大作说，童话往往成为构建人性基础的重要方式。"如果幼年时期受过同一童话的熏陶，那么，在人格最根本的基础部分，仍保持着共同的成分。"① 儿童文学在人文性上有着不可取代的作用，它陶冶性情、增进美感，对儿童情感、态度、价值观产生潜移默化的影响。

新一轮的语文课程改革强调课内外结合，语文教学要由课内向课外延伸。部编版教材中，仅仅在低年级就安排了"和大人一起读""快乐阅读吧"两个课外阅读的栏目。小学语文教师也应该更新教学观念，了解、阅读儿童文学名著，在指导学生学习语文时会更加得心应手。

二、儿童文学更新小学语文教师的教育观念

儿童文学和语文教育理应有很深的联系，但到目前为止，我国的儿童文学研究和小学语文教育的研究还是缺乏足够联系的两个学科，研究成果没有互为利用。加上教师缺乏儿童文学素养，在课程设计时出现了一些不足。例如，在课文中过多强调用童话、儿歌的形式来承载某种道德训诫的意义，如想让儿童讲究卫生，就编一个小猴不讲卫生的童话；想培养孩子的勇敢精神，就编一个捅马蜂窝的儿童故事。这样的"伪儿童文学作品"实际上不能与儿童的经验世界接通。再如，教师在教学设计中不能正确处理儿童文学类型的课文。在教学《雪孩子》时，不是把优美的童话讲成水循环的过程，就是使劲往雪孩子的思想境界上拔。对此，周作人的见解或许对我们有所启发："其实艺术里未尝不可寓意，不过须得如做果汁冰酪一样，要把果子味混透在冰酪里，决不可只把一块果子皮放在上面就算了事。"②

儿童文学对小学语文教育的意义，不只是因为它是重要的课程资源，还

---

① 池田大作、狄尔鲍拉夫对话录：走向21世纪的人与哲学——寻求新的人性 [M]. 北京：北京大学出版社，1992：280.

② 周作人. 儿童的书//. 周作人自编文集·儿童文学小论 [M]. 石家庄：河北教育出版社，2002：57.

在于儿童文学的理念能给语文教育提供思想资源。

1. 语文教育中要理解儿童，尊重儿童

学生都是儿童，他们是有着独特的思维方式、价值观和情感体验方式的群体。历史上存在着压抑儿童天性、束缚儿童成长的教训主义的儿童文学，但是无疑都遭到了儿童的摒弃。优秀的儿童文学作家总能从容地把握儿童独特的精神世界，并在作品中充分展现。例如林格伦的《长袜子皮皮》和《小飞人卡尔松》，在出版之初曾在瑞典教育界引起一片哗然，认为这是作家在"教唆"儿童干坏事。但是，这两部作品由于展现了儿童"狂野的想象力"，因而受到儿童强烈的喜爱。儿童文学作家的儿童观经历了"被'遮蔽'的儿童——被'发现'的儿童——被'尊重'的儿童"这样几个阶段。语文教师也可以从这样的变化中重新考虑自己的学生观，调整自己的教学策略。例如，在阅读教学中要尊重学生对课文的独特感受和理解，在习作教学中要鼓励学生表达出对事物的真实感受和不同见解。

2. 语文教育中要充分发挥儿童文学的人文功能

儿童文学对儿童精神世界的影响是深广而久远的，如同法国文学史家波尔·阿扎尔所说："儿童们阅读安徒生的美丽童话，并不只是度过愉快的时光，他们也从中自觉到做人的准则，和作为人必须承担的重大责任。"但是，我们也必须清楚，发挥儿童文学的人文功能，不能靠道德教化和思想提纯，因为儿童文学是富于感性化表现的文学，它与儿童感性化的心理特点是相适应的。要发挥儿童文学的人文性功能，还须通过审美的途径来达成，因此，面对儿童文学类型的课文，老师要帮助学生打开心灵，在感受和感悟中丰富情感，奠定人性的基础。

3. 语文教育中要充分考虑儿童的接受能力和阅读兴趣

儿童文学历史中有这样一种有趣现象：有些并非专门为儿童写的作品却深受儿童喜爱，如《西游记》《格列佛游记》《汤姆·索亚历险记》；大量专门为学生写的冠以"儿童文学"之名的作品却无法进入儿童的阅读视野。这一事实可以反观出，儿童有他自己的阅读兴奋点和审美标准。当然，语文教学不可能也不应该完全顺应学生的阅读要求，但给予充分的尊重还是必要的。

例如，有的教师提到课外阅读，首先想到的是各种成人文学的世界名著和古代经典，忽视了儿童的接受能力；有的教师在课文教学时，喜欢努力挖掘课文的思想内涵、努力补充帮助理解课文的知识材料。我以为，这既违背了语文教育的特点，也违背了儿童阅读的特点。

研读语文课程标准，可以发现它所思考的问题，很多都和儿童文学界思考的问题相互"重叠"，这很大程度上是因为这两个学科面对的群体都是儿童。加强这两个学科的联系与沟通，无疑是有助于开拓思路的。

小学语文教师阅读儿童文学，不仅仅停留在"术"的层面，更应该提升到"道"的层面，理解儿童文学中"儿童本位"的精神实质，通过儿童文学获得与学生对话的密码，了解如何走进学生的心灵世界。

三、提升语文教师的儿童文学素养

语文教师的教育对象是儿童，语文教师思考的问题，实际上也是很多儿童文学作家思考的问题。因此，对于语文教师来说，儿童文学是实现其专业成长的必备素养。可是，由于我国师范院校在课程设置方面对儿童文学不是十分重视，使得教师的儿童文学素养明显不足。

欧美的儿童文学专业一般都设立在教育学院下，成为小学教师的必备知识素养，因此，他们在教学中，大部分教师都能得心应手地把儿童文学运用在教学中。美国的 *Children's Literature in Education*，*Children's Literature Association Quarterly*，*Journal of Children's Literature* 等期刊，经常发表一些热心儿童文学教学的小学教师在教授儿童文学方面的实验和讨论。下面的内容摘录自《儿童文学教程》，是对教师儿童文学教授方面的要求，要求教师为自己的教学行为打分。

                               5   4   3   2   1

1. 我每天都会安排大声朗读书本给孩子听的时间。

                                       ( ) ( ) ( ) ( ) ( )

2. 我会把孩子的读书内容引导到其他的课程领域。

                                       ( ) ( ) ( ) ( ) ( )

3. 我会从图书馆或利用其他社会资源来补充教室的图书。

              ( ) ( ) ( ) ( ) ( )

4. 我会鼓励孩子在说故事的时间里讨论图画书。( ) ( ) ( ) ( ) ( )

5. 我可以记得许多杰出的儿童图画书作家和插画家。

              ( ) ( ) ( ) ( ) ( )

6. 我会利用引起动机的技巧来介绍故事。 ( ) ( ) ( ) ( ) ( )

7. 当家长有需求时，我会帮助家长为他们的孩子选择书籍。

              ( ) ( ) ( ) ( ) ( )

8. 我鼓励孩子热情地对文学作品做出反应。 ( ) ( ) ( ) ( ) ( )

9. 我会摆设与孩子教室活动或个别兴趣相关的书籍。

              ( ) ( ) ( ) ( ) ( )

10. 我会尊重孩子们对书本的偏好。   ( ) ( ) ( ) ( ) ( )

  从上述启示中可以看到，教师要提高儿童文学素养，不能只是补充阅读材料，还要善于从儿童文学作品中获得教学思想的启迪。教师的儿童文学素养主要包括以下几个方面[①]。

  1. 对儿童文学的基本情感和态度

  儿童文学是人类给予儿童的文学，蕴涵着人类对儿童最深厚的情感、期望和祝愿；儿童文学同时又是人类给予自己的文学，表达着人类对自身童年永远的留念、怀想和想象，寄托着人类对理想社会和人性的深刻思考，对人类精神家园的深切渴望。儿童文学，从内容到形式，从情感到语言，呈现着其他文学所不具有的"和谐、明确、温和、美丽"的品质，焕发着源自纯洁童心与纯粹人性的理想光辉。对儿童文学投入更多的热情，和儿童一起体验来自儿童文学的欢乐和感动，教师不仅会拥有一条与学生直接沟通的心灵路径，还会收获一份抚慰自己精神世界的温暖和幸福。

  2. 对儿童文学的全面认识和理解

  儿童文学是独立的文学门类。教师需要参加与儿童文学相关的课程培训

---

① 陈晖. 通向儿童文学之路 [M]. 广州：新世纪出版社，2005：154，155.

或通过自学提高儿童文学的理论素养，建立与先进的儿童观、教育观相联系的新的儿童文学观，对儿童文学有全面系统的认识和理解。教师特别需要认识和了解儿童文学的基本体裁及其艺术特征，同时将这种理解运用于儿童文学作品的教学中，并在儿童的阅读活动中充分利用和发挥这些体裁所具有的功能和作用。

3. 丰富的阅读儿童文学的经验

教师需要积累，可以和学生分享儿童文学的丰富阅读经验和阅读资源。教师应广泛阅读各个时期的儿童文学经典作品，随时留意儿童文学热点图书的介绍和指引，经常走访专门的儿童图书馆和儿童书店。在可能的条件下，教师还应注意与儿童文学有关的文学批评，以便在面对学生不同的阅读反应时能够有基本公正的判断、态度和倾向性，并尽可能地充实个人的儿童文学资料库。

4. 组织学生开展阅读活动的能力和技巧

教师需要通过学习和实践锻炼提高自己组织儿童开展阅读活动的能力和技巧，包括能够推荐读物，具体指导阅读，帮助学生制订和推行学生文学阅读计划。利用社会的各种图书机构、设施和图书资源，与社区、家庭形成互动，协调推动儿童的阅读活动。

教师儿童文学修养的建设和丰富是一个长期的过程，需要教师付出大量的时间和精力，更需要教师情感和心灵的投入。事实上，教师儿童文学修养的建立构筑在更高的思想基础上，即教师对儿童高尚、真挚、热切的爱，对儿童教育的理想、信念、专业精神和责任感。

教师要提高儿童文学素养，要以多读经典作品为主，并在此基础上提高自己的鉴赏能力，同时要根据自己的教学工作来进行阅读和教学，多思考如何进行教学设计，把作品阅读落实到课堂中。

把学生培养成"专业读者"

北京市 101 中学语文特级教师　程　翔

阅读教学的专业性是很强的,教师必须具有深厚的专业素养。语文课不是随便什么人都能听懂的。

一篇文章从"自然文本"变成"教学文本",必然承担一定的语文功能,体现"课文"的本质特点。作者的写作目的与语文教学目标的关系是复杂的,有的完全吻合,有的部分吻合,有的完全不吻合。这就需要有一双"语文"的眼睛,具有独立确定教学内容的能力。"任凭弱水三千,我只取一瓢饮"。

比如教学《雷雨》,我借助语体学"话轮转换"的理论确定教学目标之一是:认识话剧"对话"语体的特点。话剧是对话的语言艺术。对话往往围绕一个话题展开,对话过程中话题会发生转换,在转换处进行切分,可以将对话划分为对话篇、对话段和对话组。对话的双方分为主动方(发话方)和被动方(接话方)。主动方挑起话题,被动方被动应对。主动方和被动方在一定条件下会发生转化,主动方可以变成被动方,被动方可以变成主动方。主动方为何挑起话题?被动方为何会变成主动方?这对把握人物性格非常有帮助。袁晖、李熙宗写的《汉语语体概论》和王景丹的《话剧语体论》值得一读。

阅读教学需要借助解释学的原理和法则。一切历史都是解释的历史,文本阅读更是如此。如何解读文本？有没有规律可循？怎样处理一元理解和多元理解的关系？这是摆在语文教师面前的基本问题。我用了两三年的时间集中学习了解释学的著作，从中国解释学，到西方解释学，从一般解释学到哲学解释学，它们给了我很大的启发。我在阅读教学中让学生区分"作者意"和"读者意"。阅读文本，首先掌握"作者意"，然后走向"读者意"。把握"作者意"，就要"知人论世""以意逆志"，就要了解"文本结构""观物取象""立象尽意"的语言艺术规律。朱熹说："虚心涵泳""莫先立己意"。这对于引导学生会读书，读懂书大有裨益。"读者反应理论"又告诉我们，读者在文本面前不只是被动接受，可以结合自己的生活经历和思想感情与文本进行对话，可以超越文本。于是，从"作者意"走向"读者意"，阅读的现实意义和批判性阅读的价值就体现出来了。在此基础上，我提出了"基本理解"的阅读教学模式，即从"原始阅读"开始，经过"原始理解""后续理解"，走向"基本理解"。有关解释学的著作很多，我推荐蒋成瑀先生写的《读解学引论》一书。

符号学理论、叙事学理论，也是语文教学的重要学理依据。懂得"表层含义"与"深层意蕴"的关系，是解读文本的一把钥匙。在此我向老师们推荐赵毅衡先生的《文学符号学》一书。是否懂得寄托、隐喻、暗示手法，往往是区别专业读者和非专业读者的分水岭。非专业读者阅读文学作品，往往读什么就相信什么，走进去就出不来。暗示性是中国诗歌的一大特点，"比兴寄托"手法的运用是中国诗歌的传统。比如，温庭筠的《菩萨蛮》："小山重叠金明灭，鬓云欲度香腮雪。懒起画蛾眉，弄妆梳洗迟。照花前后镜，花面交相映。新帖绣罗襦，双双金鹧鸪。"如果仅仅理解为写女子慵懒肯定是不行的，即便理解到表现女子孤单也只是表层含义。如果联系词人的生平，就会知道该词寄托颇深。叶嘉莹先生指出，中国古代诗词中写女人孤独，往往折射的是男子不得志。这一传统在今天被广大作家继承下来。冯骥才的《珍珠鸟》、张抗抗的《埃菲尔铁塔的沉思》就是典型的例子。所以，多读一点这方面的书，对于提高语文教师专业水平也是必要的。

心理学原理也很重要。比如《林黛玉进贾府》中写"宝黛初会"，林黛玉见到贾宝玉，心中大吃一惊："好生奇怪，倒像在那里见过一般，何等眼熟到如此！"贾宝玉见到林黛玉，也说："这个妹妹我曾见过的。"怎么解释这一表层现象？仅仅靠"木石前盟"吗？有没有"学理"上的解释？心理学上讲，每个人在心灵深处都会有异性偶像，荣格把它叫作"阿尼玛"和"阿尼姆斯"，即"原型理论"，就是一个人对异性偶像的容貌、气质、风度、情趣、志向和价值取向会有心灵上的勾画。当勾画的偶像一旦出现在眼前，就会产生一见如故的感觉，甚至一见钟情。在《牡丹亭》里有这样的典型情节，在《聊斋志异》中也有，大概《红楼梦》写得最好。贾宝玉和林黛玉互为偶像，心有灵犀，曹雪芹把二人的爱情故事写得回肠荡气，感动了无数读者。这方面的书很多，可以挑选一些来读。

文学是审美的，不追求实用价值。教学朱自清的《背影》，有学生说朱自清的父亲"违反交通规则""长得也不潇洒"。对此，语文教师不能简单地鼓励学生有独立见解，而是要引导学生从美学的角度正确理解文学作品的情感因素，给学生以审美启蒙。孙绍振先生说："越是不顾交通规则，不考虑自己的安全，就越是显示出对儿子的深厚感情。如果不是这样，父亲认真地考虑上下月台的安全问题，就太理性，就没有感情可言，甚至煞风景了……越是没有实用价值，越是有情感的价值。"

非专业读者最突出的毛病是"悖体阅读"，即不能遵照文体规律来阅读和理解。曾祥芹先生指出："所谓'悖体阅读'是违背文体特性和文体思维法则的阴差阳错的阅读。"曾先生以《论语》解读为例，批评了那种将《论语》作为纯文学作品来阅读的做法，指出"具有文学价值"和"文学作品"毕竟不同，"事料的真实"与"意旨的鲜明"是体现《论语》文体特性的关键，只有将《论语》作为"学术文章"来阅读才是"适体阅读"。叶嘉莹、童庆炳、孙绍振等先生在这方面的著作很值得一读。

阅读教学的任务，就是把学生从非专业读者培养成专业读者，或者接近于专业读者。语文教师应该是专业读者。语文教师要有一双语文的眼睛，敏锐捕捉语文的因素，尤其善于从文本表现形式上提取语文的学养，确定文本的语文功能，培养学生的语文素养。语文命题者应是高级专业读者，更要善于借助文本的表现形式切入文本,引导考生准确把握文本的特质,从而在语文素养上得到理想的区分度。但从现实来看,这一目标还显得很遥远。新的语文课程标准提出"核心素养""学科素养"的概念,意义重大,它指明了语文教师专业发展的方向,指明了语文教学努力的目标,明确了语文命题考试向度的边界。

通向春天的读书课程

——南京市第十三中学读书课程的设计和建设

南京市第十三中学语文特级教师　曹勇军

一、界说和缘起

本文介绍的读书课程指的是以整册书为基本阅读对象，侧重经典阅读、深度阅读、精神成长阅读，以培养学生在真实的生活环境中整本书的阅读技能，真正提高学生的阅读素养的课程系统。它是我们近年来对现有的语文课本阅读学习系统加以重新整合与改造，经过专门设计而开发的一个全新的课程系统，也是一次校本化的改革尝试。在我国目前的现实条件下，完全废除课本，另起炉灶，既不现实，也没必要，会带来许多困扰。比较明智稳健的做法是熔铸新旧、优化组合、升级换代。因此，我们在基本保留现有课本学习系统的前提下，把课本学习系统有机地整合到读书课程体系中，用全新的理念把有关资源、方法、路径整合到我们的读书课程结构中，使之升级成为更合理、更全面，也更上位的阅读培养系统。我们设计、开发并实施的这个读书系统，也是针对目前在应试的高压之下，学生不读书只读试卷的应试教育弊端而采取的积极的应对之策。我们希望以这个读书系统为方式和手段，让更多的学生热爱阅读，善于阅读，积极阅读，进而实现锻造其青春、实现其梦想、促进其全面发展的目的，从而把目前被升学应试割裂的碎片化的教育和教学，改造成为学生"为成长而读书"的学堂，重新构建语文学习的生态系统，突破应试教育的重围，为学生的终身发展奠定基础，为课改探索新的路径。

二、制度和体系

怎样建立由课内到课外覆盖学生语文生活的完整的读书课程呢？依据我校语文课程基地建设的成功实践①，结合即将颁布的新普通高中语文课程标准的理念，也结合本人2016年在美国访学观察的学习成果②以及有关专家的研究③，我们明确地提出了任务驱动下的探索性读写课程的理念，确定了"一体两翼"的总体课程设计。具体地说，就是基于真实的语文学习的情境和问题，以经典阅读为"一体"，以公民说理写作和演讲论辩为"两翼"，读写互动，读写融合，提高学生的语文读写核心素养。"一体两翼"决定了我们常规教学的三个基本组成部分：一是经典阅读课，二是公民说理写作课，三是演讲论辩课。之所以把经典阅读作为"一体"，是它处于无可替代的关键性地位，支持并制约着公民说理写作课、演讲论辩课的内容和质量。框架模型中的"经典阅读"，指的就是我们的读书课程。

在读书课程的结构之中，我们采用"五问阅读法""三类课型""三级组织""三份书目""三种评价"的基本方式，为读书课程的建设提供组织制度、路径方法的支持，推动学生的自主阅读，使课程由课堂向课后延伸、由课内向课外拓展，构建学生完整的读书生活，让学生因为读书生命变得充满活力。

---

① 曹勇军. 与语文课程基地一起发展——南京市第十三中学语文课程基地建设的实践与思考[J]. 语文学习，2013（9）：7~12.

② 曹勇军. 我们欠学生真正的阅读课——一位中国教师在美国中学语文课堂的观察和思考[J]. 中国教育报，2016-10-24：9版. 曹勇军. 美国写作教学新探索[N]. 教育研究与评论（中学教育教学版），2016（9）：8~15.

③ 潘新和. 潘新和与表现——存在语文学[M]. 北京：北京师范大学出版社，2016：87~91. 荣维东. 交际语境写作[M]. 北京：语文出版社，2016：34~37. 凯利·盖勒格. 如何培养青少年写作者[Teaching Adolescent Writers by Kelly Gallagher（2006）published by Stenhouse Publishers.]

在常规课堂教学中,我们借鉴国内外阅读方法的研究成果,提出了"五问阅读法",引导学生学会预习、质疑、研讨和探索,学会自主阅读。所谓"五问阅读法",就是面对一篇陌生的文本,依次从五个方面向文本发问,自读自问,自问自答,自答自评,从而掌握自主阅读的基本程序和侧重点,学会阅读。这五问分别是:(1)每一段的意思是什么?全文的思路是怎样的?(2)文章的中心和主旨是什么?(3)文章写作上最主要的特色是什么?(4)能不能选择文中最有特色的一两个段落进行赏析?(5)阅读中有什么疑难的地方?有什么质疑的地方?"五问阅读法"只是一个程序性的阅读工具,便于阅读中快速地定向、定序和定标,明确阅读任务,开展阅读探索。实际阅读中学生可以变通调整,从而形成富有个性的自主阅读的方法和习惯。而我们的课堂教学设计的内容和步骤,也与学生这样的学法相匹配、相验证,促进学生的自主阅读能力的提高。① 有了五问阅读法,就有了由课内到课外开展读书的坚实基础。

我们又依据其方式和功能的不同,把语文阅读课分为三种类型,一是课内学读,二是课后习读,三是课外阅读。课内学读,每日一节语文课,有教有学,有自主有合作。教师在完成课文的学习任务之中,多方引导,相机补充有关的课外阅读资源。打开一扇窗户,让学生由一棵树而窥见辽阔的森林,不仅学习课文,更要学习知识和方法。课后习读,是利用课余时间、双休日、节假日和寒暑假,让学生依据五问阅读法,阅读老师布置的课外读物的有关章节或优秀时文,形成书面的阅读成果。每周抽出一课时,全班交流讲评。课外阅读,是每学期初布置本学期要求学生阅读的基本书目,让学生制订阅读计划,学生课外安排时间完成阅读任务,并写出读书笔记。并利用每周的常规课,开展"课前五分钟阅读演讲"。学生依次轮流介绍自己读书的感想、体会和收获,师生现场评价,推动学生的课外阅读。除此而外,我们每周安排一节读书课,阅读指定的图书,计划单列,定时定点。如果说,常规学课是教师指导下的专题阅读,那么,课后习读则是定向、定篇的自主读书,而

---

① 曹勇军. 语文的表情和眼光 [M]. 南京:江苏教育出版社,2012:46.

课外阅读是完全开放的书册阅读。这样就围绕着读书形成一个层层向外拓展的课程结构，把阅读还原到生活中去，在真实的生活情境中学会读书。这不仅丰富了学生的语文生活，更有效地培养了他们自主阅读的能力。

仅仅有这样的安排还远远不够，还缺少课程走入学生生命的特殊魅力，无法真正让学生建立完整的、身心合一的、饱满的读书生活。因此，在常规教学之外，我们以班级为单位，组建了启明星读书社，为班级热爱阅读的同学提供新的阅读平台和社区。启明星读书社属学生社团，采取自愿报名的方式。一般每班 20 名社员，以班级为单位配发漂流书。建立读书交流 QQ 群，制定读书公约，在课后自我阅读的基础上，定期开展线上线下年级或班级的读书交流活动，以此在更大的范围内，优化学生的课内外读书环境，形成一个人人想读书、愿读书、以读书为荣、以读书为时尚的校园文化氛围和友好环境。与常规的课堂读书不同，启明星读书社更多地强调兴趣爱好、个性特长。在启明星读书社团的基础上，我们又在高二年级组建了跨班级的"经典夜读小组"。经典夜读小组是为年级里富有读书梦想，真正热爱阅读，有更高远的人生追求、更大的人生抱负的学生量身定制的校本课程。它采用自愿报名与学科老师推荐、面试录取的方式，每期人数控制在 30～40 人，是年级里语文学习的一支"梦之队"。它采用夜读的方式，每周五晚上夜读两个小时，一学年有 20 多次夜读课，读 15 本左右经典书。夜读不仅为学生积累了一笔终生财富，也为学校读书课程培养了一批骨干和精英。夜读小组同学来自高二年级的各个班级，他们在各个班里起到了示范引领作用，成为语文学习的佼佼者，引领了校园读书的风气，成为我们读书课程最鲜活的样板，成为富有魅力的校园课程文化的形象代言人。

因为有了"三级组织""三类读书"的组织框架、制度系统，我们才能开展丰富多样的、为学生喜闻乐见的读书课程和活动。以 2017 年的读书周为例，在读书周期间，从周一到周五，五天时间，我们组织了六项活动，掀起了校园读书的一个高潮。周一晨会，安排经典夜读小组的代表现身说法，介绍读书的意义、价值、方法以及读书周的活动安排；周一下午，邀请著名作家、央视名编王开岭给学生做"素材的个性化占有和拓展"的读书报告；周二中午,由荣获"十三中读写特长生"称号的八位高三学生在校园内签售他们的作品专辑,并与高一、高二同学座谈交流;周三下午,曹勇军老师给高二年级全体同学做"让阅读唤醒我们的灵魂"的读书报告;周四中午,组织高一、高二的启明星读书社同学开设"读书超市",在配发的25种漂流书中选择班级同学喜欢的一种,事先认真研读,做成读书展板,在校园内"摆摊设点",一个班一本书一个摊位,与读过此书的同学开展专题交流;周五晚上举办"十三中朗读者"大型活动,模仿央视"朗读者"节目的形式,让同学带着自己独特的青春故事和心爱的经典,与师生分享他们的读书感受。读书周的系列活动是我们读书课程的过程性的展示和总结,把认知的、体验的、思维的、探究的、行动的方方面面的课程因素吸附整合起来,形成了一个读书、求知、立德、树人的学习过程。读书系列活动变成了一个读书的节日,发挥了巨大的读书育人的效应。

三、要素和组合

下面从目标设定、书目选择、读书方式和评价手段这四个读书课程的要素以及它们组合变化,具体介绍我们的读书课程的设计和实施。

1. 目标设定

正在使用的《普通高中语文课程标准(实验)》,在"课程性质"部分提出要提高学生的语文素养,"使学生具有较强的语文运用能力和一定的审美能力、探究能力","促进学生均衡而有个性的发展"。具体到阅读能力上来,在"课程目标"部分,虽然没有专门就整本书的阅读提出具体细致的目标要求,可是我们梳理一下散见在各处的论述,可以得出这样一个结论:从阅读对象上看,课程标准要求学生"阅读优秀作品","选读经典名著和其他优秀读物","学习借鉴中外文学作品","学习中国古代优秀作品"和"阅读浅易文言文",合在一起,大致规定了读物的来源、范围以及品质;从阅读方式上看,要求学生"注重个性化的阅读","学习探究性阅读和创造性阅读","根据不同的阅读目的,针对不同阅读材料,灵活运用相应的阅读方法","了解诗歌、散文、小说、戏剧等文学体裁的基本特征及主要表现手法",能够初步阅读鉴赏文学作品；从阅读的数量上看，要求学生"课外自读文学名著（五部以上）和其他读物，总量不少于150万字"，并提供了课外读物的篇目①。而即将颁布的修订后的普通高中语文课程标准更提出"任务群"的理念，把整本书阅读作为贯穿高中语文阅读教学"任务群"的一项最重要的任务，进一步突出了整本书阅读的地位。可见，高中课程标准规定的读书要求是：让学生读一般社会公民所应该阅读的文史哲科方面的公众读物，读物的难易度大致相当于大学入学的阅读难度水平，以培养未来合格公民的基本阅读素养。

应该说，作为对全体学生的目标要求，这个定位是合适的，但是，学生的阅读发展很不平衡，其中优秀的学生有更高的需求，用一刀切的办法既不公平也不合理，因此，我们尝试着针对不同学生的需要，提出了三级阅读目标：在常规课堂的阅读教学中，面对全体学生，我们采用的是"课标读书目标"；再进一步，在启明星读书社，在数量和质量上，我们则提出稍稍高于且大于课程目标的"启明星读书目标"，阅读总字数大于150万字，阅读数量多于5本，在课标列举的中外名著、文化经典书目之外，再提供并开发其他经典名著的阅读课程；而经典夜读小组由于是年级里最优秀的一批孩子，更富有学习潜力，有更高的人生追求，因此对他们提出了"经典夜读目标"，数量上，他们用一年的时间阅读15本左右的书，方式上，采用文本细读、小组研讨、读书报告等深度阅读的方式，通过一年的学习，阅读一批中外文史哲科方面的经典书或准经典书，争取达到大一的优秀同学甚至大二、大三学生的阅读水平，为他们的个性需求和发展奠定基础。多年开展读书活动的实践证明，我们的设想是符合学生的发展的实际和需要的，也取得了预想的效果。

2. 书目选择

以一本一本的书为阅读单位的读书课，需要一个理想的书目。我们选择的书目遵循以下几条原则：（1）书的部头不能太大，要多选精神文化含量大的小书，多选"大家小书""名家小书"；（2）既要尊重学生的兴趣，又要加

---

① 中华人民共和国教育部. 普通高中语文课程标准（实验）[S]. 北京：人民教育出版社，2003：1~9.

以引导，既要有经典的正气，又要有流行的活气；（3）不仅仅局限于文学名著，历史、哲学、思想、科学类的经典也应有所涉及，形成一个大的阅读背景和框架；（4）追求会通的读书境界，所选的书兼顾古今中外，具有古今打通、中外兼容、文理交叉的丰富性。这样的书，不仅可以拓展我们的视野，磨砺我们的思维，更能培养我们的判断力和信念，帮助学生更好地成长①。

我们分别为班级常规教学、启明星读书社、经典夜读小组的同学拟定了三份书目。第一份书目是"50 本基础书"，供常规教学使用。"50 本基础书"重点强调"基础"二字，这些书与我们使用的教材勾连起来，一定程度上可以说是"跟着教材读原著，跨出教材读原著"，配合并促进我们的课堂教学。为了使这份书目发挥更好的作用，我们还组织编制了《十三中学生 50 本基础书导读手册》，概要地介绍了每本书的作者、内容，提供了书中的精彩片段以及对书的评价。高一学生一入校，我们便把书目印发学生，指导他们的课后阅读，并为每一个班购买多套基础书，定制专门的小书柜，放置教室，方便学生随时取阅。第二份书目是"50 本漂流书"，供启明星读书社同学使用。这 50 本书基本上是近三四年来，读书界比较流行的热点读物、基础读物，内容更丰富，也更接地气，与读书界的读书风向和潮流保持大致同步。这份书目不是固定的，而是开放的，一旦发现好书，随时补充调整。开学之初配发每个班的启明星读书社同学，课后让书在这些热爱阅读的同学手中漂流。第三份书目是"15 本高阶书"，供经典夜读小组同学使用。这些书有几个精神母题：如寻找童年、寻找自然和诗情，像《海子的诗》、苇岸的《大地上的事情》；反思当今的物质生活，寻找生活的真理，像梭罗的《瓦尔登湖》；还有关注现实、寻找真相、捍卫正义，像筱敏的《捕蝶者》。又如反思科学乌托邦的，像利奥波德的《沙乡的沉思》，反思集权主义的，像奥威尔的《1984》。当然，必不可少的，还有文史哲的经典必读书目，像黄仁宇的《万历十五年》，李泽厚的《美的历程》，冯友兰的《中国哲学简史》。一共 15 本，是经

---

① 曹勇军. 在经典夜读实践中探索整册书阅读的方法 [J]. 中学语文教学，2017 (2)：4~5.

典夜读小组同学一年精修研读的基本书目。这些书由同学自己购买或借阅，依据要求，完成相应的阅读任务。

三份书目，三种要求，三个台阶，配合相应的读书计划、组织和制度，为读书课程服务。

3. 读书方式

针对书的内容、形式的不同，我们采用丰富多样的读书方式。主要有以下五种：

第一，逐章精读。对于那些艰深的、阅读难度大的书，我们采用逐章精读的方式，让学生学会概括书中每一章的基本内容，摘录出书中自己欣赏的关键语句、重点段落，加以品味、赏析。比如《瓦尔登湖》原书18章，内容很丰富也相当庞杂，加之又是译文，长句多，句间关系复杂，段与段之间跳跃较大，学生阅读起来非常困难。我们带领学生采用逐章精读的方式逐页精读、逐段精读，不回避学生阅读中的问题，提高学生阅读艰深长文本的能力和意志品质。

第二，选章（篇）精读。不少书是作品选集，是作者若干代表作的汇集，阅读的时候可选出其中代表性的章或篇，举一反三，重点研读，其余章或篇放手让学生自读。比如利奥波德的《沙乡的沉思》，是作者有关土地伦理的观察思考的相关文章的精选汇集。我们在学生事先通读的基础上，梳理书中的"土地伦理""土地共同体""荒野"等核心概念，然后选出大家公认的三篇好文章——《好橡树》《巨大的领地》《弗兰博河》。精读这三篇文字，分别从思想主旨、结构层次、表达手法、阅读对象等方面组织学生研读讨论，获得对作品深入的理解，从而把握全书基本内容。

第三，主题阅读。所谓主题阅读，就是围绕要探讨的某个问题，尽可能多地收集相关的书籍资料，筛选与研究主题有关的信息，加以判断整合，提出新见，从而获得对所探讨问题的深入理解[①]。我们曾组织学生到王安石故居半山园开设过"王安石和他的时代"的主题阅读课。事先，我们为学生提供

---

① ［美国］艾德勒，等. 如何阅读一本书［M］. 北京：商务印书馆，2010：21.

了8份资料：《王安石年谱》，《宋史·王安石传》，《宋史·司马光传》，梁启超的《王安石传》，邓广铭的《王安石》，林语堂的《苏东坡传》第七章《王安石变法》、第八章《拗相公》，李亚平的《帝国政界往事》第二章"都是王安石惹的祸"，凤凰网上的网文《重读王安石》。要求学生事先研读这些材料，列出发言的提纲。读书研讨中，学生对"王安石是怎样一位历史人物""今天如何评价他"等问题展开讨论，互相质疑、碰撞、纠正、补充。通过这样的主题阅读，获得对历史人物比较客观公允的评价，提高了学生反思批判的能力。这类思维强度比较大的主题阅读，我们往往会在一本书的阅读前后推荐其他书，形成主题探讨的思维背景，引发学生的思考，完成主题阅读任务。在阅读黄仁宇《万历十五年》时，我们给学生补充了两本书，一本是潘旭澜先生的《太平杂说》，一本是海外史学家唐德刚的《晚清七十年》。然后让学生查阅资料，了解黄仁宇倡导的"大历史观"与唐德刚的中国历史"三峡论"的异同，进一步理解原著。

第四，自由阅读。有些书难度不大，可让学生读后组织研讨交流，开读书沙龙，或对全书做出评价，或对某一章节做出分析，或对其辞章含英咀华，把作者当作自己认识的朋友，开展毫无拘束的心灵对话。我们曾对王开岭的《精神明亮的人》、赵越胜的《燃灯者》、齐邦媛的《巨流河》等开过这类读书沙龙。自由阅读是一种略读，这个"略"不是"简略""忽略"，而是抛开课堂教学的烦琐模式，展开不拘一格自由读书的"脱略""观其大略"。它与前面介绍的精读、细读的方式互为补充，使读书劳逸结合，张弛有度，获得持续的阅读兴趣和热情①。

第五，情境阅读。这是我们读书课程里最有特色的、最受学生欢迎的一种读书形式。我们利用南京六朝古都的得天独厚的条件，带领学生到南京历史文化的现场开设情境读书课：我们到王安石故居半山园读王安石，到九条巷曾公祠读《万历十五年》，到豁蒙楼茶社读《中国哲学简史》，在先锋书店

---

① 曹勇军. 在经典夜读实践中探索整册书阅读的方法 [J]. 中学语文教学，2017 (2)：5~6.

读《1984》，在台城之上读《大地上的事情》……利用这样的文化现场的氛围，增加读书的气场，增强学生阅读的感受力、理解力和思考力，使其成为终身难忘的读书记忆，也成为我们读书课程中一道亮丽的风景①。

无论是哪一种读书方式，无非是两种基本形式，一是自由研讨的方式，二是给学生"学习单"、按计划研讨的方式。以下是苇岸《大地上的事情》的学习单，要求学生读后回答问题，并把这些问题作为研讨的依据和步骤，通过探讨，深耕文本。学习单有如下问题：（1）阅读第一辑"大地上的事情"。你觉得哪一则（或几则）能够作为这75则文字的统领或导向？你最欣赏哪几则？理由何在？（2）阅读第二辑"二十四节气"。你觉得这类文字最大的特色和价值是什么？（3）阅读第三辑"去看白桦林"中的《放蜂人》《我的邻居胡峰》《我与梭罗》《土地道德》《素食主义》，以及有关日记，说说你对苇岸人生思想追求的认识。（4）你觉得苇岸的文字有什么特点？说说你的感受和体会。

两种形式各有长短：学习单式的研读目标明确，集中深入，但缺少自由发挥的空间，时间长了让人生厌；自由式研读不拘一格，容易碰撞出思想的火花，然而不加引导容易流于散漫肤浅。

4. 评价手段

读书课程中，我们较多采用既能评价学生读书的质量和水平，又能促进他们阅读能力提高的鼓励性评价、过程性评价和发展性评价。评价学生读书最常见也最有效的办法是让学生写读书笔记、读书报告。每本书读后，我们都安排学生写出阅读的体验、感受，表达他们的阅读思考，并加以点评。三级读书组织评价要求各有侧重和区别：常规教学要求学生写读后感或读书笔记，启明星读书社则要求写更长更丰富的读书笔记，而经典夜读小组则要求写出系统全面的、也更富有个人创见的读书报告。

未经表达的阅读不是真正的阅读。在读书课程中，我们强调用笔来读书，

---

① 曹勇军. 通向春天的读书课——我和经典夜读小组的故事[J]. 中国教育报. 2017-2-27：9.

读书时勾画摘录，随手记下感想，发言有提纲，讨论有记录，读后有读书笔记或读书报告，最后还有集中的评点。用笔把外视线和内视线结合起来，用手把眼和心结合起来，切实提高阅读的质量。

除每书必写的常规笔记或读书报告外，我们还创造各种机会布置有具体任务和目标的展示性读书文字的撰写，使读书作业作品化。我们开展的读书项目学习活动大致有如下几种。

（1）我们将学校大门口展示橱窗"承包"下来，将其改造成一个特定的读书专栏——好书推荐，内容定期更换，其中介绍性的文字由启明星读书社和经典夜读小组的同学轮流负责。好书推荐展板上，除了推荐图书的照片、作者、出版社等信息外，还需要用概括而又简洁、富有感染力的文字介绍该书的内容和特色，揭示阅读该书的意义，引发同学的阅读兴趣，推动全校读书活动。后来，经典夜读小组同学在我们老师的指导下，又开发了"好书推荐"的微信版，定期推送给学生和家长。较之展板，它更为丰富，包括"作者简介""推荐理由""精彩片段""我的感受"以及同学和家长互动的"有奖征文"，从线下搬到线上，从校园扩展到家庭，真正实现语文生活的全覆盖。无论是橱窗展板还是微信版，都是具有特殊对象和特定交际内容的微型读书报告，也成为对学生读书水平、读书质量的过程性考察和评价。

（2）利用我校语文课程基地邀请知名学者、作家来学校做读书报告的机会，安排启明星读书社和经典夜读小组的同学组成采访团队，采访这些学者名家。采访结束之后，撰写采访记，在学校学生社团刊物上发表。我们曾邀请著名的评论家止庵先生。学生事先阅读了他的《插花地册子》《神拳考》《周作人传》《惜别》等书，提炼出"为什么读书是自我教育、自我成长的重要形式""怎样让'我'从'我们'中脱颖而出""您弃医从文，早年的医学背景对您的阅读写作有怎样的影响"等一系列有采访价值的问题，既顺利地完成了采访任务，也通过对止庵作品的集中阅读，提升了自己的阅读水平和能力。

（3）每次外出开设情境读书课回来，我们便和学生一起策划制作情境读书课展板，展板包括：总标题、读书计划、读书内容、读书过程、读书心得。

它以图文并茂的方式呈现。虽然看起来只是一块展板，却涉及学生各方面知识的储备和运用，培养了解决问题的能力，开发了创意潜能，提高了综合素养，也成为别具一格的过程性读书评价方式①。

(4) 我们尝试对读书课表现优异的同学做出评价，为他们今后升学和未来发展提供支持。四年前，我们出台了学校"读写特长生评定条例"。条例规定：凡读 12 本经典书（约 300 万字），可以提供 3 万字作品的高三同学，可申报学校的读写特长生。经评委会评比，选出年度读写特长生，由学校为其编辑印制作品专辑，作为对学生发展的终期评价。作品专辑采取义卖的方式在校园中发行，所得善款捐助贫困学生。这样一个富有创新意味的评价方式，极大地调动了同学们读书写作的热情，激励学生成为学习的真正主体，也增加了我们学科的影响力。

四、读书和成长

读书课程的设计与建设对我们教师的专业能力是一个巨大的挑战，它要求我们每一位语文教师不断读书，成为一个优秀的阅读者。道理显而易见，教师没有宽广的阅读视野、娴熟的阅读技能、丰富的阅读方法以及与书相伴的阅读生活，就不可能让他们的学生热爱阅读、投入阅读，成为读书的种子。"会读书的老师才有资格教孩子读书，因为我们教来教去，教到最后我们教的是怎么把书读好"，"教的是生命和自我"②。为此，我们在教研组建设中倡导读书的风气，既尊重教师们各自不同的阅读习惯和个性，也提出必要的读书任务和要求。我们加大对教师读书能力的培训，培养出一批骨干，带动全体教师不断读书进步；我们要求每一位教师成为成熟的阅读者，有自己对读书比较系统的理解、认识，了解学生的阅读心理，能够诊断预防并辅导学生读书过程中出现的各种焦虑和心理困扰；我们要求教师与学生一起读书，要求教师阅读后撰写读书笔记、读书报告，以增加阅读的深度，具有驾驭阅读课

---

① 曹勇军. 在经典夜读实践中探索整册书阅读的方法 [J]. 中学语文教学, 2017 (2)：6~7.
② 曹勇军. 教师阅读与专业发展 [J]. 语文教学通讯, 2014 (9A)：8.

的战略眼光和指导学生阅读的技能。几年下来，教师们把不仅认真阅读了配发给学生的三批书，还做了相应的研究。教研组定期就读书方法、读书技巧、读书规划指导、读书课程意义和价值等展开专题研讨，交流开设读书课程的心得体会。尤其是对基础书、漂流书和高阶书，分阶段进行专题读书备课研讨，丰富教研团队知识和经验的储备，开发核心书目的阅读课程资源，帮助教师更好地开展读书课程。比如为指导学生阅读《海子的诗》，我们筛选并提供了一批帮助我们理解海子诗歌创作的追求、特色以及作品分析的相关文献，编成电子文档，便于老师在读书指导中选择。我们还配发了《读书的战略》（顾晓明）、《如何阅读一本书》（艾德勒和范多伦）、《读书这么好的事》（张新颖）、《越读者》（郝明义）、《读书的故事》（唐诺）等一批谈读书方法、读书技巧、读书经验、读书生活的指导性的书，让教师具备更宽广和深厚的阅读指导专业背景。

附录一：常规教学基础书目

高一年级（25种）

1. 红楼梦　曹雪芹、高鹗　人民文学出版社
2. 鲁迅小说全集　鲁迅　21世纪出版社
3. 瓦尔登湖　（美）梭罗　徐迟译　上海译文出版社
4. 左手的掌纹　余光中　江苏文艺出版社
5. 汪曾祺散文　汪曾祺　人民文学出版社
6. 史铁生散文选　史铁生　人民文学出版社
7. 杨绛散文选　杨绛　浙江文艺出版社
8. 刘亮程散文　刘亮程　浙江文艺出版社
9. 边城　沈从文　人民文学出版社
10. 周国平散文精选　周国平　长江文艺出版社
11. 欧·亨利短篇小说选　（美）欧·亨利　王永年译　人民文学出版社
12. 莫泊桑短篇小说选　（法）莫泊桑　赵少侯译　人民文学出版社
13. 阅读契诃夫　童道明　上海三联书店

14. 老人与海 （美）海明威 陈良廷译 人民文学出版社

15. 朦胧诗经典 北岛、舒婷等 长江文艺出版社

16. 给孩子的诗 北岛选编 中信出版社

17. 外国诗歌百篇必读 人民文学出版社

18. 演讲名篇鉴赏辞典 刘德强 上海辞书出版社

19. 亲爱的安德烈 龙应台、安德烈 人民文学出版社

20. 沙乡的沉思 （美）利奥波德 侯文蕙译 新世界出版社

21. 生活十讲 蒋勋 广西师范大学出版社

22. 读书这么好的事 张新颖 上海外语教育出版社

23. 赖声川的创意学 赖声川 中信出版社

24. 科学发现纵横谈 王梓坤 湖北少儿出版社

25. 神似祖先 郑也夫 中国青年出版社

高二年级（25种）

1. 三国演义 罗贯中 上海古籍出版社

2. 莎士比亚悲喜剧集 （英）莎士比亚 朱生豪译 译林出版社

3. 曹禺经典戏剧选集 曹禺 人民文学出版社

4. 培根随笔全集（解析版） （英）弗朗西斯·培根 译林出版社

5. 人间词话 王国维 上海古籍出版社

6. 论语译注 杨伯峻 中华书局

7. 孟子译注 杨伯峻 中华书局

8. 老子今注今译 陈鼓应 商务印书馆

9. 庄子今注今译 陈鼓应 商务印书馆

10. 经典常谈 朱自清 生活·读书·新知三联书店

11. 野火集 龙应台 广西师范大学出版社

12. 美学散步 宗白华 上海人民出版社

13. 谈美 朱光潜 广西师范大学出版社

14. 中国文学欣赏举隅 傅庚生 北京出版社

15. 西方文学十五讲 徐葆耕 北京大学出版社

16. 金蔷薇 （俄）康·帕乌斯托夫斯基 戴骢译 上海译文出版社

17. 作文三书（《作文七巧》《作文十九问》《文学种子》） 王鼎钧 生活·读书·新知三联书店

18. 人类群星闪耀时 （奥）斯蒂芬·茨威格 舒昌善译 广西师范大学出版社

19. 乡土中国 费孝通 中华书局

20. 中国人 林语堂 郝赤东、沈益洪译 学林出版社

21. 梓翁说园 陈从周 北京出版社

22. 世界美术名作二十讲 傅雷 人民美术出版社

23. 莎士比亚、牛顿和贝多芬不同的创造模式 钱德拉塞卡 杨建邺等译 湖南科技出版社

24. 时间简史 （英）斯蒂芬·霍金 吴忠超、许明贤译 湖南科学技术出版社

25. 明亮的对话：公共说理十八讲 徐贲 中信出版社

附录二：启明星读书社漂流书目

高一年级（25 种）

1. 士人风骨 资中筠 广西师范大学出版社

2. 梁衡散文精选 梁衡 长江文艺出版社

3. 平凡的世界 路遥 北京十月文艺出版社

4. 病隙碎笔 史铁生 湖南文艺出版社

5. 偷书贼 （澳）马克思·苏萨克 孙张静译 北京联合出版公司

6. 芒果街上的小屋 （美）桑德拉·希斯内罗丝 潘帕译 译林出版社

7. 夜 （美）埃利·塞维尔 袁筱一译 南海出版公司

8. 杀死一只知更鸟 （美）哈珀·李 高红梅译 译林出版社

9. 听客溪的朝圣 （美）安妮·迪拉德 余幼姗译 广西师范大学出版社

10. 苏北少年"堂吉诃德" 毕飞宇 明天出版社

11. 红蕖留梦——叶嘉莹谈诗忆往　叶嘉莹口述　张候萍撰写　生活·读书·新知三联书店

12. 上学记　何兆武口述　文婧撰写　三联书店

13. 王小波散文精选　王小波　长江文艺出版社

14. 活着　余华　作家出版社

15. 三体　刘慈欣　重庆出版社

16. 精神明亮的人　王开岭　书海出版社

17. 看见　柴静　广西师范大学出版社

18. 出梁庄记　梁鸿　花城出版社

19. 查令十字街84号　（美）海莲·汉芙　陈建铭译　译林出版社

20. 追风筝的人　（美）卡勒德·胡赛尼　李继宏译　上海人民出版社

21. 灿烂千阳　（美）卡勒德·胡赛尼　李继宏译　上海人民出版社

22. 给孩子的散文　李陀　中信出版社

23. 暴风雨夜，暴风雨夜　（美）狄金森　江枫译　人民文学出版社

24. 数字与玫瑰　蔡天新　商务印书馆

25. 科学外史（ⅠⅡ）　江晓原　复旦大学出版社

高二年级（25种）

1. 文学回忆录（上下）　木心　广西师范大学出版社

2. 讲理　王鼎钧　生活·读书·新知三联书店

3. 不够知己　温宁源　江枫译　外语教学与研究出版社

4. 巨流河　齐邦媛　生活·读书·新知三联书店

5. 寻找家园　高尔泰　北京十月文艺出版社

6. 夹边沟记事　杨显惠　花城出版社

7. 草木缘情　潘富俊　商务印书馆

8. 江晓原科幻电影指南　江晓原　上海交通大学出版社

9. 不疯魔，不哲学　哲不解　中国华侨出版社

10. 人有病，天知否　陈徒手　生活·读书·新知三联书店

11. 在民国　孙郁　中国人民大学出版社

12. 城门开　北岛　生活·读书·新知三联书店

13. 百年孤独　（哥伦比亚）加西亚·马尔克斯　范晔译　南海出版公司

14. 二十首情诗和一首绝望的歌　（秘鲁）聂鲁达　陈黎、张芬龄译　南海出版公司

15. 楚亡——从项羽到韩信　李开元　生活·读书·新知三联书店

16. 陈寅恪的最后二十年　陆建东　生活·读书·新知三联书店

17. 文学回忆录　木心口述　广西师范大学出版社

18. 罗伯特议事规则　（美）亨利·罗伯特　袁天鹏、孙涤译　格致出版社

19. 造房子　王澍　湖南美术出版社

20. 自由在高处　熊培云　新星出版社

21. 沿着塞纳河到翡冷翠　黄永玉　人民文学出版社

22. 国家记忆　章东磐　山西人民出版社

23. 寂静的春天　（美）蕾切尔·卡森　吕瑞兰、李长生译　上海译文出版社

24. 警惕科学　田松　上海科学技术文献出版社

25. 反思科学讲演录　吴国盛　湖南科学技术出版社

附录三：经典夜读小组高阶书目

1. 燃灯者　赵越胜　湖南文艺出版社

2. 写给青年　罗家伦　中国人民大学出版社

3. 游移的湖　（瑞典）斯文·赫定　江红译　新疆人民出版社

4. 海子的诗　海子　人民文学出版社

5. 大地上的事情　苇岸　广西师范大学出版社

6. 瓦尔登湖　（美）梭罗　徐迟译　上海译文出版社

7. 沙乡的沉思　（美）利奥波德　侯文蕙译　新世界出版社

8. 湘行散记　沈从文　十月文艺出版社

9. 捕蝶者　筱敏　花城出版社
10. 1984　（英）奥威尔　董乐山译　上海译文出版社
11. 美妙的新世界　（英）赫胥黎　孙法理译　译林出版社
12. 科学·艺术·哲学断想　赵鑫珊　文汇出版社
13. 万历十五年　（美）黄仁宇　生活·读书·新知三联书店
14. 美的历程　李泽厚　生活·读书·新知三联书店
15. 中国哲学简史　冯友兰　北京大学出版社
16. 插花地册子　止庵　新星出版社

语文教师的阅读与专业发展

河南省基础教育教学研究室教研员 甘其勋

党的十八大以来,全民阅读越来越受重视。历年《政府工作报告》中的金句摘录如下:2014年"倡导全民阅读";2015年"倡导全民阅读"之后增加"建设学习型社会";2016年"倡导全民阅读"之后增加"普及科学知识""提高国民素质和社会文明程度";2017年改为"大力推动全民阅读"和"加强科学普及"。由此看来,全民阅读已逐渐上升为国家战略。2016年底发布的《全民阅读"十三五"时期发展规划》提出了九大重点任务:举办重大全民阅读活动;加强优质阅读内容供给;大力促进少年儿童阅读;保障困难群体、特殊群体的基本阅读需求;推动全民阅读深入基层、深入群众;完善全民阅读基础设施和服务体系;提高数字化阅读的质量和水平;组织引导社会各方面力量共同参与;加强全民阅读宣传推广。不久即将正式颁布的《全民阅读促进条例》明确规定:依法保障公民参加全民阅读活动的权利;在每年4月23日"世界读书日"、9月28日"孔子诞辰日"及其他重要节庆日期间组织开展全民阅读活动;制定未成年人阅读促进计划、实施方案和未成年人阅读分类指导目录……这些规划和条例更把国家战略具体细化为可操作的政府行为,为全民阅读的开展提供了法律保证。在数字化时代、全民阅读时代,讨论语文教师的阅读与专业发展已成为当务之急。

我 1957 年秋开始任教，教中小学 30 年，当过高中校长。1987 年起任省教研室教学研究员，退休后仍然关注语文教育，迄今整整 60 年。集第一线教学和省级教研之经验，深刻体会到阅读的重要性，因此从 20 世纪 80 年代末起，致力于阅读学和阅读教学的研究，至今近 30 年。

作为教育工作者，我和中国阅读学研究会的同人们，研究汉文阅读理论、探讨阅读教学改革，推进书香校园建设和全民阅读，取得了阶段性成果。近 40 年来我发表或出版的论文论著大多与阅读相关。这些论文论著，认真思考过与阅读相关的几乎所有问题，并交出了我们的答卷。

一、阅读目的：提高素质

阅读是什么？由曾祥芹教授主编、本人担任副主编的《阅读学新论》是这样定义的：阅读是披文得意的心智技能，是缘文会友的社交行为，是书面文化的精神消费，是人类素质的生产过程。简而言之，阅读是人类获取知识、增长智慧、树立品德、学会审美的重要方式。我曾把阅读的多重功能比喻为"四重奏"，指有效的阅读过程，可以同时实现求知、开智、立德、审美多重功能。

为什么要阅读？我曾明确回答：不仅为个人，而且为人类的生存而阅读；既为自己，更为社会的发展而阅读！当今世界，人类共同面临诸多生存危机，每一个社会人都要提高自身生存能力，并努力为消除或减轻人类危机尽智尽力；每个公民也都要努力求发展，并为整个社会的发展做出应有的贡献。换言之，要把个人的梦融入中国梦。阅读对个人而言，是提高自身素质以适应社会需要的必备技能；对社会而言，是提高国民素质以促进社会发展的有效途径。阅读关乎社会的进步和人类的前途，是社会公民的责任和权利。这就是我的阅读目的观。

为什么阅读重于写作？简而言之，阅读不仅是写作的基础，阅读过程不止于接受和输入信息，阅读也不单是检测语文综合能力的重要手段，而是人人必备的本领，学会阅读才能生存、才能发展。提高语文教学效率，必须重视阅读教学，从教学生学会阅读做起。

二、阅读客体：博学广识

既然阅读关乎全民，为什么要强调教师特别是语文教师的阅读？

从阅读主体来看，因为基础教育是整个教育大厦的基石，教师这个读者群体的阅读，不仅关乎自身素质，而且将对受教育者——学生产生至关重要甚至是决定性的影响。一个热爱阅读也善于阅读的教师，必将引导自己的学生喜欢阅读，逐渐学会阅读，养成阅读习惯，成为终生的阅读者、优秀的公民。而语文教育是母语教育，在各科教育中又是基础的基础。叶圣陶先生曾说过：语文教育担负着"独当其任的任"，语文教师这个读者群体的阅读，"独当导读的任"，更责无旁贷。

从阅读客体来看，基础教育中的语文学科又是综合性很强的学科。《义务教育语文课程标准（2011年版）》指出："语文课程是一门学习语言文字运用的综合性、实践性课程。"按照语文课程标准编写的现行中小学语文教科书，大都沿用选文体系，即教材主体是古今中外文章、文学作品的选本。为给中小学生打好精神和学业成长的基础，语文课程标准的"教材编写建议"有十条，主要有：全面有序地安排教学内容；教材应体现时代特点和现代意识，关注现实，关注人类，关注自然，理解和尊重多样文化，有助于学生树立正确的世界观、人生观、价值观；继承与弘扬中华民族优秀文化；教材选文要文质兼美，具有典范性等。

我在《试论编制语文教材的理论依据》一文中首先提出了编制语文教材的十种理论：基础理论包括认识论原理、辩证法原理、社会学原理、教育学原理、心理学原理、方法论原理、美学理论，这是各门学科都需要的理论；语文学科理论包括语言学理论，文章学理论，文艺学理论。文章最后指出：当代科学的发展，一方面趋向于分工细密，研究专门化；另一方面又趋向于互相渗透，交叉与综合。语文教学涉及的相关学科还有很多，如科学、未来学、传播学、逻辑学、课程论、教学论等。这虽然是我与语文教材编写者商讨的论文，但客观上反映了当代语文教科书的丰富内涵。语文学科不仅涉及社会学科的文史哲经，也涉及自然科学的数理化生，知识覆盖面极为广泛，这就对语文教师的阅读提出了很高的要求，必须博学广识。甚至于有人认为语文教师应该是"杂家"。

三、阅读战略：由博返约

教师如何阅读才有成效？孟子有言："博学而详说之，将以返说约也。"博，就是博览，即博览群书，通过广泛阅览获取丰富的知识。约，就是简约、精要。由博返约，即鲁迅所说"广然后深，博然后专"，广中求精，博中求专。由博返约，是一种阅读的"战略"。

博览是专精的基础。博览才能广泛吸收必要的知识和信息。柳宗元《答韦中立论师道书》论述"文者以明道"，说自己精读六经之后，还要"参之穀梁以厉其气，参之《孟》《荀》以畅其支，参之《庄》《老》以肆其端，参之《国语》以博其趣，参之《离骚》以致其幽，参之太史公以著其洁，此吾所以旁推交通而以为之文也"。他说的"旁推交通"，就是从一个原点出发，旁搜博览，融会贯通。苏轼也主张"博观而约取，厚积而薄发"。夏丏尊1938年以《桃花源记》为例，说明语文教师如何扩展阅读，博览相关书籍：为了解背景，可参读中国文学史晋代部分；为了解内容，可参读马列斯的《理想乡消息》；为了解作者，可参读《晋书·陶潜传》等，由此及彼，带出一大批书来。语文教师参读这一大批书，是为了透彻地理解《桃花源记》，在教学时才能做到游刃有余。又如前文提到的文章学，研究的对象主要是狭义文章。文章学研究者认为：文章教育是语文教育的重要方面，应该与语言教育、文学教育并驾齐驱。文章的产生和传播，表现为客体（客观事物）—主体（作者）—载体（文章）—受体（读者）—客体（社会实践）……这样一个流程。文章的写作过程是"物—意—文"，即从客观事物到作者的主观情意，再形诸文字；文章的阅读过程是"文—意—物"，即通过语言文字，理解作者的情意，进而加深对客观事物的认识。写文章要经过认识、创造、表达三重转化，读文章则经过感受、领悟、运用三重转化。因此，语文教学要注意培养学生敏锐的语感，对文章整体、文体、语体辨识的能力，以及读后表述心得和模仿创造的能力。这些文章学的基本原理，对语文教师改进语文教学大有裨益。博览就像知识金字塔的底座，底座面积越大，金字塔就越稳固。

专攻是博览的深入。只博不专，浅尝辄止，如蜻蜓点水，水过地皮湿。从个人来说，"吾生也有涯，而知也无涯，以有涯随无涯，殆已"（庄子）。古人穷其一生，也难读完当时数量不算很多的书。如今，每天24小时都有新的信息、知识在不断产生和传播。读者个人在信息的汪洋大海中，连一叶小舟也算不上，即使"取一瓢饮"也觉力不从心。所以在拓宽基础之后，必须"损之又损"，缩小关注的范围，专攻一点，精心打造自己知识结构金字塔的塔尖。

由博返约适用于教师读者，也适用于成长中的青少年群体，尤其适用于语文学习。因为如前所述，语文课文内容涉及自然科学、人文科学、社会科学的方方面面，具有很强的综合性和实践性。

博观约取一般要经过三个阶段：首先是博览群书，丰富积淀。其次是依趣定向，在培养多种兴趣的基础上，选择最有价值的专业，确定主攻的方向。最后还要持之以恒，不懈追求。

四、阅读策略：长善救失

教师阅读有何良策？由博返约的要义是完善知识结构，构建个人知识体系的"金字塔"。

"长善"就是发展自己的特长，最后形成个人学业专攻。北京101中学副校长程翔，是同龄人中成名最早的语文名师之一，曾被推举为全国青语会理事长。他先后出版了《语文教改探索集》《语文人生》等7本著作，而2009年9月程翔译注的《说苑译注》出版，让他从一位中学语文教师实现了向古文献研究专家的华丽转身。我还了解，中年语文名师李震花了12年的课余时间，孜孜不倦，到1997年12月，30万字的《曾巩年谱》终于出版。邓彤心无旁骛，用10年之功最终出版《＜红楼梦＞导读：中学生读＜红楼梦＞》。张玉新写成《孔雀东南飞》集注，今译《离骚》《天问》。李卫东利用"非典"期间闭门读陈鼓应编著的《老子今注今译》《庄子今注今译》。他们都是

"长善"有成的范例。

"救失"就是弥补自己的知识缺陷，以适应语文教学内容广博的客观要求。鲁迅先生曾告诫青年："大可以看看本分以外的书"，"学理科的，偏看看文学书，学文学的，偏看看科学书"。语文教师大多偏重文科，对自然科学、理工学科了解较少。我任语文教研员之前，就是如此。为了完善自己的知识结构，也为了研究阅读对培养创造人才的作用、创造过程与阅读能力发展的相关性、阅读创造能力与思维发展的关系，我有意识地阅读了古今中外几十位科学家的传记，还阅读了一批科幻、科普著作，科学技术史，以及《梦溪笔谈》《物种起源》等科学名著，写了几十篇读书随笔，最后写成万字长篇论文《阅读孕育创造》。

五、阅读能力：循序渐进

要培养哪些阅读基本能力？语文课程标准提出了"培养学生探究性阅读和创造性阅读的能力"的要求，语文教师理当首先具备这些能力。我曾用树木来做比喻，写了《创造性阅读的根、茎、叶、花、果》，指出阅读能力是一个分层递进、螺旋上升的复杂过程，大致由积累、理解、比较、探究、创造五项构成。

根——积累性阅读。"读书如树木。"积累性阅读是创造性阅读的根基，又叫接受性阅读，指以继承人类创造成果、接受前人积淀的知识为目的的阅读。它旨在汲取读物中的精神和知识营养，是不断接受新知识、"积学以储宝"的过程。语文学习的起始阶段，在识字基础上的初步阅读大多是积累性阅读，以记忆为主。

茎——理解性阅读。"书卷多情似故人。"理解性阅读是向创造性阅读输送水分、营养的主干道。理解是阅读的核心，理解性阅读首先要整体把握文本，在通读的基础上感知文章写了什么，思路怎样，初步了解文本的内容和表达。然后体味和推敲重要语句在语言环境中的意义和作用，深入领会作者表达的观点和情感。还要把各部分的理解进行综合分析，结合作者的思想、时代，联系自己的体验、经历，达到与作者心灵的相通。理解就是"入书"，是对作者思想感情的认同。理解性阅读是读者与作者在"对话"中求同，主要运用求同思维。

叶——比较阅读。"荷露虽团岂是珠。"比较阅读指"在分析综合的基础上借助比较的思维过程而进行的一种积极主动的阅读"。有比较才有鉴别。比较阅读不仅要求同，更要辨异。比较阅读的基本类型分为同类比较与异类比较。

花——探究性阅读。"奇文共欣赏，疑义相与析。"读者不迷信书本，边读边思考，深入探讨、细究精研，这是探根究底的主动阅读。不仅要理解文章写了什么、怎样写的，还要提出问题，究问为什么这样写、观点对不对、论据是否充分等，并力求自主解决问题。探究性阅读是创造性阅读的摇篮。

果——创造性阅读。"只眼须凭自主张，纷纷艺苑漫雌黄。"清人赵翼赞扬独具只眼，自有主见。这种读出新意甚至读出新见的创造性阅读，要凭借批判性阅读，既可以对文本内容和形式进行肯定、阐扬与补充，更有对文本内容和形式的否定、反驳与匡正。创造性阅读的思维特征是独创性和批判性。

六、阅读方法：六项全能

要学会哪些阅读基本方法？语文课程标准要求学生"学会运用多种阅读方法"。阅读方法因读者、因读物、因时间、因环境而异。曾祥芹教授主编的《阅读技法系统》曾归纳出108种有效的阅读方法，可谓集古今中外之大成。我曾根据语文课程标准和教学实际列举了14种青少年应该学会的阅读方法：继承超越读书法，主客对话读书法，精读深思读书法，由博返约读书法，"拿来主义"读书法，提纲挈领读书法，整体意会读书法，交流信息读书法，定向选择读书法，探根究底读书法，比较参照读书法，经验汇总读书法，不求甚解读书法，"一目十行"读书法。这一组论读书方法的文章先后发表在《中学语文教学参考》（后三篇约请曾祥芹教授执笔），为语文教师提供了便于实践、操作，可供选择、组合的阅读方法系统。

在此基础上，我们去粗取精，进一步精简为中小学生必须掌握的六项阅读方法，而且简要指明各种方法的要义：从阅读的精细程度考虑，分为精读——咬文嚼字，略读——提纲挈领，快读——一目十行；从阅读时有无声音区别，分为朗读——以声传情，默读——见形知义，听读——因声解义。其中"听读"是朗读的孪生姐妹，用途多多，但至今并未引起应有的关注。

语文课程标准要求"加强对阅读方法的指导"，语文教师首先要熟练掌握阅读基本方法，做到"六项全能"，并根据课文类型、学生基础等教学因素，灵活选择恰当的阅读方法来实施教学。

七、阅读过程：教学相长

阅读教学中师生关系如何处理？"教学相长"是我国传统教育理论的一个老概念，但仍旧可以焕发出新的光彩。在新世纪的教学环境中，我们需要澄清两个认识问题。

一是教学主体的再认识。语文课程标准指出：学生是学习和发展的主体。这是对"师道尊严"的拨乱反正，本无可厚非。但事情还有另一面，我们早已指出：学生同时又是成长中的主体、发展中的主体。人非生而知之。学生在学习过程中的主体地位不是天生的，而是逐步取得的。教师与学生的主体地位是相互依存、相互规定，而又在一定条件下相互转化的。

纵观教学的全过程，起始阶段，教师的组织、引导作用相对较多，随着学生的成长、发展，教师的作用越来越小。阅读教学也是如此，当学生识字甚少、读书甚少、阅读体验甚少、理解力较低的时候，教师的组织和引导，是不可忽视、必不可少的。

学生在阅读教学的起始阶段，要有"自知之明"，看到教师在占有知识、熟悉教材、人生阅历丰富、阅读体验深刻等方面的优势。学生要善于利用教师的智慧，在教师的引导下，尽快进入阅读文本的最佳状态。在阅读过程中或自主阅读后，可以把教师的讲解当作参照物，检验个人阅读的效果，校正阅读中的失误。然后，化劣势为优势，把自己提高到教师的水平，直至超过教师。

教师也要有"自知之明"，看到自己的劣势。其一，教师个人面对的是学生群体，学生集体的潜能发挥出来，总能量往往会超过教师个人的水平。其二，在信息时代，学生获得知识的渠道已大大拓宽，报纸、期刊、广播、电视、图书馆、博物馆，尤其是互联网……语文学习的资源十分丰富。这些都是教师备课时不可能"一网打尽"的。因此，阅读教学的全过程，也是教师向学生学习，给自己"充电"的过程。课程标准倡导的阅读教学中"平等对话"，目标是师生双方在阅读过程中共同进步，实现"双赢"，让阅读教学成为师生共同成长的乐园。

二是对"阅读个性化"的反思。我在听课时发现，过分强调学生的"阅读个性化"会导致几个教学误区：不入文而曲解，不知人而妄谈，不论世而谬说，不察己而乱弹。阅读个性化的健康发展，要处理好学生与文本、与作者、与教材编者，尤其是与直接对话的教师的关系。要使学生实现阅读个性化，语文教师必须做阅读个性化的模范，并理直气壮地发挥"教"的主体作用：激励作用，示范作用，引导作用。

八、阅读成果：教学创新

语文教师专业发展的高标何在？课改的关键是教师，语文课中阅读教学的前景取决于教师个性化阅读水平的高低。

我高兴地看到，在语文课程标准的"教学建议"中，对语文教学中师生关系的表述有如下内容：

充分发挥师生双方在教学中的主动性和创造性。

学生是语文学习的主体，教师是学习活动的组织者和引导者。

教师应确立适应社会发展和学生需求的语文教育观念，注重吸收新知识，不断提高自身的综合素养。应认真钻研教材，正确理解、把握教材内容，创造性地使用教材；积极开发、合理利用课程资源，灵活运用多种教学策略和现代教育技术，努力探索网络环境下新的教学方式；精心设计和组织教学活动，重视启发式、讨论式教学，启迪学生智慧，提高语文教学质量。

这是数字化时代、全民阅读时代对语文教师提出的必然要求。国家语委"面向基础教育的阅读行动研究"课题应运而生，恰当其时。中国阅读学研究会倡导的"书香校园建设"活动,已有近十年的行动经验。我们高兴地看到,在热爱读书的校长、教师的带领下,一大批先行的书香校园,培育出成千上万"读书种子",而数以万计的"小书虫",又影响着千千万万的家长,共同为书香社会的建设添砖加瓦。这个过程,正是语文教师大有作为、大显身手的大好时机。

教育的魅力源自于我们教师灵魂的亮度

——浅谈教师阅读的价值及策略

北京教科院基教研中心教研员　连中国

周国平先生说:"读者是一个美好的身份。每一个人在一生中会有各种其他的身份,例如学生、教师、作家、工程师、企业家等,但是,如果不同时也是一个读者,这个人肯定存在着某种缺陷。"陈丹青先生也说:"一本好书会让我安静下来,会让我有内心生活。我每天出去都是应酬、谋生、做假,片刻的安静都是读书带来的。法国人蒙田有句话,大意是人类的一切灾难在于人回到家还安静不下来。我很庆幸我没有变成在自己的房间里面安静不下来的人。这和我这么多年坚持阅读有很大的关系。我对阅读充满感激。"如上所言,我想我们无论怎样强调阅读对于"人"建设性的意义,都是不为过的。

阅读对于"人"普遍的意义自然适用教师。但教师却是特殊的一类"人",因此,阅读对教师而言,又有着特殊的意义。苏格拉底说:"教育具有一种力量,去解放和引领灵魂中最好的部分,去沉思万物之中最好的东西。"不能不说,阅读于教师自身构成苏格拉底所言的教育的"力量",无疑具有特殊而重大的作用。

一、阅读的根本意义之一，便是建设生命，促成生命不停地出发

作为教师，有一个道理或许是不言而喻的，"课"不是我们想上到哪里，便能上到哪里。究其根本而言，所有的"课"，都是坐落在一个生命里。生命不出发，我们的"课"如何出发。一位教师的生命品质，对于自己"课"的构建，无疑会起到至关重要的作用。"好玩"的课，"有趣"的课，"深情"的课……"好玩""有趣""深情"，不仅言说的是课堂状态，更是在言明一种生命状态。即便是在科学研究中发挥着巨大作用的好奇心，做个比喻，亦是一株蓬勃生命伸出的探触蓝天的枝叶而已。所谓"备课""备教材""备学生"，很重要的一部分内容其实是在"备生命"。没有教师内在的成长，很难有真实意义上"课程"的突破。在一次次生命的"眺望"与"爬坡"里，我们的课才能获得真正内在的发展。

对于人文学科而言，其间规律，更是如是。例如，王昌龄、辛稼轩同样都洋溢着"英雄气"，两种"英雄气"的构成却有不同。青春年华，怀揣梦想，似乎更容易被王昌龄洋溢着盛唐精神的"黄沙百战穿金甲，不破楼兰终不还"这样的诗句所感染，能真切地感受到王昌龄犹如三峡的江水，虽受两岸夹制，但对前途信心十足，一路向前、快浪飞歌式的力量。如若那个时候读辛稼轩的"落日楼头，断鸿声里，江南游子，把吴钩看了，栏杆拍遍，无人会，登临意……"却难免隔膜。隔膜，就是两个生命见到了但却并不曾相遇。字句词面上的解说，甚至风格主题的归纳，终究不能代替生命内在的成长与进阶。我们的生命里如若没有直接或间接经历过类似如辛稼轩那样的苦痛与黑暗、低徊与跋涉，及经历外部世界对"人"强大的困缚及由此而生的深刻的无奈，"辛弃疾"便只能栖息于书页之间，"豪放"地躺着。我们于此时，似乎也可以感受到辛稼轩的一种"力量"，但此种"力量"其实模糊地来自于文字表面上的硬度与强度。不经我们内心的证明，辛稼轩心中的力量就无法与我们心中的力量合为一体，构成横在胸中冲决现实、激荡抑制、澎湃万里的那道冲击力。如若我们的内心没有"故事"，我们自然也可以上课，

甚至也可以去获奖，但这课却与"我们"是不相关的，它只是我们工作上的荣誉，只构成了我们上课的经验与技能。

阅读，有诸般意义，但其根本意义之一，便是建设生命，促成生命不停地出发。罗曼·罗兰一席话道出了阅读至关重要的本质："从来没有人为了读书而读书，只有在书中读自己，在书中发现自己，或检查自己。"没有阅读，就没有生命可靠的进程；没有生命可靠的进程，就没有深入影响师生生命的课堂。

二、我们今天的精神样貌，和我们曾经读过的书密切相关

教育，除去上课之外，还有一种方式深刻地影响着师生共同的发展，这便是师生相处。或者说，上课，其实也是一种师生相处。师生如何相处，喜欢或习惯，或创造性地实现了哪些相处，都是教育中非常重要的部分。

高三自习课后，一位高三同学约我操场散步。我们聊高考，聊复习……走着走着，他问我："老师，您说一所理想的学校应该是一个什么样子？"我为学生能思考这样的问题感到喜悦。我和他半开玩笑地说："如果我们犹如蜡烛，具备了燃烧的一切可能，但我们终究还是不能自我燃烧的。在一所学校里，若学生是老师的火柴，老师是学生的火柴，他们能够彼此不断地相互愉快地点燃，你的光中有我，我的影里有你，我以为这便是一所理想中的学校了。"他停了下来，认真地朝我点了点头，高兴地说："老师，我好像一下子理解到了一点什么似的。"师生相处，看似随意，但一切都和我们"既有的内在"密切相关。阅读改变与构建的恰恰是我们很重要的那些"内在"。

学生都会从一所学校，从老师的身边起飞，飞向四面八方。有的得缘一见，有的或许一别便是终生。时间简化也醇化了一切。多少的知识与习题，多少过程性的东西，都将褪去，乃至遗忘。岁月留在学生的底片上依旧清晰的是我们教师的生命样式。学生对老师的怀念，其实是在怀念教师的生命样式。

师生相处、生命样式都不是可以"装"出来的东西，也不是可以短时间打造或突破的东西。但对教育而言，却是其最内在最本质的体现。三毛说：

"许多时候,自己可能以为看过的书籍都成了过往云烟,不复记忆。其实它们仍是潜在的,在气质里,在谈吐上,在胸襟的无涯,当然也可能是显露在生活和文字里。"卡尔维诺说:"'你的'经典作品是这样一部书,它使你不能对它保持不闻不问,它帮助你在与它的关系中甚至在反对它的过程中确立你自己。"我们今天的精神样貌,和我们曾经读过的书密切相关。

三、读一流的好书,选得精,读得透

教师该读什么书,该如何阅读呢?为了回答好这个问题,请允许我精心摘录以下诸位先生的观点及论述。这些文字对于把握好阅读这个问题一定会给予我们非常重要的启发与参照。

周国平先生主张读永恒的书,即一流的好书。他说:"在我看来,真正重要的倒不在于你读了多少名著,古今中外的名著是否读全了,而在于要有一个信念,便是非最好的书不读。有了这个信念,即使你读了许多并非最好的书,你仍然会逐渐找到那些真正属于你的最好的书,并且成为它们的知音。"他主张要读出自己的书目:"事实上,对于每个具有独特个性和追求的人来说,他的必读书的书单决非照抄别人的,而是在他自己阅读的过程中形成的,这个书单本身也体现出了他的个性。正像罗曼·罗兰在谈到他所喜欢的音乐大师时说的'现在我有我的贝多芬了,犹如已经有了我的莫扎特一样。一个人对他所爱的历史人物都应该这样做。'"

朱光潜先生强调读书要选得精,读得透。他说:"读书并不在多,最重要的是选得精,读得彻底。与其读十部无关轻重的书,不如以读十部书的时间和精力去读一部真正值得读的书;与其十部书都只能泛览一遍,不如取一部书精读十遍。'好书不厌百回读,熟读深思子自知',这两句诗值得每个读书人悬为座右铭。"关于阅读的量,他强调说:"读书原为自己受用,多读不能算是荣誉,少读也不能算是羞耻。少读如果彻底,必能养成深思熟虑的习惯,涵泳优游,以至于变化气质;多读而不求甚解,则如驰骋十里洋场,虽珍奇满目,徒惹得心花意乱,空手而归。世间许多人读书只为装点门面,如暴发户炫耀家私,以多为贵。这在治学方面是自欺欺人,在做人方面是趣味低劣。"

彭程先生主张的是：流泪的阅读。他说："眼泪也是一种尺度，据此正可以检测一颗灵魂的质地。对于作品和作者，读者的泪水是表达敬意的最好方式，而对读者本身，也是一种自我的确证，表明他依旧拥有质朴健全的人性。在使人流泪的作品和流泪的读者之间，展现的是健康的精神生态。"

毕飞宇先生在有关阅读方式及方法上谈道："对我来说，如果手里没有笔，不能批注、做个记号什么的，那就不叫读书。纸质阅读是延续的，会持续发生影响。几年后翻出来，看着那些批注，你还能想起当初的感受。电子书就不同了，看过就彻底过去了，不会留下任何痕迹。读一本400页的纸质书，你大脑就要建构一个400页的体系，而读一本电子书，你大脑建构的体系只有这一屏，所以可以从历史串到体育，从体育串到摇滚，从摇滚串到汽车，最后什么也留不下来。总之，我还是喜欢读纸质书的那种仪式感。"

曹文轩先生强调阅读的个性，他说："很多人都在读书，但未必谁都能将书读好。而书读不好的原因之一是这个人的书读得全然没有个性。""选书选得很有个性，而读法与理解也需有个性。同样一篇文章，在他们眼里，却有另一番天地，另一番气象，另一番精神。""一个好的读书人，读到最后会有这样一个境界：知识犹如漫山遍野的石头，他来了，只轻轻一挥鞭子，那些石头便忽然地受到了点化，变成了充满活力的雪白的羊群，在天空下欢快地奔腾起来。"

我们教师平时工作繁忙，时间有限，我个人孤陋地以为，以上诸位先生的话值得我们仔细玩味与深度重视。

四、教育的魅力实际上来自于我们教师灵魂的亮度

在台湾，齐邦媛老师被称作"永远的齐老师"。她在自己的作品《巨流河》中，有这样一段论述："数十年间我在台湾或到世界各处开会旅行总会遇见各行各业的中学生，前来相认的都有温暖的回忆；许多人记得上我的课时师生聚精会神的情景，课内课外都感到充实。方东美先生曾说：'学生是心灵的后裔。'对我而言，教书从来不只是一份工作，而是一种传递，我将所读、

所思、所想与听我说话的人分享，教室聚散之外，另有深意。他们，都是我心灵的后裔。"北大在任时间最长的校长蒋梦麟先生当年曾说过："教育如果不能启发一个人的理想、希望和意志，单单强调学生的兴趣，那是舍本逐末的办法。"

在这两段话中，我们至少关注到了四个关键词：心灵、理想、希望、意志。如果这四个词，不能首先在教师的内部世界里闪光，又如何映照折射给我们的学生？教育从来就不是要求出来的，而是影响出来的。而以这四个词为代表的精神含量究竟该从属在哪里，又由什么来缔造，并由什么来不断发展与壮大？尽管我们的精神含量构成是复杂的，但我想，非常重要的一个来源是阅读。上课，在教学生的同时，我们何曾不是在教自己。强调学生"人"的发展，何尝不是在强调教师"人"的发展。伟大的阅读，可能先开始会让我们很不舒服，在不舒服里，才能打破"现实"对我们顽强的"固化"，坍塌与破碎后，才能完成一种"新生"。教师正是在一次次这样的过程中，发现自己，确认自己，进而发现课堂，确认课堂的。当然，与此过程中，可能既有重建的喜悦，却也会有深度的探索与迷茫，甚至是刻骨的绝望与悲伤。但不经苦痛的度量，生命就不会擦出耀眼的光亮；不经苦痛的课堂，教师职业的价值与尊严就不会获得我们真正的理解与认识。

张晓风在自己的文章《我交给你们一个孩子》中说："他开始识字，开始读书，当然，他也要读报纸、听音乐或看电视、电影，古往今来的撰述者啊，各种方式的知识传递者啊．我的孩子会因你们得到什么呢？你们将饮之以琼浆，灌之以醍醐，还是哺之以糟粕？他会因而变得正直、忠信，还是学会奸滑、诡诈？当我把我的孩子交出来，当他向这世界求知若渴，世界啊，你给他的会是什么呢？世界啊，今天早晨，我，一个母亲，向你交出她可爱的小男孩而你们将还我一个怎样的呢？"读罢，作为一个教师的我，泪水盈满了眼眶。一个巨大的世界在我心中汹涌澎湃，奔突不息。阅读……是的，又是阅读！

水之积也不厚，则其负大舟也无力

——浅谈教师广泛深入阅读对提升专业素养的助推作用

北京师范大学二附中语文教研组长　陈立今

时下，阅读是一个热词。当有人问我教师阅读与专业发展的关系时，我总爱用庄子的一句话来回答："且夫水之积也不厚，则其负大舟也无力。"

当今中学生的阅读量是很大的，只不过多是快餐式阅读，碎片化阅读，功利化阅读。快餐式阅读使其知识面广；碎片化阅读使其思维链条不完整，问题丛生；功利化阅读使他们希望马上得到有效指导。这时，教师如果没有一个丰厚的积累，不仅难以服众，使学生亲师信道，就是在有效驾驭课堂、引导学生学习这一最基本层面，也会感到捉襟见肘，力不从心。

关于教师阅读对自身专业发展重要性的论述已经很多，鉴于理论水平有限，我无力续写，也无意默写。今天我只想结合我的教学体会来谈谈教师进行广泛阅读对教学工作的助推作用。

首先，广泛深入的阅读可以使教学中遇到的许多问题不再成其为问题。我们在教学中经常会遇到一些看似疑难的问题，负责任的老师都会多方查证，进行复杂的探讨，以求给学生一个翔实的答案。但其实，有时只要多读几页书问题就可迎刃而解，大可不必叠床架屋进行考据探究，将原本可以轻松处理的教学环节弄得波澜起伏，甚至险象环生……比如《桃花源记》中有"男女衣着,悉如外人"一句。在教学中学生对"外人"一词提出疑问:外人到底是针对渔人而言,还是针对桃花源人而言。如针对渔人而言,这外人应指另外一个世界中的人;如针对桃花源人而言,这外人应指晋朝人。那么桃花源中人们的穿着到底是与晋朝人相同呢,还是不同?这是一个很有历史也很有价值的问题。如果按教学法,应先进行教学文本信息的检索:首先请同学找出《桃花源记》中"外人"一词共出现了几次。同学可查找到三次,另两次分别为"自云先世避秦时乱,率妻子邑人来此绝境,不复出焉,遂与外人间隔"和"停数日,辞去。此中人语云:'不足为外人道也'"。接下去引导分析:这两处的外人都是指桃花源外的晋人无疑,那么顺理成章,同一篇文章中的同一词语内涵应相同。这初听起来有一定道理,但细推起来,在逻辑上似乎站不住脚。这个推理如果成立,那么"秦人不暇自哀,而后人哀之,后人哀之而不鉴之,亦使后人而复哀后人也"这句将无法解释。

那么如何使教学结论站住脚呢?其实只要读一读《桃花源诗》就不用这么纠结了。《桃花源诗》中有"春蚕收长丝,秋熟靡王税。荒路暧交通,鸡犬互鸣吠。俎豆犹古法,衣裳无新制。童孺纵行歌,斑白欢游诣"八句,"俎豆犹古法,衣裳无新制"是互文,分明为"俎豆、衣裳犹古法,无新制"。《桃花源记》是《桃花源诗》的序,《桃花源诗》是主体,《桃花源记》是附庸。《桃花源记》实际是复述《桃花源诗》的故事,《桃花源诗》中既然已经说了"衣裳犹古法,无新制",那么前面的引导分析在逻辑上是否完全站得住脚且不说,至少显得太复杂而无必要了。废了不少时间,其实就是因为少读了一页书。

现在信息网络很发达,搜索引擎强大,遇到问题,我们搜一搜,静下心来多读一两页相关内容,很多问题就能迎刃而解。

其次,广泛深入的阅读可以有助于教师将教学内容加以深化。阅读第一作用就是拓宽视野,教师视野的广狭直接影响教学见解的深浅,影响对文本的解读质量。现在的教学,尤其是年轻教师的教学多喜欢在教法上下功夫,以致提问方式花样翻新,讨论形式花样翻新,使用教具花样翻新……但总之都是停留在方法层面的,于引导思维的见解层面所资乏术。我认为这对教师成长来说是剑走偏锋。饶杰腾先生早就说过"教学法"是"末"。教师见解丰厚了，教学法是锦上添花；教师积累不足，教学法只能用来遮掩窘境。现今不少展示课，场面热烈，外表华丽，但其实是失魂落魄，执教者没有新见解，学生没有新体验。"蒹葭"是一种植物，"清猿"是一种猴子，"瓜洲"是一个渡口……丰富的历史、民俗、美学、文化乃至生态信息，全泯灭在浅表性的解说与变化教学模式的惯性思维中。静言思之，课堂教学之所以总在形式上花样翻新，而少有真正能触动学生心弦的东西，其关键原因是执教者读得少，视野打不开，只能在引导分析的方法上下功夫，还美其名曰方法比知识更重要。如讲林庚先生的《说木叶》，有的课堂调动了声光电多种手段，使学生去体味"木叶"与"树叶"的区别，但往下进行，课堂就再也打不开了，这样学生就只停留在"木"是枯萎萧索的，"叶"是饱满盎然的，在树为叶，离树为木，不能有一丝迁移，这样的课堂教学怎能是高效的呢？其实执教者如果对中国古典诗词读得多一些，用心一些，稍加注意，就可发现中国古诗词弃一字而用另一字的现象还有不少。如中国古代文人喜欢用"舟"，而不喜欢用"船"，喜欢用帆、樯写景抒情，而不大用橹、桨。这是为什么？引导分析，这节课的境界就会有大不同。朱光潜先生在《咬文嚼字》中举了"李广射虎"的例子，将"该繁简不得"说得十分透彻。如果我们的课堂设计仍然围绕"李广射虎"不停地假设一些不存在的问题，则十分低效。为什么不能从《史记》中再截取一些事例让同学分析呢？比如著名的毛遂自荐故事，平原君的话何其啰唆？为什么会这样？——执教者只要视野开阔些，带动学生思维将不再是一件需要绞尽脑汁设计的事。

第三，教师广泛深入的阅读有助于提升自己的学术站位，呈现给学生一个全新的文本解读视角。教过一段书的教师都有一种共通的体验，就是觉得总是不断地修修补补并重复自己是件很乏味无趣的事，颇像可怜的西西弗斯。变与不变，如何去变，相信凡有追求的教师多会为这个问题所困扰。这时如果读得略多些，视野开阔些，就有可能获得从全新的角度切入文本的灵感。如鲁迅作品《药》，多少年来大家都是从华夏两家的悲剧去解读，关注的都是作品的社会意义。我教了几轮，自己也感到分析的角度似乎用尽了。2013年，接受全国鲁迅研究会语文基础教育专委会成立大会的公共课任务，这就逼着我想去突破一下，别再讲华夏两家的悲剧了。但冥思苦想，不得思路。终日而思，不如须臾所学，困窘中翻阅我校的鲁迅作品教学平台，看到其中新收录了一位不知名作者的文章。说鲁迅的作品有不少是在写自己，都有自己童年的影子，还特别说了《药》。我觉得这是一个很好的切入点，思路一下子打开了。仔细比对了《药》和《〈呐喊〉自序》，发现了十五六处相同点，如都有得痨病的人，都有奇特的药引子，质铺的柜台比"我"高一倍，老栓在黑衣人面前矮了一半……此后又翻阅了《写作心理学》中弗洛伊德的"焦虑"说。于是我将《药》的主题确定为"童年生活的映射，焦虑心结的流露"，以此进行设计，获得了好评，该课后被西华大学收入了文学院师范生课例。如果我没有看到那篇文章，如果没重读大学的《写作心理学》，我这个每日被各种事物折腾得狼奔豕突的一线教师全靠自己的思维则很难达到这个高度，也就不会有后面一系列独到、巧妙、成功的教学设计。其实，在外面听过很多让人击节赞赏的课，若干年后，随着自己阅读的增加与深入，都发现这些课的设计教师多是站在前人的肩膀上的。教师不需要追求被学生仰视，但起码的师道尊严还是要的。如果自己课上分析得再头头是道，自诩三秋明月，课下学生只要鼠标一点资料就源源而出，像万里长江，这将是个十分尴尬之事。故而通过阅读，及时了解学术前沿的动态，不断受高手启迪，是性价比最高的提升专业素养之路。

第四，教师的高品位阅读还可以带动学生形成一种良好的阅读氛围，有效冲抵碎片化阅读、快餐式阅读的负效应，在学校建立起一个高品位和相对专业的对话系统。现在学生阅读很杂，品位不高，如果不加引导，课堂教学难免有鸡同鸭讲之嫌。如果教师热爱阅读，品位较高，并且会读书，有一定方法，那么就可以借助为人师表的榜样作用匡正引导学生不尽人意的阅读状况。比如北京市教委推荐《论语》《红楼梦》《平凡的世界》等12部书，我们学校推荐阅读《寻觅中华》《活着》《激荡三十年》等书，我都认真研读，经常在授课过程中有意识地关联引用，组织探讨，这样学生就会在潜移默化中受到熏染，就会一步步培养起深入研读名著的习惯，提升阅读品位。我每接手一届学生，都会给学生们展示自己学生时代的读书笔记、剪报等，并手把手教学生做批注。此外，为照顾每个学生的阅读个性，我还组织学生每人介绍一本自己喜爱的书。我自己先撰写推荐示例，然后要求学生按示例撰写推荐理由，编辑了《文科学子推荐的好书》一书。整合这些因素，助推一股读书的热潮。学生阅读品位提升了，共同话题多了，课堂专注度高了，呼应思考多了，教师教学效率就高，教师的教学业绩也就提升了。

　　人类发明了文字，使得学习可以利用一切有光线的时空进行。对于一个文科教师而言，读书实是提升个人专业素养、收获教学成果的捷径。

引导学生在读书中获得方法论素养

——兼谈核心素养背景下教师的专业发展

北京师范大学二附中特级教师　何　杰

当前课程改革强调学习方式的变革,但学习方式的变革必须建立在适宜的学习内容基础上,同时适宜的学习内容会促进学习方式的优化。

当前教学,特别是文科教学,在适宜的教学内容这一方面,还有很大的改善空间,也正因为如此,目前的学习方式变革并没有取得理想的效果。

何谓适宜的内容?其标准就是当前提倡的核心素养,即终身发展和社会需要的必备品格与关键能力。

《中国学生发展核心素养》(征求意见稿)列出了九大素养,它们是对核心素养外在表现的描述。我们需要对这九大素养再做更上位的概括提炼。所谓"素",当指基本成分;所谓"养",是指教育、培育;所谓素养,就是指教育与培训的基本成分。支撑这九种表现的基本成分,是价值观、方法论、身心素质与认知结构。各科教学,就是使以上基本成分得到优化的途径。

基本素养的提升是一个系统工程,各个基本成分相互促进,形成有机的结构。

我主要从培养学生具有方法论意识这个层面来谈对学科教学促进核心素养的理解。

方法论是哲学名词，指的是人们认识世界、改造世界的根本方法，体现在人们用来观察事物和处理问题的方式、方法。

中学学科教学虽然还不能达到这么高的层次，但渗透方法论意识，也就是教会学生如何思考却是教学中应有之义。

近几年的课程改革，非常强调学生自主，以至"讲授法"成了保守落后的象征，似乎只有学生在课上展示、讨论，教师少讲甚至不讲才被认为是尊重学生主体。其实，"讲授法"本身并没有问题，讲授的内容才是关键。

正如前边所说，如果没有适宜的学习内容，无论何种学习方式都是无意义的。

而适宜的内容，必须对学生正确价值观、科学方法论、健康身心与合理的认知起到积极作用。其中能够激发学生思考，特别是教会学生如何思考的学习内容更是优质的学习内容，这需要教师在选择教学内容和进行教学设计时，高度重视方法论意识的渗透，唯有使学生掌握科学的思维方式，才使自主学习与终身学习有了根基。

因此，每一名教师都要反复追问自己，我所教的知识是否有利于激发学生思考，是否教会学生思考，唯有对这些问题做出肯定回答，教学才真正有利于核心素养的培养。

前一段时间，我们进行《红楼梦》导读。学生对《红楼梦》的主题发表了各种看法，多数同学认同为"人情小说"。但胡昕宇同学有更深入的认识，她指出同学们概括主题时的误区："大家在凭借猜测和灵感来试图解答问题，却甚少引用文本来支持论点。"可以说，胡昕宇同学的认识已经有了批判性思维的意识。因为她是中学生中的《红楼梦》专家，我就请她来谈谈她对《红楼梦》主题的认识，这既是分享，又是示范。

胡昕宇总结了红学界对《红楼梦》主题的各种认识，也总结同学们的各个看法，在此基础上提出了自己对《红楼梦》主题的看法。

她首先指出："当我们谈论一部小说的主题时，我们一般谈论的是小说赞扬了什么、鞭笞了什么，表达了作者怎样的感慨和领悟。而'人情'这个词汇不是小说主题的合格表述，它是对小说主要内容的定性，并没有包含价值倾向、包含作者的情感和诉求。"

胡昕宇同学以上观点，已经涉及对小说主题把握的方法论问题。

胡昕宇对《红楼梦》主题提出了自己的认识，她认为《红楼梦》的表现手法是人情世故，想表达的"白茫茫一片真干净"也就是万事皆空。

她的认识很有独到之处，而我则要引导她反思得出结论的过程，并通过她的分享引导同学们找到深读名著的路径。

我让胡昕宇在课上与同学们分享自己的阅读体会，并分析她的观点、依据和分析过程，在此基础上，我总结了概括小说主题的路径。

所谓主题，是作者借讲故事表达的对世界、对人性、对社会、对自我的看法，是审美化的世界观、价值观。

小说主题通过人物形象来展现。人物的行为、语言、心理，人物的命运，他人对人物的评价态度都可以成为理解小说主题的路径。

同样一个内容，不同的人会有不同看法，这与不同人的世界观、思维方式、知识背景、思考视角，特别是所持立场有很大关系。不同的人从小说内容中，根据自己的理解，认定作者想要表达的东西是什么，用这种方式和作者完成了对话。这就形成了主题认知的多元化。

那么多元认知合理性如何判定呢？

我点拨了有效对话的三个原则：文本依据、统观意识和对话"五共"原则。这"五共"原则是共许的语义、共遵的规则、共在的语境、共通的情感、共识的立场。

这个课例说明，学生在学习过程中，会有许多令人惊喜的学习发现。教师除了鼓励与分享之外，还要进一步引导学生思考，他的发现是如何得出的，还可以有哪些进步。

做到这些，才算到达"授之以渔"而不是"授之以鱼"的教学境界。

当代教学论主张尊重学生的阅读体验，但尊重不等于没有引导，如果学生只是有一些浮浅的感知，他们的核心素养不可能得到培养。

我曾与我校一位青年教师共同研究《琵琶行》公开课的教学内容。经过查阅资料和学情调查，我们发现许多人喜欢"大珠小珠落玉盘"等精致的比喻，对"四弦一声如裂帛"中的"裂帛"关注不多。事实上，"裂帛"是丝织品破裂的声音，给人以高亢而凄厉的感觉，声音远不如"大珠小珠落玉盘"好听，但诗人却以这个比喻作为乐曲结尾，非常耐人寻味。于是，我们选择"如裂帛"这个比喻为切入点深入赏析。而选这个点的深层用意，是想引导学生注意到言语运用的方法论：任何一个词语的选用，首先不是因为这些词语本身多么精美，而是要依据作者表达情感的需要。白居易在乐曲结束时，选用"裂帛"这一比喻，是因为这个比喻正好切合诗脉至此时的心境："裂帛"比喻高贵而美好的事物被打碎，那高亢而凄厉的"裂帛"声倾诉了多少人间不平。

我校青年教师上完这一课，有评委点评时指出本课中间的提问"白居易为什么将'如裂帛'放在最后"和之后对诗句顺序探讨这一教学环节是败笔，在场一些老师也认同这一观点。

事实上，这个环节的设计同样体现了任课老师对语言教学方法论的实践。

众所周知，同样一句话，放在不同的位置，其表意与效果完全不同。而作者将某句话置于某位置与作者的表达意图密切相关。

许多老师认为，"四弦一声如裂帛"放于此处是因为当时的琴曲就是这样弹的；也有老师认为，诗文情感脉络就应该是逐渐进入高潮。这些说法都忽略了作者在创作时的主体性，忽略了诗人在听音乐时的二度创作。

当时琵琶女怎么弹的，现在已经无从考证。即使琵琶女就是这么弹的，我们也不能忽略作者在听琴时的二度创作。任课老师在课上指出："音乐背后作者的情感从曲子开始到终了是一个逐渐叠加、渐趋浓烈的变化过程。当时的情境一定是：琵琶女越弹越悲伤，白居易也越听越悲伤，当情感凝聚到一定程度时，便爆炸般地轰然释放。"不管琵琶女当时是怎么弹的，白居易在用他的诗文告诉我们，他的情感是逐渐蓄积，最后突然爆发，正所谓"水到渠成"。

辩证法告诉我们，事物的内在结构发生变化。事物性质就会发生变化。同时，一篇诗文的行文顺序是为创作意图服务的，其表达效果也要由是否更好地实现创作意图来判断。

任课老师的这个教学环节，正体现了这种哲学思考。

传统的语文教学中，强调语感的培养，却忽略语理的把握。事实上，没有对语理的理解，语感只能是浅层次与不牢固的。我们对《琵琶行》的设计，突出了我们对语理的认知。

教学设计时要关注方法论意识培养，在答疑解惑时，同样要关注方法论意识培养。

这几天在进行《齐桓晋文之事》的教学。在课文中，孟子说："小固不可以敌大，寡固不可以敌众，弱固不可以敌强。"学生对此产生疑问："这是否可以认为小国在军事方面应该对大国屈服和无原则妥协？"

学生的疑惑是认知成长的关节点，而对教师而言，则要分析学生疑惑产生的思维逻辑，也就是学生为什么会产生疑惑或误区。在以上疑惑中，学生将"弱小不能够对抗强大"这一事实判断，变成了"弱小不应该抗击强大"这一价值判断，就像我们经常把"落后就要挨打"，误以为"落后就该挨打"。唯有教学生分清事实判断和价值判断，分清精神追求与策略选择，学生才算真正解决了这一类问题。

以上各个课例说明，教会学生思考，也就是方法论境界的追求是终身学习的保障。

终身学习与社会发展需要我们教会学生学会思考。而影响正确思考的因素包括立场、视角、规律和逻辑。

所谓立场，也称认识的前提。任何人的认识都有其有意或无意确定的前提。影响认识前提的因素，既有生活经验、知识结构，也有所处环境、阶级地位，还有由以上因素派生出的既有认识和价值观。因生活经验、知识结构的欠缺可能导致对事物的误解，而所处环境、阶级地位的局限甚至可能导致对事物的曲解。

因此，正确思维的第一步是明确立场。在文科学习中，特别是涉及价值判断时，立场往往起着决定性的作用。

因为预设了立场，不管是因生活经历与知识结构形成的，还是因为所处环境与阶级地位导致的，人们都可能选择性地确认或忽略事实，从而得出不同的结论。

比如在教学《苏武牧羊》时，学生们会对苏武北海坚守 19 年的意义提出质疑。因为在一些人看来，汉武帝对苏武一家并不好，这样的皇帝没有保的必要，李陵投降匈奴就与汉武帝的专横有关，而苏武这样做是否算得上愚忠呢？还有些学生认为苏武不过是汉匈两国政治斗争的棋子。学生独立思考的精神固然可贵，但他们的这个"独立思考"经不住推敲，有些人的看法还是看了一些历史虚无主义的文章后胡乱迁移过来的。如果不加以引导，学生对苏武的爱国精神就会有误解，而做好引导的第一步就是明确立场——我们是站在民族的立场上还是站在个人的立场上看待苏武。如果是前者，苏武的行为就是伟大的；如果是后者，苏武的行为就是不识时务。这样一问，答案不言自明，再结合文本深入分析，苏武行为的意义就明确了。

所谓视角，是指分析问题的角度。同样一个现象，从不同的角度会得出不同的结论，而如果因为视野局限，选错了视角，往往会产生误判。

鲁迅的《中国人失掉了自信力吗》就是一个很好的思想方法指导的案例，其中提出了看问题的视角问题。

文章中有一句最关键的话："要论中国人，必须不被搽在表面的自欺欺人的脂粉所诓骗，却看看他的筋骨和脊梁。自信力的有无，状元宰相的文章是不足为据的，要自己去看地底下。"这句话点出本文谈的是如何看待中国人的自信力问题，也就是说，本文探讨的是思想方法——看问题的视角。

中国人有两种现象。一种是假象，或称非本质现象；一种是真相，或称本质现象。自欺者有之，他们使国人失去信心；自信者更有之，这些人是国人信心的根基。两种人从来都是存在的，但对中国人总体的评价却有一个思想方法问题。一个是看"状元宰相的文章"，这是所谓"正史"，这是"自欺欺人的脂粉"，这是"公开的文字"；另一个是看"地底下"，也就是看实际情形。

针对某些人认为"中国失掉自信力"的说法，鲁迅先生针锋相对提出"中国人没有失掉自信力"，"如果说一部分失去自信力尚可，但倘加之于全体，就是污蔑"。

文章的论证的方式是指出另有一类事实证明中国人自信力仍在，而且古往今来都在。鲁迅的高明在于指出前种论调的视角问题：只看公开的文字，只知所谓"正史"，用脂粉骗人。而正确看问题的方式，就是"看地底下"，只要"看地底下"，就能发现中国人长期被掩盖的精神力量。

所谓规律，是指理性认识（认知）材料。理性思考世界，必须有足够的理性认识做基础。学生在课程中学到的知识，可以成为学生认识世界与社会的工具，理性认识越深入越透彻，对世界与社会的认识就越准确。

教师对学生认识世界的思想方法指导，很大程度上是引导学生认识人生、社会、世界的规律，这离不开各个学科知识的传授，也离不开教师对具体人生、社会现象的深入分析。

所谓逻辑，是指正确思考的推理过程。现在的高中，由于条件所限，无法系统讲授逻辑知识。各科教师应该在分析人生、社会现象时将其中的关键概念、内在关系、推理过程阐释清楚。

长期以来，我们的文科教育重视的只是教给学生概括性的结论（知识），而不是教给学生这个结论（知识）的针对性、表达意图、得出过程、适用范围、表现形式、结论的意义、支撑结论的依据。而这样做的结果，就是学生只记住了结论，而没有真正理解结论，更谈不上运用结论。反映在思想方法上就是形而上学而缺少辩证思维，反映在思维品质上就是少了思维的深刻性、灵 性与创造性。

现在，教育界对培养核心素养已形成共识，而在教学中追求方法论境界，教会学生思考则是培养核心素养的重要保证。所有教师，要在深入把握学科知识与学生认知的基础上，提升自己的哲学素养，特别是方法论素养。

避免自由化误解　力争个性化正解

——也谈"搬山"与"搬家"

河南黄淮学院副教授　张天明

中国阅读学的开创者和奠基人之一曾祥芹教授认为：阅读能力的核心是"理解"能力，由"阐释、组合、扩展"三要素构成，分"复述、解释、评价、创造"四个发展层级。在训练文本"理解"能力时，应保证全员达到"共性化通解"，尽力避免"自由化误解"，力争获得"个性化正解"。阅读教学中深层次的"正解"往往是在克服"误解"的过程中实现的。

近日，河南师范大学曾祥芹先生转发给我一篇文章，是知名导演和作家彭小莲对一篇初中作文的点评。作文的题目是"15岁孩子的思考"。据说是上海七宝中学的中考题。请你谈谈对《愚公移山》这篇文章的看法，你是否同意将它从中学课本移出。曾老师说这是她的一个学生的孩子去参加七宝中学考试刚刚写就的。曾老师读后把这篇作文连同彭小莲见解独特的读后感发给我，让我从阅读的"共性化通解、自由化误解、个性化正解"视角谈谈看法。我认为，习作者勇气可嘉，但观点错误，论据不当，属自由化误解经典的典型案例。

这篇作文的主要观点有两点：一是在第二段即主体论证部分的第一句就用一个反问句："愚公有了想法就坚定不移地去实行，真的是一件值得赞美的事吗?"开宗明义,否定愚公的搬山。为了论证这个论点,该生引用了当年法国世博会征集建筑方案的一个提议:用石头建造一个三百米高的石塔,既美观,又能通过石材体现法国悠久的历史。但此方案没有被采纳,理由是根据计算,石材建到几十米的时候,底层不能承重开始碎裂,"想要造一个三百米的石塔是根本不可能的"。该生举了这个论据就是为了证明愚公搬山与建一座三百米的石塔一样愚不可及。段末又强调其观点:"周密的计划比坚定的信念更为重要。"

　　细究习作者的言外之意就是"搬山不如搬家"。据调查确有不少读者上初中读到这篇课文时产生过类似的想法,笔者也曾在那个年龄有着相同的想法。之所以产生这样的问题是由于学生缺乏文艺学与阅读学知识所致。经典文艺学理论告诉我们,文学是社会生活能动的反映而非机械的反映。文学在忠于生活的原则下,它所塑造的生活与真实的生活可以有一定的距离,是作家对真实生活的夸张、变形,来反映严肃的道理。具体到《愚公移山》这篇寓言。它虚构了一个愚公搬山的故事,用以说明有时在困难面前,人的力量虽然是渺小的,但只要敢于面对困难,坚持不懈,就能成功。这是所有读者该达到的"共性化通解"。后人把这种精神称之为愚公精神。1945年6月,毛泽东在党的第七次全国代表大会上,就引用这则寓言鼓励全党同志完成推翻帝国主义、封建主义两座大山的任务。教学中让学生懂得这个道理即可,至于愚公为何舍易求难,选择搬山而不选择搬家则不是作者本意,而是寓言这种文学体裁的衍生义。诚如作家彭小莲所说,寓言的特性往往是"究其一点不及其余",让人们在某个点上得到启示即可,不要在其他细节是否合乎生活常识方面死缠烂打。类似的问题还有很多,读了守株待兔、刻舟求剑、邯郸学步、拔苗助长这一类的寓言,就不要它的真实性。类似的例子还可以举出很多。以中国古代四大名著为例,生活中没有"木石前盟"的前世注定姻缘,但在《红楼梦》中就可以上演;生活中没有一个筋斗打十万八千里的猴子,但《西游记》里可以有;生活中没有一百零八个妖魔转世成一百零八个造反的强盗,但《水浒传》里可以写。即使是历史题材小说《三国演义》也是"三分真,七分假"。历史上的诸葛亮没有导演过"空城计",但《三国演义》可以这样写。

　　由于不明白"文学可以虚构,文章不容虚构"这个文体常识,该生举出法国世博会建造石塔这一事件作为论据,并且从科学角度来分析"石料达到几十米,底层便会开始碎裂,想要造一个三百米的石塔是根本不可能的",这是文章反映的生活实例而非寓言文学虚构的幻例。用生活中实有的例子来反驳文学描写的失真,这在阅读学上称之为"悖体阅读"。曾祥芹教授提出了"防止悖体阅读,普及适体阅读"的新理念。"悖体阅读"就是违背文体特性和文体思维法则的误读,即误把文章当作文学来读,误把文学当作文章来读,这种现象在语文教学中时常出现。例如有人认为本文中的愚公搬山是"破坏生态平衡",认为《背影》中的父亲穿过铁道为儿子买橘子是"违反交通规则"。笔者小时候看《西游记》时一直有个困惑,孙悟空一个筋斗就可以去西天把经书给取回来,何必劳烦唐僧师徒四人一路千难万险、九死一生,一步步跋山涉水到西天取经呢?岂不是没事找事吗?当时没有人告诉我为什么。现在才知道这本身说明了成功是不易的,彩虹总在风雨后。

　　要破除"悖体阅读"之病,就要提倡"适体阅读",就是适应文体特性和文体思维法则的阅读,即切实把文章当作文章来读,把文学当作文学来读。《愚公移山》就应该运用寓言文体的文学特性来阅读,不能把它当作实用文体来坐实。

　　这篇初中生习作的第二个论点其实就是说愚公精神过时了,当前我们不需要愚公精神了。作文为了说明这个论点,进行了中西对比,大意是说我们崇尚愚公精神,西方靠技术的改革,所以我们远不如西方。如果说该生提出第一个观点是因为其阅读理论有限,我们还可以原谅的话,那么他提出第二观点就表明他的人生观有了严重错位了。这种观点在目前很有代表性,认为现在都什么年代了,我们不需要艰苦奋斗的作风,愚公精神已经过时了。这种观点是错误的。理论上讲,愚公精神也即艰苦奋斗的精神,是中华民族的优良传统,是我们立于世界民族之林的基因,也是我党三大优良作风之一。从实践层面上而言,放弃这种作风很危险,虽然我们经济总量已居世界第二,但人均收入仍然十分落后,尚未脱贫人口数量还相当大。抛开这个现实情况来否认愚公精神无异于痴人说梦。

习作者之所以质疑愚公精神，其实质是当今多元化价值观尤其是西方文化强势盛行的背景下，如何看待一些传统的思想观念、行为准则的问题。一百多年来，我们抛弃和破坏的东西太多，当然这里面有一些陈腐落后的东西应该抛弃，诸如封建迷信、重男轻女思想。但也有一些优秀的文化传统面临被质疑甚至被抛弃的危险，奉献精神、见义勇为、对弱者的同情等。再加上当今商品经济时代，优秀的文化传统又受到金钱至上、享乐主义的挑战，因此习作者有这番言论也是见怪不怪的事。

无独有偶，最近一封家长写给老师的信《请刘胡兰离我的孩子远点》及老师的回信爆红网络，引起很多人特别是教育工作者的关注。某地一位学生家长对学校组织孩子向刘胡兰学习的活动提出质疑："任何一个有理智的家长都不会想让自己的孩子像刘胡兰一样，在上小学和初中这个年龄的时候就参与这些残酷的政治斗争。更不想让自己的孩子那么小就被一些大人教导着去杀人，而后又被别人残酷杀害。"家长的初衷非常好："希望孩子在一个包容和关爱、散发着人类自然天性的环境中成长。"但诚如老师回信所言，"孩子这个年纪，不止需要童话，还需要英雄"。要让孩子认识到生活中不但有阳光雨露，还有雾霾，还有暴风骤雨。或者说我们现在的和平与安宁，正是由很多很多"刘胡兰"们的鲜血换来的。老师的回信说得非常好："我们的孩子虽然生活在和平年代，但是谁也无法保证他们永远生活在和平年代。如果因为害怕死亡，害怕血腥，那么当血腥和死亡来临的时候，就越没有求生的机会。"这番话绝不是妄言，这样的现象在我们生活中经常上演。"江山代有才人出，各领风骚数百年。"不能以当下的审美观来否定英雄。因此，这位小学老师观点正确，分析有力，令人信服。

追本溯源，形成当今否定一切、"丑化英雄"、"恶搞杜甫"的自由化阅读现象，实与一段时期以来我们对英雄人物违反常理的过度开发、神化，引起人们审美的逆反与矫枉过正有关。在新中国成立后的特殊时期里，为了巩固政权的需要，我们不切实际地把英雄打扮成不食人间烟火的"神"，让全国人民顶礼膜拜，造成这些英雄与生活疏离，与正常的人性绝缘，让人难以企及，其结果是这些英雄高大得有些假而受到人们普遍的厌弃。这是我们进行思想政治工作应该汲取的教训。

当然，习作者也有值得肯定与称道的地方。一是作者高度的责任感，指出我国与西方国家在技术上的差距，焦急之情溢于言表。其二是作者勇于质疑的精神。作者不迷信、不盲从，面对经典、面对教材，大胆地提出自己的看法，这种追求个性化阅读的精神令人敬佩。然而，个性化阅读要遵循"多元有界"的原则，切不可坠入自由化误读的陷阱。

最后我要说的是，那位给学生家长回信的小学老师观点正确，分析入情入理，令人心折。但是作家彭小莲对学生习作的读后感，面对学生要把《愚公移山》从教材中删去的观点，一味地褒扬，看不出问题所在，其识见不如小学教师远矣。再就是出题者出这样的中考题目，让学生谈谈对《愚公移山》这篇文章的看法，是否同意将它从中学课本移出，可能就有附和"搬山"不如"搬家"之意，对经典的"适体阅读"认识不清，犯了"悖体阅读"的错误。这样的错误出在中考出题人这样的教育精英身上，更说明当前起码在教育界"自由化误解"经典的现象多么普遍，更有提倡"适体阅读"，获得"共性化通解"的必要。

教师阅读与立德树人

北京市通州区教师研修中心教研员 李万峰

立德树人是教育的根本。教育离不开阅读，阅读不仅关乎国民素质和民族的未来，还关系着人类文明的传承。学生学会阅读并养成习惯，不仅自己终身受用，还能够造福他人和社会。从这个意义上说，阅读的重要性怎样强调都不过分。

杨绛先生曾说：读书是为了遇见最好的自己。读书不是一时的事，是一辈子的事。由此可见，教师阅读更是格外重要。教师阅读不仅是其自身发展和获得职业幸福感的需要，更是帮助学生健康成长，奠定一生幸福基础的需要。

这点道理大家都懂，但现实却差强人意。分析其原因是多方面的，但不可否认，教师阅读的整体性缺失是其中一个重要原因。要改变这一现状，需要我们系统思考，精准定位，顶层设计，知行合一。

一、系统思考，精准定位

不否认有一小部分教师热爱读书，勤于思考，但现实中，不读书，或者只读一点消遣性读物的教师大有人在。据统计，我们校长、教师的年阅读平均量远远低于欧美发达国家。据说，华人阅读水平最高的地方是香港，但在世界上，仅排名第47位。北京某区语文教研室曾经举办了一届中学中青年语文教师阅读基本功竞赛。其结果令人吃惊。测试分为四大块，记叙文（29分）、说明文（20分）、议论文（25分）、文言文（26分）各一篇，卷面满分100分，难度设定略低于高中会考试卷。阅卷后的成绩是：参赛的92名选手（多为各校骨干教师），80分以上的5人，占参赛总人数的5.4%；75~79分的5人，占参赛总人数的5.4%；70~75分的13人，占参赛总人数的14.1%；65~69分的15人，占参赛总人数的16.3%；60~65分的23人，占参赛总人数的25%；55分以上的15人，占参赛总人数的16.3%；50~55分的4人，占总参赛人数的4.3%；40~49分的11人，占总参赛人数的12%；40分以下的1人，占总参赛人数的1.1%。最高分84分，最低分38分。由此可以看出，我们语文教师的阅读水平如何。这又是什么原因造成的呢？是学历低吗？赛后，组织者对92位语文教师进行了跟踪调查，92人中有硕士研究生2人，研究生课程班结业的31人，本科生51人（含后补学历），专科生8人。看来不是学历的问题，是阅读能力的问题。那为什么教师们的阅读能力低？我想原因主要应该是这两方面。

1. 未养成阅读习惯

这些"教师"上学时阅读素养就没有形成。随机走访发现，这些教师工作后，除了读教材和教参，就很少读其他书了，更不用说广泛阅读。因为上学时，他们接受的教育就是如此，无"功利"不读书。

2. 未形成阅读环境和氛围

信息时代的到来，又让人们的阅读趋于碎片化，读整本书的习惯和氛围几乎为零。尽管不断有人在呼吁，在身体力行，但总体效果并不理想。

教师阅读问题不是孤立事件，全社会缺少氛围。尽管近几年有识之士在奔走呼号，也有一些人做了一些开拓性的工作，不能说没有改观，但总体而言，效果不大。究其原因，是缺乏系统具体的实施目标和策略。

二、顶层设计 知行合一

"大力推动全民阅读"已经成为国家战略。这无疑是一股强劲的春风。书香中国、书香北京、书香校园，都为教师阅读和立德树人奠定了坚实的基础。

接下来要做的就是从不同层面再次进行顶层设计。确定目标和实施路线图，学成于行，知行合一，才能有切实的效果。注重实践智慧，立体打造读书育人的环境。具体做法我觉得应该从以下几个方面入手：

1. 创设环境

国家创设大环境，我们创设小环境。比如，就一个学校而言，要"打造书香校园，奠基幸福人生"。教育是创造人生幸福的事业。好读书，读好书，是教育的第一要义。

曾国藩说过这样两句话：一个喜欢读书的人，品格不会坏到哪儿去；一个品格好的人，一生的运气不会差到哪儿去。他说出了读书对于人一生的重要性。

清朝末年，端方出洋归来，向朝廷申请创立了第一个公共图书馆（南京图书馆）。他在报告中说："我考察欧美各国，教育是救国最好的良策，而图书是教育之母。"他讲了在学校教育中读书的重要地位。

办好学校要做的第一件事，就是让我们的老师和学生真正做一个读书人。学校一定是一个真正读书的地方。因此，要把书香校园的建设作为校园文化建设的首要目标。

打造书香校园，学校可以分三步走：创设硬件环境，提供充足资源，形成读书氛围。

就拿硬件建设来说，如在教学楼的楼道里建"开放书吧"、各班设班级书架，学生就有了随时有书可读的保障。我们不知道学生会喜欢哪一本书，也不知道哪一本书会触动学生的心灵，并改变他的一生，但我们为他们准备了相遇的机会。其次，再有就是教师办公室的书架、电子阅览室的建设。如果空间允许，在校内可以建孩子们可自由取阅的读书亭、读书廊等。

图书资源的提供分为纸质书和电子书。纸质书包括学生配套图书、教师配套图书、社会捐赠图书、学校自主采购图书。电子图书除了装在电子阅览室外，还可通过云盘，供教师和学生免费下载阅读。

以学校为主导，联手社区和家庭共同创造读书氛围。创建书香课程，为早晨和中午早到校的同学开设弹性课程。建立读书制度和评比机制，打造书香文化。

学校每学期或每年评比出书香班级、书香之家、书香教师、书香学生、书香家长等。设立读书日，开展好书推荐、读书论坛、图书捐赠等活动。

除了建立相关制度和机制，通过课程建设开展相关活动和评比来实现读书目标外，教师要带头读书。一旦学校形成爱读书的风气，教育教学中的许多问题将迎刃而解。一本书、一篇文章，改变了一个人的一生，这样的事情不是没有发生过。

2. 树立榜样

榜样的力量是无穷的。榜样是具体的，榜样是可参照的。有了榜样就有了方向，有了动力。让我们都成为读书达人，与最好的自己共度一生！以最好的自己引导学生前行！

3. 系统培训

生命有限，时间宝贵。读什么和怎么读也是需要引导的。内容上，我以为应该是全学科阅读；方法上，要向国外学习，西方一些国家的训练方式和手段是值得借鉴的，比如快速阅读等。

4. 形成团队

人是有惰性的，尤其是习惯还没有形成的时候，更何况现在的种种诱惑也越来越多，一个人可以走得快，但往往走不远。有了团队，就有了约束机制和动力系统。团队可以是教育系统内部的，也可以是校内外打通的。

5. 读以致用

这是一个变"教"为"学"的时代。研学，研究学生学，研究学生读，是重中之重。教师是读书高手，有策略和方法，学生才知读书好，才会好读书，才能读好书。

立德树人并不是宣传各种规则，而是培养习惯和塑造品质。这需要一个良好的系统。如果把阅读也看成是一个生态系统的话，教师阅读也只是一个子系统。这个生态系统要建好，我们不仅要考虑整体与部分之间的关系，也要考虑部分与部分之间的关系。形成良好的互动关系，才能共生共荣，实现立德树人。

教师阅读提升阅读教学品质

北京市西城区康乐里小学　高雅跃

阅读是一种照亮心路的对话，是一次启迪心智的旅行。语文教师的阅读，不仅作用于自身，还会经由阅读教学作用于学生。因此，找准教师阅读这个支点，可以找到一根撬动提升阅读教学品质的杠杆。

一、教师专业阅读，打开阅读教学的格局

"三分课内，七分课外"，不仅是提升学生阅读素养的不二法门，对教师而言亦是如此。语文教师钻研教材是必要的，但是眼睛只盯着教材是远远不够的。教师的阅读视野应当足够开阔。既关注直接作用于课堂教学的实践类书籍，也关注与教育教学相关的理论著作；既热衷于优秀的成人读物，也对儿童读物饱含热情；既醉心于我国的经典作品，也拥抱不同风格、不同样式的其他佳作……教师阅读视野的开阔会带来巨大的综合效能，它会使教师的阅读教学呈现出不一样的气象。

纵观以往的阅读教学，研究的着力点往往局限于教材内的单篇课文。诚然，教材内的课文基本上都是经过专家学者精心编选的文质兼美之作，具有很高的研究价值，但是"课内单篇阅读教学"只是"阅读教学"的一个领域，要想全面提升学生的阅读素养，单单依靠这一个领域是远远不够的。造

成这种情况的原因很多。一方面，现行语文教材，多为"文选式"编排。所谓"文选式"，即以一篇篇文学作品或类似文学作品的范文，作为教材的主要内容，依据不同的组织形式编织在一起，将各种语文知识的传授以及语文能力的培养贯穿在对这一篇篇文选的编排之中。因此，教材中的文选都是相对独立的单篇文本。即便有的教材中用"语文园地""阅读链接"等方式推荐了某本书，但是，也只是停留在推荐拓展层面。再加上小学阶段的阅读测查侧重于单篇阅读能力的考查等原因，导致众多教师日常的阅读教学研究只集中于单篇阅读的研究。另一方面，身处一线的语文教师，面对具体繁杂的工作，如何在教育教学的理性探索和实践创新方面不断提升，是一个重要的课题。笔者作为一名扎根于一线的语文教师，在享受与学生摸爬滚打在一起的快乐的同时，也常常惶恐于自己因深陷此山中，而不知教学真面目。要知道，倘若教师是井底之蛙，那么她所能给学生开创的格局也不过井口那么大。

如何让阅读教学全方位地为学生的需要服务呢？很显然，单靠对单篇课文教学"深挖井"是不够的。那么，该从哪里入手打破这种僵局呢？笔者带着心中的疑惑到书本中探寻出路。

1. 重读课标，打开课程思路

重读《义务教育语文课程标准（2011年版）》，"培养学生广泛的阅读兴趣，扩大阅读面，增加阅读量，提高阅读品位"，"多读书，好读书，读好书，读整本的书"，"鼓励学生自主选择优秀的阅读材料，加强对课外阅读的指导"这些要求使我怦然心动。回想以往的阅读教学，课外阅读止步于课外，整本书的阅读停留于简单推荐，教师的指导缺位，正是造成阅读教学"高耗低效"的一个重要原因。因此，笔者开始思考如何在基于教材的阅读教学的基础上，打通教材与群书、课内与课外的壁垒，将整本书阅读引入自己的阅读教学。

近三年来，笔者先后尝试将沈石溪动物小说、《鲁滨孙漂流记》等探险小说、《绿山墙的安妮》等成长小说、《小兵张嘎》等红色小说引入课堂。

以沈石溪先生的动物小说为例。笔者结合人教版六年级教材中的《最后一头战象》单篇课文教学，引入沈石溪先生的同名小说集《最后一头战象》。笔者重新设计教学目标，规划教学时长，历时两个月，分五个阶段完成了这

个阅读教学。

第一阶段	● 导读《最后一头战象》整本书。10月20日，笔者为学生上了一节整本书的导读课。通过主人公比照、矛盾情节推测、初步触摸情感等环节，激起学生对这本书的阅读期待。
第二阶段	● 自由阅读《最后一头战象》整本书。在一个月的时间里，学生利用每周一节的阅读课和课余时间自由阅读整本书。教师随时给予指导。
第三阶段	● 单篇阅读《最后一头战象》。11月17日，笔者执教《最后一头战象》课文。从某种意义上说，学生已经在阅读中做了一个月的充分"预习"。课文阅读中，学生在教师的指导下，调动整本书中的信息，不断与课文对接，收获颇丰。
第四阶段	● 再次阅读《最后一头战象》整本书。学生在精读了这一篇课文之后，又产生了进一步阅读的愿望。在接下来的一个月里，学生学习运用所学的方法，细读书中感兴趣的一篇或几篇。
第五阶段	● 交流《最后一头战象》整本书阅读感受。12月16日，在交流课上，同学们结合自己的阅读经历畅谈感受，交流困惑，从多方面获得提升。

2. 理论学习，自主开发资源

在此基础上，笔者又通过阅读《如何阅读一本书》《书语者——如何激发孩子的阅读潜能》《促进学习的阅读评估》《小学适应阅读策略的学与教》等书籍，对阅读及阅读教学又有了更多的认识。这些书籍不但对教师自身的阅读具有重要的指导意义，而且也为教师的阅读教学提供了许多有效的策略支持。结合这些书籍的阅读，笔者针对学生常见的问题梳理出相关内容，搭建出一个阅读微课框架。（见右图）

每节微课十几分钟，紧紧围绕一个问题展开，这样的教学内容针对性强，学生在观看视频的过程中可以依据自己的能力随时调整进度，简单灵活，成为课堂教学的有力补充。

微课一
● 为什么要读整本书？

微课二
● 阅读整本书有哪些方式？

微课三
● 如何做一个主动的阅读者？

微课四
● 如何挑选一本书？

微课五
● 如何做读书笔记？

3. 吸取经验，增加实践底气

从想法到实践不仅需要魄力和智慧，也需要实用的技术策略。在这方面，一些优秀教育工作者的宝贵经验便成了学习资源。最近几年，关于"互文阅读""群文阅读""主题阅读""聊书"等多样的阅读教学形式如雨后春笋显示出勃勃生机。这些研究有一个共同之处，那就是打破传统的单篇教学，打开学生的阅读视野。教师们在尝试变革传统的教的方式，转变学生学的方式，课堂形态异彩纷呈。蒋军晶老师的《和孩子聊书吧》更是详细阐述了他关于整本书阅读的思考与实践。在阅读学习的过程中，笔者不禁对这些优秀的先行者更加钦佩，同时也深感在阅读教学研究的道路上，志同者众多，这也无形中为自己改进阅读教学平添了勇气。

教师在阅读中提升对语文教育的认识，是推动教学改革和提升教学品质的重要前提。

二、教师深度阅读，增强直面文本的力量

阅读教学的品质，在一定程度上取决于教师的阅读品质。面对一个个文本、书籍，教师能读出什么、怎样阅读，直接影响教学的品质。如果教师在平时的备课中一味依赖"教师用书""教案选"，只知利用其中现成的解析与观点，久而久之，独立解读文本的能力便会日益萎缩。因此，教师教学前的备课，其实是始于教师阅读的。教师不但要阅读所要讲的文章本身，还需要将阅读的范围扩大到与课文相关的文章、著作、背景资料等方面中去。通过这样的拓展阅读，丰富自己的认识，提高解读的层次。

仍以《最后一头战象》的教学为例。在这篇课文中，有这样一处描写："它踩着哗哗流淌的江水，走到一块龟形礁石上亲了又亲。"嘎羧为什么会对这块礁石亲了又亲？嘎羧的这个举动确实令人匪夷所思。读者读到这里常常会心生疑惑，既不理解嘎羧的行为，也会对作者突然有此一句感到不解。人教版《语文教师教学用书》中也将这句话作为难点给予了提示，教参中将该句解读为："'亲了又亲'的礁石，也许是嘎羧曾经奋力杀敌的一处战场，也许是曾洒满战友鲜血的一处伤心之地。"这段解读似乎为嘎羧有这样奇怪的举动找到了原因，但是细读就会发现，句中的两个"也许"清楚地表明，这段对句子的解读只是编写者的揣测。我们说，阅读文学作品的过程，就是读者与作者对话的过程。那么，面对课文中节选的内容，当我们不理解时，最好

的对话途径究竟是什么？是断章取义？是凭空猜测？面对这样一个令人费解的关键细节，我们又当以怎样的阅读态度面对呢？

遗憾的是，在很多教师的课堂上，我们可以看到师生面对这样的描写，采取的共同方式就是猜测。学生不断猜想着嘎羧与礁石的关系，然后生硬地往嘎羧怀念战友、英勇奋战上去靠。

不读原文妄加猜测，必然造成误读。更重要的是，这种误读的背后，其实是不严谨的阅读态度。遇到我们依靠单篇文本无法解答的问题，原本是件好事，学生可以以此为契机，学习如何解决这样的问题。他们可以懂得节选与原文的区别与关联，可以意识到前文的伏笔与此处的细节之间的照应，可以更准确地把握主人公形象，可以习得联系整体观照局部的阅读方法……从而更好地培养和发展学生的阅读素养。然而这一切都有一个前提，那就是教师要有端正的阅读态度和足够的阅读能力。应该说，不只这篇课文，教材中还有一些节选的文本也会有类似情况。面对这种情况，教师要做的首先是深入阅读节选的文本，善于发现所谓"节选拆解遗留问题"，进而拓展阅读原文，甚至阅读更多相关作品、作家经历等素材，综合分析理解，这样才能更好地直面文本，获得足够的教学底气。

在备《最后一头战象》这篇课文时，笔者先后阅读了作者原文以及其他写象的作品，不但找到了这块礁石与嘎羧的内在关联，更深切地感受到了嘎羧作为一头战象的独特之处。

于是，在设计本次阅读教学时，笔者一改以往教学中教师在教完课文之后用一两分钟时间简单推荐原作的方式，而是在课文教学前就安排书籍导读和一个月的自由阅读时间，使学生直接接触原汁原味的作品本身，而非节选的片段，从而形成对一本书的整体认识。在此基础上进行课文的学习，学生的阅读就逐渐走向深入。当读到嘎羧亲吻礁石这处描写时，从学生的发言可以看出他的阅读轨迹。一个学生这样说："我读了原文，知道嘎羧亲了又亲的这块礁石，正是当年拦住它的礁石。如果没有这块礁石挡住它的身体，受伤的嘎羧就被江水冲走了。所以，它能够被人们救活，首先要感谢这块礁石。嘎羧重返战场，没有忘记这样一块看似普通的礁石，它对礁石亲了又亲，可以看出它是多么重情重义！"就这样，孩子们自觉联系原文的相关细节，将被拆解开的"伏笔照应"重新对应起来，不但理解了句子，而且发现了作者创作的匠心，对嘎羧的形象也有了更加深切的理解。

可见，教师的阅读态度、阅读方式、阅读视野……都会在很大程度上影响甚至决定教学的高度与深度，都会直接或间接地影响学生的阅读。因此，教师阅读越深入，直面文本的力量就越强大，直面学生的底气就越充足。

三、教师反思阅读，丰富学生的阅读体验

教师作为学生阅读的指导者，需要掌握一定的阅读策略。这些策略从哪里来？无非是直接经验或间接经验两种渠道。直接经验，可以帮助教师更容易预测学生可能遇到的困境，更容易理解学生出现的问题，更容易通过现身说法给予学生有效的帮助。间接经验，便于更加清楚地传授与讲解。因此，从这个意义上说，教师阅读不同于一般人的阅读。一般人的阅读往往以信息获取、消遣娱乐、审美体验为追求，没有必要反观自身的阅读活动本身。而教师的阅读不然，教师不仅需要阅读，而且需要在阅读后反思阅读的过程，体察阅读的结果，思考过程与结果的联系，从而发现阅读的规律，丰富直接经验，提炼间接经验，优化自己的教学过程。

以《最后一头战象》为例。在以往的阅读中，我们知道课文写了四个场景，即嘎羧预感到大限将至硬要披挂上曾经浴血沙场的象鞍。它绕着村寨走了三周后，重返当年和其他战象共同与日寇搏杀的战场，最后它在埋葬其他战象的象冢处为自己挖掘了坟墓，准备与战友长眠在一起。这样一个一个的情节本身已经十分感人，嘎羧的"忠诚""重情重义"已经能够得到体现。但是，当笔者走进原文，特别是走进整本书之后，深深地感受到那份"忠诚"，那份"重情重义"背后的分量。

《最后一头战象》这本小说集共收录七篇关于象的小说。这七篇小说分别以不同的象为主人公，讲述它们各自的经历。表面看，这些小说似乎毫无关联，独立成章，其实都在从不同侧面展示象的世界。

学生在学习课文之前，用一个月的时间完成整本书的前期阅读。但学生

的阅读主要停留于了解故事情节，获得初步的阅读印象而已。他们并不知道，也完全没有意识到阅读整本书对于理解其中的单篇有着怎样的影响。

教师阅读显然不能仅仅只是了解情节而已。反观自己的阅读过程，为什么感觉读完整本小说集，教师会对其中的单篇课文有更加深刻的理解呢？原来，笔者在阅读中在不断地将这一篇课文与其他小说建立联系，进行比较。所谓"没有比较就没有鉴别"。当我们将其他象的做法与嘎羧进行比较阅读时，我们看到的、感受到的和孤立阅读的结果就会呈现出很多不同：一方面，嘎羧作为一头象，遵循着象的世界所既定的生命法则——在临终前会自然地感受到大限将至并奔赴象冢，其他小说中也有的类似情节；而另一方面，我们更会看到它的举动异于其他的象，作者精选的几个情节——披挂象鞍、绕寨三周、重返战场、长伴战友，恰恰是它与其他象的重大区别所在。其他的象在大限将至时需要的是食物，而嘎羧却一定要披挂起那对它有特别意义的象鞍；其他的象感觉大限将至会默默离开，而嘎羧割舍不下它誓死保卫的这块土地和这里的人们，绕寨三周，情深意长；不仅如此，其他的象会直奔象冢，而嘎羧却重返曾经浴血搏杀的打洛江畔，凭吊战场；其他的象会回到自己祖宗留下的神秘象冢去安葬，那些象冢往往"是地震形成的凹陷，大地的一块伤疤"，是"野象的天然的坟冢"，而嘎羧没有回到自己祖宗留下的象冢，却选择与曾经并肩战斗的战友在一起，由于逝去战象的象冢是人们当面建造的，并非大地"天然的坟冢"，因此，嘎羧需要自己挖掘坟墓！它的一系列举动与其他的象竟然有如此大的差异！而这些差异，分明显示嘎羧在违背自己作为一头象与生俱来的本能！是什么使它克服了作为一头象的本能？是什么使一头象的离去如此悲壮？作者正是紧紧抓住嘎羧作为一头"战象"的本质，通过精选它生命最后时刻的典型情节，突显一头战象的战士情怀，从而塑造出既个性鲜明独特又能够反映出战象本质特征的典型形象。就这样，嘎羧的形象不再是平面的、片面的，而是立体的、完整的。正是在这样的联系与比较中，笔者获得了阅读的提升。

反观自己的阅读过程，解读出自己的阅读密码，接下来的阅读教学也就自然有了新的思路。笔者以"联系"与"比较"为主要的阅读策略，鼓励学生不断地联系整本书中的相关内容与课文对比阅读。学生在这样的阅读中，也不断收获和我之前一样的惊喜、发现与感动。他们用这样的策略读出了许多原来没有读出的内容，更对如何阅读一本书有了新的认识。

在北京市西城区2016~2017学年度第一学期的期末测查中，有这样一道题：本学期你在课外阅读中的做法或经验是什么？我班一位学生在试卷上这样写道：

读沈石溪写的《最后一头战象》，我用了一种新的方法，我觉得用这种方法，更能让我体会出主人公的形象。先找出主人公，然后再与其他的同种类动物的做法进行比较，我发现这样做不仅突出主人公的形象，还能让我记忆更加深刻。

对多数学生而言，长期针对单篇的阅读学习，学生获得的阅读策略、阅读经验往往是局限的。他们习惯于篇章内的语境关联，却看不到更大的语言环境；他们虽然阅读了整本书，但获得的往往是散点状的单篇堆积，却不能抓住篇章之间的内在关联形成整体的认识。因此，我们的阅读教学不能只停留在孩子们已经了解、已经熟悉的领域，还应该针对孩子的这些实际需求开拓疆域，丰富他们的阅读体验，使他们在多样的阅读中不断寻找新的阅读视角，探索新的阅读策略，获得新的阅读感受。教师自觉阅读，自觉反思阅读，先行"寻找"，先行"探索"，先行"获得"，就显得尤为重要。

综上所述，提升阅读教学的品质，单单就教学研究教学是不够的，需要从教师的阅读品质入手。教师阅读是基础，是前提，是保障。

论阅读话语方式的现代转型

——阅读教学的哲学解释学透视

北京师范大学语文教育研究方向博士生　　罗文平

阅读是人类最常见的活动之一，也是人类走向文明的重要途径之一。对于阅读，人们有着不同的理解：有的认为，读者通过文字揣摩文本作者的意图就是阅读；有的认为，读者有自己独特的理解才是阅读……对于阅读的不同理解的背后隐藏着某种话语方式的差异，这种差异不仅影响着人们的阅读观念，而且影响着人们的阅读方式、阅读效果，进而影响着阅读教学。在当代，传统的阅读话语方式正遭遇前所未有的挑战，面临现代化转型。那么，我国传统的阅读话语方式是什么？目前处于怎样的困境？该如何实现转型？本文将围绕这些问题展开探讨。

一、传统的阅读话语方式

1. 关于话语方式

所谓话语方式是指话语主体进行言说的模式，即哪些主体运用何种方式来言说一定的内容。话语方式是话语主体、话语内容、话语模式的综合体。它不是对具体某个人的话语的界定，而是一般意义而言，是一类人、一类活动的共同属性。人类的种种活动都离不开一定的话语方式，都会受到一定话语方式的支配。话语方式就像一个标签,成为人类活动的无言的界说。那么,话语方式从何而来呢?它取决于人们的思维方式。在马克思主义者看来,语言是思维的物质外壳,一系列的话语背后,其实是一定文化中的思维模式再现。由此往深处思考,思维方式又从何而来?它来源于长期生活于其中的社会模式。社会模式从某种意义上说也是人们思维方式长期固化、积淀的产物。反过来看,话语方式对于思维方式、社会模式也会产生一定的影响,所以这三者是一种"自由传动"的关系。从社会模式的角度来看,历史上出现了两种主要的话语方式:独断的话语方式与探究的话语方式。就我国而言,传统的封建社会等级森严,作为最高统治者的皇帝一言九鼎,就是独断话语方式的表现;现代资本主义有所进步,主张言论自由,就是探究话语方式的体现。这里暂且不论其虚伪性,至少在形式上是如此。在独断的话语方式下,交流是从上到下的单向性的,而探究的话语方式则是平行的双向性的。

2. 传统的阅读话语方式

阅读话语方式就是在阅读过程中,阅读主体面对阅读内容采取的理解方式。阅读话语方式既然属于话语方式的一种具体形式,就会受制于一般话语方式的规律,即在阅读中有独断话语方式与探究话语方式之分。传统的阅读话语方式如何呢?让我们从阅读着手做分析。

传统阅读首先要求读者读文本,在理解词句等意义单元的基础上,弄明白文本的意思,这本无可厚非,但问题是,这里的"文本的意思"仅指文本作者的意图,读者是可忽略不计的。所以在阅读中,读者头脑中总有一个人在支配着自己,即文本的作者,阅读文本也相当于在揣摩作者的心思,很少关注读者在阅读中的价值。可见,在传统阅读中,读者是在字里行间迷失了自我,他们眼里只有作者。判断读者是否读懂文本的最重要标准是能否准确把握文章的主旨,而主旨毋宁说是文本作者下的一道"圣旨",读者只能唯命是从,这正是过去专制社会模式在阅读领域的话语"投射",或者说是复制。在这种阅读话语方式支配下,师生都难以幸免,反映到阅读教学中就表现为教师对学生进行灌输。教师在备课中领会文本作者的意图,在课堂上成了作者的代言人向学生进行讲授,学生也只为领会作者的意图,他们只是坐着听,只需接受而已。这导致了传统的阅读教学遵循作者"传达"给教师、教师传达给学生的这么一条路径。在这样的阅读语境中,师生都不敢越雷池半步,可想而知,长期受到这种阅读训练的人,是难以拥有杰出才能的。

3. 传统的阅读话语方式的现代困境

人们在现代阅读中会追问这样两个问题:阅读是什么?从阅读中能得到什么?传统的阅读话语方式不能给人们一个满意的答复,这也为阅读造成了很大的困境。

困境之一:无效阅读普遍存在。笔者认为阅读除了为娱情之外,还有个人创造力的发掘和展示的作用。阅读的过程就是个人创造的过程,在这过程中,自身的创造力得以展现,得到认同,获得某种成就感,这才是阅读的意义所在。传统的阅读话语方式恰恰扼杀了读者的创造性,读者费了千辛万苦得到所谓作者的意图,却是一种静态的、僵化的所在物,与读者及其生命没有多大关联,这样的阅读就是无效的阅读。

困境之二:远离阅读日益严重。传统的阅读成了一个读者自我压抑的过程:一味揣摩作者的意图。在阅读活动中,读者失去了自我,也就没有了自我发现的乐趣,没有了自我创造的成就感,阅读变得毫无兴味,成了一件苦差事,人们自然就不愿去阅读。

4. 传统阅读话语方式困境的原因分析

传统的阅读话语方式为什么会陷入如此困境?综合来看,可以从以下三方面来分析。

第一,社会转型的影响。人类社会的发展充满曲折,也富有波澜,马克思主义的发展阶段论为人们拨开了社会发展的迷雾。它告诉我们,社会发展是由生产力水平决定的,生产力的发展终将推动社会由低级形态向更高级形态发展。纵观世界近现代史,总体趋势是走向民主、文明。社会的民主化要求社会话语方式也要民主化。传统的阅读话语方式是从旧的社会形态中演化而来,适应旧的那套社会话语体系。如今,它依然按照原有模式发挥自己的效力,这就和新时代显得格格不入了。

第二,科技发展的影响。在近几十年里,科技的发展日新月异,这极大地改变了人们的生活,随之而来的就是日常话语方式的变化。如果说过去由于娱乐方式相对贫乏,让一部分人选择了阅读作为消遣的话,而今天,几乎每个人身边都有很丰富、很精彩的娱乐方式,比如看电视、用电脑、玩手机等。这些方式富含图像和声音,很容易引起人们感官上的共鸣,从而使人沉迷其中。这也使得现代科技产品很快就拥有大量信众,而热衷于阅读的读者群却在不断缩水。

第三,知识爆炸的影响。社会的大发展也引起了知识的爆炸性增长,新知识的涌现给阅读提出了一系列的新挑战,过去的阅读模式已赶不上形势发展的需要。如果完全按照传统的阅读方式,得来的已不是最新的知识,甚至早已过时,一味地吸收这样的知识而没有自己的思考、创新,这样的阅读就显得意义不大了。

二、哲学解释学及其阅读新理念

1. 解释学概述

哲学解释学作为解释学的一个分支,是解释学发展到一定阶段的产物,只有把它放到解释学发展的历史进程中,才能对它有较清晰的认识。那么,解释学又是如何发展的呢?

解释学(hermeneutics)一词源于希腊语词根(Hermes),即赫尔墨斯。在古希腊神话中,他是宙斯的信使,他能领会宙斯的旨意,并把它传达给人类,起着上传下达的中介作用。"解释"(interpretation)有三种具体的意义指向:(1)说话;(2)说明;(3)翻译。所以,解释的目的就是使某种外来的、陌生的、在时空和经验中分离的东西变为熟悉的、现时的、可理解的东西。① 这就是解释学的最初起源。随着解释内容的日益丰富,解释技艺的日趋成熟,解释也就成了一门学问。解释学的广泛运用最常见于宗教领域,用于诠释圣经等典籍。此后兴起的马丁·路德的宗教改革中,法拉西乌斯(M·

---

① 严平. 解释学的历史演变及其运用初探[J]. 湖北大学学报(哲学社会科学版),1991(3):44.

Flacius）等人重新诠释圣经，以此为新教提供理论依据。这过程中形成了有别于过去解释模式的新尝试。到19世纪前期，德国神学家施莱尔马赫著《解释学》一书，确立了44条解释法则。他在书中注重解释主体的创造作用，倡导对话式的解释，使得解释学从神学中解脱出来，成为一门独立的学科。他也因此被称为"现代解释学之父"。19世纪末20世纪初，德国的思想家威尔海姆·狄尔泰进一步发展了解释学，提出了一系列解释的新法则，并奠定了"体验——表达——理解"的理论构架和方法基础。他认为"解释活动就是要把作为'生命经验'客体化的历史文献和历史现象，移变为解释者本人的内在心理经验，理解和说明历史，就是再生这种内在经验，再创造历史"①。狄尔泰的理论使方法论的解释学上升到了本体论哲学的高度。20世纪30年代以来，西方各种思潮兴起，相互渗透，解释学在吸收现象学和存在主义等哲学元素的基础上，又有了新的发展。伽达默尔的哲学解释学就是当时的集大成者，他把解释学又向前推进了一大步，即迈向了实践哲学的解释学。当然，学术领域应是百家争鸣的，同时并存的还有哈贝马斯的批判解释学和列科尔的现象学解释学等，他们既有借鉴又有论争。纵观解释学的发展进程，它经历了三次较深刻的转变：（1）由特殊解释学转向普遍解释学（以施莱尔马赫为代表）；（2）由方法论解释学转向本体论解释学（以狄尔泰为代表）；（3）由本体论哲学的解释学转向实践哲学的解释学（以伽达默尔为代表）。②

2. 哲学解释学简论

伽达默尔的哲学解释学受到胡塞尔现象学的影响，尤其是同为解释学大家的海德格尔的思想对他产生了深刻影响。伽达默尔在借鉴和批判的基础上形成了自己的一套独特的体系。比如，伽达默尔的理解本体论就是源于海德格尔的此在本体论。在海德格尔看来，理解的本质是"此在"的人对于"存在"本身的解释过程，即"此在"把自身的可能性投向世界，它是人的生存

---

① 姚介厚. 解释学概述 [J]. 国内哲学动态, 1985 (5): 30.
② 安婷. 20世纪西方解释学发展概说 [J]. 大众文艺, 2014 (9): 268.

本体现实化的再现。伽达默尔同样认为是事情的本性使得理解无所不包，理解就是此在的存在方式。尽管两者的解释学思想有着很深的渊源，但在一些问题上，两者又是分歧严重的。还是在理解的本体性上，海德格尔从存在主义视角看理解，侧重于存在本身，理解只是此在的一种存在方式。到了他的思想后期，理解的本体性光环也逐渐褪去。而伽达默尔是从解释学观点看待理解，侧重于理解本身，他始终没有脱离对于理解的终极探寻。他们对于理解的历史性的看法也大不一样，这直接导致了海德格尔关注理解此在的人，而伽达默尔关注历史流传物，即文本。诸如此类，不一而足，这也是伽达默尔的哲学解释学的独特价值所在。

伽达默尔提出了自己具有代表性的解释学原则，比如前见、对话、视域融合等。"所谓前见是指前有中的那些可以在这种特殊的理解事件中被解释的特殊方向，也就是对被理解了的但还隐绰未彰的东西总是在这样一种眼光的指导下进行揭示，其实就是解释者理解某一事的先行立场或视角。"① 在此，伽达默尔发展了海德格尔的前结构理论。他肯定了前见的存在，认为理解开始于这种前见，因为人们阅读文本时并非一片空白，而总会事先有个筹划或预期，人们正是在这个基础上对陌生的文本进行理解，并且，前见将是构成文本意义理解的有机组成部分。针对启蒙运动者和浪漫主义解释学者对前见的批判，伽达默尔展开了反批判。他指出启蒙运动者错误地使用自己的理性，他们反对前见本身就是一种前见，他们根据这一前见反对前见，正好证明了前见的存在。对于浪漫主义解释学者，他指出他们颠倒了启蒙运动者对前提的评价，他们不是否定过去和传统，而是无批判地赞赏它们。② 在论争中，伽达默尔强化了自己在解释中的前见观点。对话是哲学解释学中重要的解释原则，因为这种形式是内在于理解的，理解的方式就是问与答的对话形式。某个流传下来的文本成为解释的对象，在解释者理解的过程中就会不断向解释者提问，解释者要理解文本只有面对这些问题并做出自己的回答。解释者在

---

① 洪汉鼎. 伽达默尔的前理解学说（上）[J]. 河北学刊, 2008 (1)：56.
② 洪汉鼎. 伽达默尔的前理解学说（上）[J]. 河北学刊, 2008 (1)：57~58.

此过程中，也会产生自己的问题，并从文本中找寻答案。① 这样一问一答的形式构成了理解过程的对话，在对话中，解释者的前见，即已有的视域与文本的视域相融合，生成某种新的视域，这就是视域融合。正是借助于对话，视域融合才有了可能。伽达默尔之所以要在理解中引入对话的概念，主要是想强调解释者参与和建构的作用，因为对话总是双方参与、共同建构的。如果在理解中只强调某一方，或者忽略另一方，都只能导致理解的失败。视域融合是理解的自然结果，因为读者理解的前见是客观存在的，这是解释者已有的视域。在理解文本的过程中，通过问答形式，解释者的视域与文本的视域之间产生一系列交流、交锋，彼此视域间相互影响、互有取舍，这就是视域逐渐融合的过程。这时的视域既不同于解释者的前见，也不同于文本原有的视域，这是解释者与文本的独特的创造性产物，也是理解的价值所在。

可见，伽达默尔创立的哲学解释学不仅丰富了解释学的内涵，而且大大拓展了解释学文本的外延。② 当前，哲学解释学还在向纵深发展，"所以我认为这就是当代哲学诠释学最重要的三个前沿观点，即实践哲学，修辞学和想象力"③。以上在解释学的大背景下，概述了哲学解释学的发展，其中侧重于它在文本理解方面的论述，目的是显示它对于推动阅读话语方式转型具有非常积极的意义。

3. 哲学解释学视野中的阅读

从哲学解释学的视角考察，阅读居于解释学的中心位置，而阅读的文本是固化为文字的话语。它没有视觉场景，也没有音响效果，只有蕴含在文字中的意义，而作为意义的文本超越了作为事件的话语，因为它原有的主体、听众都不在现场，这反而产生了更强的自主性。"如果说文本在此是处于'解语境状态'，那么阅读就是重新赋予文本以主体、听众和语境，即所谓'重构

---

① 陈本益. 伽达默尔的哲学解释学简论 [J]. 浙江学刊, 2003 (2): 69.
② 刘宏勋. 略论伽达默尔哲学解释学的突破 [J]. 燕山大学学报（哲学社会科学版），2007 (6): 13.
③ 路强, 陈婷华. 哲学解释学的当代发展与前沿问题 [J]. 晋阳学刊, 2014 (7): 6.

语境状态'。"① 阅读不是将过去的信息原封不动地搬到现在来展示，而是直接从文本中获得扩充和提升自己视域的效果，并使自己的内在生命得以充盈。文本不同于其他的历史流传物，它具有很强的意义保鲜能力，通过人们的理解，那些看似陌生、僵化的东西会熟悉起来、鲜活起来，这也是阅读所具有的强大魅力之处。当然，阅读过程中的意义展示进程也非任意而为，须受文本的制约，在此基础上，"当某人理解他人所说的内容时，这并不仅是一种意指，而是一种参与、一种共同的活动"②。读者在阅读文本时，即是把文本的意义置于自创的意义空间里，正如伽达默尔所说："所有理解性的阅读始终是一种再创造、表演和解释。"③ 由此，阅读有了全新的含义，即读者与文本的共同参与、共同建构。在阅读中，读者的生命视域得以充实、提升；在被阅读中，文本的意蕴也在增长和扩充。这种双向互动的阅读理念让人耳目一新。其中，它凸显了读者的能动性和创造性，是阅读话语方式的一大革新。卡西尔也说："人的世界并不是作为某种现成的东西而存在的，它需要建构，需要通过人的心灵的不断努力才能建立起来。"④ 阅读正是人的自我创造过程。

在哲学解释学看来，阅读的过程就是解释文本的过程，在此过程中，也是有迹可循的。首先，在阅读文本时，读者都已有某种前见，也即预期或期待，它是阅读的基础，因为谁也无法摆脱自身的语言文化传统，这是历史形成的读者与文本间的距离，也为读者创造性地解释文本提供了空间。所以，阅读时，读者要设身处地，真正进入到文本中，与文本产生联系，积极与之对话，积极发挥个人的创造性。其次，在阅读中，读者要分清文本中作者的意图和真理内容。文本由作者完成，作者的意图自然也渗透到了文本的字里

---

① 洪汉鼎. 伽达默尔诠释学与文学阅读 [J]. 高校理论战线，2013（2）：35.
② [德国] 伽达默尔. 真理与方法（第 2 卷）[M]. 洪汉鼎，译. 北京：商务印书馆，2007：23.
③ [德国] 伽达默尔. 真理与方法（第 1 卷）[M]. 洪汉鼎，译. 北京：商务印书馆，2007：225.
④ [德国] 卡西尔. 语言与神话 [M]. 于晓，等，译. 北京：生活·读书·新知三联书店，1988：147.

行间，但作者的意图在很多时候与真理内容是有出入的，甚至是截然相反。读者理解文本就应通过自己的努力，发掘其中的真理内容，而非揣摩作者的意图。最后，阅读的过程是一个视域融合的过程。读者的前视域逐渐与文本的视域相互作用，在对话、交流中彼此靠近，逐渐消弭彼此在时空上的距离，形成某些共识，进而有机结合，这就完成了一个理解的循环。

由此看出，在哲学解释学视野中的阅读与传统的阅读有着根本的不同，它代表了时代的方向，为传统阅读话语方式的转型提供了一种借鉴。

三、阅读话语方式的现代转型

1. 阅读的现代话语方式

哲学解释学为阅读打开了一扇门，它预示着阅读的现代话语方式的开启，即读者与文本都是平等的个体，他们在一定的语境中展开自由、平等的对话；阅读的目的不是为满足读者的一己之见，也不是为揣摩作者的意图，而是通过理解形成视域的融合，使读者和文本都获得充实，实现成长。

现代话语方式下的阅读过程。它包括三个阶段：期待、对话和融合。第一阶段：期待，也即伽达默尔所说意义期待。当读者面对文本时，他总会有一定的预期，否则阅读活动很难展开，甚至不会发生。"在理解活动的一开始，就有一种对意义的预期引导着我们的理解努力。"[1] 读者的期待首先受到社会时代背景的制约。不同社会、不同时代，有不同的语言文化特点，这决定了读者的不同面貌、不同品味。其次，受到个人综合素养的影响。个人的内在素养决定了其内在的先行结构，这是他运用自身文化和阅读智慧的基础。读者的期待对阅读有正向促进和逆向干扰的作用。如果期待恰当，将有助于读者与文本的后续交流，否则，可能平添阅读的障碍，甚至导致阅读的终止。面对各种类型的文本，很难对读者的期待用某个标准来规范。因为读者有能动性，能在阅读中对自己的期待进行调适，使之更便于理解文本。也正因为

---

[1] [德国] 伽达默尔. 哲学解释学 [M]. 夏镇平, 宋建平, 译. 上海：上海译文出版社，1994：102

期待的多样性，使得阅读呈现出多样性，当然，期待只是其中的因素之一，而这种多样性正是阅读的现代话语方式的显著特征。第二阶段：对话。诚如前文所述，传统的阅读是"传旨"似的，读者的发言权很有限。而哲学解释学打破了这道枷锁，把读者摆到了与作者、文本同等重要的地位。它明确宣称，理解就是读者与文本之间的平等对话，只有借助这种方式才能达到理解的目的。"理解一个文本就是使自己在某种对话中理解自己。"① 在这样的过程中，读者的创造性被充分开发，读者在阅读中发现了自我，成就了自我，是一个充满生命力的过程。第三阶段：融合。阅读的价值在于生命的丰满与提升，这就靠彼此视域的融合才能实现。"我们也可以这样描述这种实情：解释者和文本都有各自的'视域'，所谓的理解就是这两个视域的融合。"② 读者是带着前见来阅读的，在与文本对话中，读者的先行结构也会悄然发生变化。它既要抛弃错误的观念，又要调整不合理的想法，还要吸收有益的经验等，以此丰富、完善自身的内在结构。在这一系列的变化中，读者的视域与文本的视域最终走向融合，而且这个过程是无限循环的，因为理解没有止境，只要在阅读，这个循环就将继续。

  现代话语方式下的阅读特征。从读者角度来看，现代阅读话语方式具有鲜明的时代特征。首先，现代阅读话语方式赋予了读者更大的自主性。它承认读者的先行结构，倡导读者在此基础上与文本积极主动地对话，达成个人独特的理解，而非像过去那样压抑读者在阅读中的个性表达。读者阅读的过程就是主动获取信息，选择信息，加工信息甚至是创造信息的过程。每个读者都可以在此过程中释放出个人潜能，尽情地享受这个过程。其次，现代阅读话语方式也鼓励读者的探究性，文本就是一个展现在读者面前的陌生世界，读者只有敢于进入其中"历险"，才会有收获。尤其是在文本的视域与读者的视域产生碰撞时，如何发现其中的问题，如何调整个人的期待，如何找到进

---

  ① ［德国］伽达默尔.哲学解释学［M］.夏镇平，宋建平，译.上海：上海译文出版社，1994：56.
  ② ［德国］伽达默尔.真理与方法［M］.洪汉鼎，译.北京：商务印书馆，2010：137.

入文本世界的路径等,没有主动探索的精神就无缘文本世界里更美的风景。文本解读没有标准答案,读者不要指望不劳而获,只有运用自己的智慧,发掘出属于个人的、与众不同的东西,才是自己阅读后真正的收获。最后,现代阅读话语方式激发了读者的创造性。因为读者拥有了理解的自主权,因为不同读者都有不一样的个性,读者与文本的视域融合状态就各不相同,而这种视域的融合就是读者创造性的再现。这样,每一次阅读都是读者创造力的展示,因而是一个富含生命价值的过程。创新将成为当代以及未来人类的基本品质。阅读让人们去经历、体验这个过程,从而培养创新、创造的宝贵品质。

2. 阅读教学的哲学解释学透视

阅读话语方式的改变必然引起阅读教学模式的改变。传统阅读话语方式下,教师灌输式的阅读教学模式显然已不适应新时代的要求。受益于哲学解释学文本理解新理念的倡导,阅读已呈现出不同以往的许多新气象,在此基础上构建适应新时代的阅读教学模式就成了当务之急。

阅读教学新模式的阶段划分。阅读是一个循环的系统,就一个小循环而言,由开始阶段、进行阶段和结束阶段构成。笔者分别引入哲学解释学的三个概念来代表这三个阶段,它们也是相应阶段的中心工作,即意义期待、对话生成和视域融合。首先,意义期待是解决阅读的动力问题。学生进行阅读的动力何在?答案就是学生对文本的意义期待。在阅读教学中,教师首要的工作就是帮助学生激发和寻找这种意义期待,这是一个细致、复杂的工作。有了意义期待还要了解学生意义期待的内在结构及其对于文本理解的影响,帮助学生调适好意义期待,因为这对于接下来的阅读有着重要作用。"我们总是被抛入一定的地平,从而在这一地平上理解所有事物。"[1] 这里的"地平"指的就是读者阅读前的意义期待。其次,对话生成是解决阅读的方法问题。怎样才能使阅读教学有效?教师应鼓励学生在平等基础上展开对话,主要是

---

[1] [日]丸山高司. 视野融合 [M]. 孙文柱,等,译. 石家庄:河北教育出版社,2002:96~97.

学生与文本对话,在对话中生成新的视域,也即新的理解。如何进行对话,如何解决对话中面临的问题,将是教师需要协助加以解决的。还要拓展对话的渠道,可以让学生与学生就某些问题进行对话,也可教师与学生之间进行对话,在各个方向、各个层次上进行对话,生成个人独特见解。最后,视域融合是解决阅读的价值问题。阅读有什么用?根本的一条是实现学生视域的超越,即是在视域融合基础上的超越。在阅读教学中,学生的意义期待构成的前视域通过文本理解,已渗入了许多新鲜元素,发生了很大改变,正因为有这些改变使得他们的视域能与文本的视域相融合。学生视域的改变也即是其内在文化结构的改变,甚或是生命内涵的改变。"视域融合是精神层面的融合,读者因接纳了新的视域而获得新知,拥有了一个更高的视域。"①

  阅读教学新模式的过程分析。阅读教学过程的三个阶段:意义期待、对话生成、视域融合,彼此间是相互影响、相互促进的。第一,意义期待与对话生成。意义期待是对话生成的基础,有了意义期待才会有对话生成。意义期待的结构、内容也决定了对话生成的水平和走向。反过来,对话生成又在改变着原有的意义期待,丰富其意义,进而产生对文本的新期待。第二,对话生成与视域融合。对话生成是视域融合的基本方式和主要过程,没有了对话,视域融合将变得遥遥无期。正是在积极对话中,读者拉近了与文本的距离,为最终的融合奠定了基础。反之,视域融合又是开启新一轮对话的条件,有了视域融合,读者与文本就可以在一个新的起点、新的高度展开新的对话。第三,意义期待与视域融合。意义期待贯穿了阅读活动的始终,它维系着阅读的持续进行,最终才有视域的融合。意义期待提供了视域融合的动力源,也是融合过程的基本要素;视域融合提升了意义期待的层次和内涵,为下一次的阅读活动准备了更坚实的基础、更鲜活的内容。

  限于篇幅,笔者暂且对哲学解释学观照下的阅读教学做一提纲挈领式的描述,可以借助一幅简图来展示这个过程。

---

① 吴小莉.中学教师阅读:在"应试"与"素质"之间徘徊[N].中国图书商报,2004-9-10(A03).

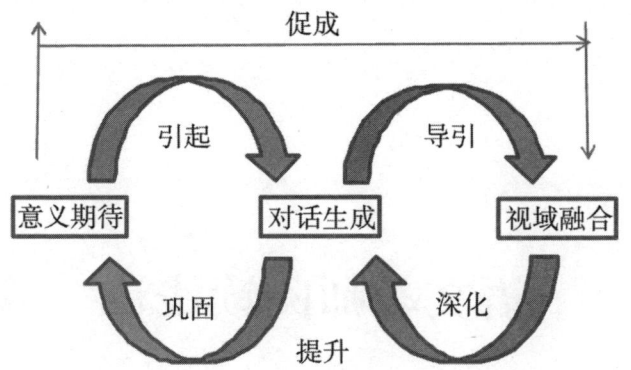

传统阅读话语方式的弊端众人皆知,但由于历史的惯性,它仍盘踞在我们的学习和生活之中,新时代呼唤新的阅读话语方式。哲学解释学对理解的阐释无疑给了我们一个重要的启发。利用它的阅读新理念能推动阅读话语方式的现代转型,进而带动阅读教学模式的转变。这对于阅读教学来说只是一小步,但对于我国的教育现代化来说,兴许就是一大步。

语文教师阅读浅议

北京师范大学语文教育研究方向博士生　李耀伟

一、语文教师阅读现状

当下中小学语文教师的整体阅读状况不够理想。主要表现在阅读目的功利、阅读计划缺失、阅读时间缺乏、阅读范围狭窄以及无阅读习惯等多个方面。

1. 阅读目的功利

功利化的阅读目的直接影响了教师阅读的内容选取。首先，语文教师阅读内容的选取受学生应试成绩的影响。尽管在主观愿望上教师普遍希望能多一点阅读的时间和空间，但在实际工作中往往对"一个语文教师的更大意义在于如何教出高分的学生"表现出更高的认同度。其次，语文教师阅读内容的选取受自身利益需求的影响，往往挂钩学历、论文、职称等眼前利益，而缺失了长远发展的眼光。

2. 阅读范围狭窄

首先，语文教师的阅读范围长期局限于教学备课及考评比之中。尽管教师和家长普遍认可学生语文综合素养和实践能力培养的重要价值，然而"教参""教辅"的销量依旧高居榜首；教师过于注重教科书及教参的阅读，无暇顾及课外经典名篇，导致与新课程理念相逢而不相识。其次，语文教师角色意识强烈，固守自己的专业，较少触及其他学科的书籍，缺乏学科融合教学的意识和能力。

3. 阅读内容无序

语文教师如果未能对自身专业发展所处阶段有清晰而准确的认知，便无法及时有效地调整阅读目标和阅读内容，从而导致阅读内容的无序，并加剧阅读结构的不合理性。此外，当下书籍种类繁多，质量参差不齐，使得教师难于甄选，这又将加剧教师选取适宜内容的难度。

当前应试教育体系下，语文教师亟须从阅读内容层面改善自身阅读状况，以适应教学需要，促进自身专业成长。

二、语文教师阅读内容的选取

1. 满足新课程实施的需要

商品化社会中，优胜劣汰的竞争法则使得教师职业不再是"铁饭碗"。相比以往，要给学生一杯水，教师所需的不再只是一桶水。新课程改革以来，教师不再仅仅作为"课程实施者"，同时也是"课程开发的研究者和参与者"。由于新课程在功能结构、内容实施等方面较以往均有较大创新，这就要求语文教师能够不断更新教学理念和知识体系，以避免在原有知识水平上做重复性的低效劳动。进行持续阅读，自然成为语文教师提升自身专业素养的有效途径，它能够引导教师保持职业敏感，为其专业素养的提升注入"源头活水"。

2. 体现语文学科属性

新课程强调："工具性与人文性的统一，是语文课程的基本特点。"① 语文教学作为母语教学，在培养学生语言文字运用能力方面有着突出优势。同时，语文课程对于"继承和弘扬中华民族优秀文化传统和革命传统，增强民族文化认同感"，更有着"不可替代的优势"。② 因而，教师阅读内容的选取

---

① 中华人民共和国教育部. 全日制语文义务教育课程标准（实验稿）[S]. 北京：北京师范大学出版社，2001：1.
② 中华人民共和国教育部. 义务教育语文课程标准（2011年版）[S]. 北京：北京师范大学出版社，2012：1.

应体现语文学科"工具性"与"人文性"相统一的特点。

3. 满足学生发展的需要

教学对象的需求影响着语文教师阅读内容的选取。语文教师选取阅读内容，首先应注重满足学生基础知识学习和人文素养提升的需要。同时，还应考虑学生现有基础，注意满足学生阅读兴趣和阅读习惯培养的需要。朱永新教授认为，学生读书的兴趣与水平直接受教师读书的兴趣与水平影响，"教师的读书不仅是学生读书的前提，而且是整个教育的前提"[1]。苏霍姆林斯基也积极提倡教师应当是学生"精神生活极其丰富的榜样"[2]。

4. 满足自身专业成长的需要

"一度被认为是最无专业性的语文教学，隐含着高度的专业要求。"[3] 语文教师的专业成长离不开阅读，这是无法回避的事实。首先，语文教师通过阅读，能够丰富基础知识和强化基本技能，不断提升教学能力，塑造独特的语文"匠气"。其次，语文教师通过阅读，能够丰富自身文史知识，提升人文底蕴，对学生进行心灵和精神层面的引领。同时，语文教师通过阅读，能够把握学科前沿，理解不断发展的教育理论和思想，借助新课程改革完成自身语文素养的"蜕变"和跨越。

5. 符合教师不同发展阶段的特点

中小学语文教师的专业成长具有明显的阶段性特点，每个阶段对应不同的阅读需求。新手型语文教师往往缺乏实践经验，体现出实用性的阅读需求；熟手型语文教师注重反思性的阅读需求，逐步升华自身经验；专家型语文教师注重研究性的阅读需求，关注方法理论的研究。差异化的阅读需求能够激发语文教师持续地"自我更新"。"自我更新"令"缺乏内在逻辑与发展关联

---

[1] 朱永新. 教师与读书 [J]. 华夏教师, 2014 (2): 1.
[2] [苏联] 苏霍姆林斯基. 给教师的建议 [M]. 杜殿坤, 译. 北京: 教育科学出版社, 2011: 290.
[3] 王荣生. 语文科课程论基础 [M]. 上海: 上海教育出版社, 2005: 339.

的教师教育，转到了不受时空限制的、持续的学会教学和教师专业发展"①，最终促进语文教师专业能力的持续性提升。

6. 满足学科间融合的需要

《义务教育语文课程标准（2011年版）》规定："语文课程致力于培养学生的语言文字运用能力，提升学生的综合素养，为学好其他课程打下基础。"② 然而现实教学中，多数语文教师缺乏学科间知识融合的意识与能力。这就要求语文教师不仅要在学科以内纵深发展，还要在学科以外博览旁通，促进学科间的交流融合，推动语文"综合性学习"的开展。这样，语文科教学才不会陷入画地为牢、闭门造车的窘境。

三、语文教师阅读内容的选取路径

1. 制订阅读计划

首先，语文教师应梳理出自己的知识结构，明确自身的阅读优势与阅读短板，确定阅读需求，从而量身定制自己的阅读计划。如需要阅读哪些类型的书，需要达到怎样的阅读目标，如何安排阅读时间，采取何种阅读方法，如何将所读所思学以致用等。

其次，在阅读计划中应理性选取阅读内容。苏霍姆林斯基指出：一个最勤奋的读者毕其一生能读的书，也不会超过两千本。③ 这就需要语文教师要综合考虑阅读需求，理性选择阅读内容，对于每个人而言，毕竟时间都是有限而极其宝贵的。

2. 了解教师知识的构成

教师专业发展的核心影响因素是教师专业知识，因而教师阅读内容的选

---

① 叶澜，白益民，等. 教师角色与教师发展新探 [M]. 北京：教育科学出版社，2001：270.

② 中华人民共和国教育部. 义务教育语文课程标准（2011年版）[S]. 北京：北京师范大学出版社，2012：1.

③ [苏联] 苏霍姆林斯基. 和青年校长的谈话 [M]. 赵玮，等，译. 北京：教育科学出版社，2009：102.

取必须立足于教师专业知识。针对教师专业发展的知识构成，国内外学者提出了不同的看法（见表1）。作为语文教师，职业身份要求其需要了解教师知识的构成，并将它作为教师阅读的应选内容。

教师知识构成的研究（表1）

	研究者	教师知识构成
国外	舒尔曼① (Shulman; 1987)	学科知识；一般教学法知识；课程知识；学科教学知识；学习者及其特点知识；教育背景知识；教育目标和价值观及其哲学和历史背景的知识
	卡朋特，弗兰克② (Carpenter, Franke; 1997)	学科知识；一般教育学知识；与特定内容有关的教育学知识；课程知识
国内	李秉德，李定仁③ (1991)	专业知识；文化知识；教育科学知识
	林崇德④ (1998)	本体性知识（特定学科知识）；条件性知识（教育学与心理学知识）；实践知识（有关课堂情境的知识）
	叶澜⑤ (2001)	科学与人文基本知识；学科专门知识与技能；教育科学类专门知识
	陈向明⑥ (2003)	理论性知识（学科内容、学科教学法、课程、教育学、心理学和一般文化知识）；实践性知识（教育信念、自我知识、人际知识、情境知识、策略性知识、批判反思知识）

---

① 胡春光，王坤庆. 教师知识：研究趋势与建构框架 [J]. 教育研究与实验，2013 (12)：24. 引自 Shulman, L. S. Knowledge and teaching: foundations of the new reform [J]. Harvard Educational Review, 1987, 57 (1): 104~124.

② 申继亮. 新世纪教师角色重塑——教师发展之本 [M]. 北京：北京师范大学出版社，2006：34.

③ 李秉德，李定仁. 教学论 [M]. 北京：人民教育出版社，1991：85.

④ 林崇德，申继亮，辛涛. 教师素质的构成及其培养途径 [J]. 中小学教师培训，1998 (1)：11~12.

⑤ 叶澜，白益民，等. 教师角色与教师发展新探 [M]. 北京：教育科学出版社，2001：23-24.

⑥ 陈向明. 实践性知识：教师专业发展的知识基础 [J]. 北京大学教育评论，2003 (1)：105~107.

1987 年，美国成立了"国家专业教学标准委员会"（National Board for Professional Teaching Standards），简称 NBPTS。该委员会于 2002 年第二次修订的"美国高中优秀语文教师专业标准"（见表 2），被认为是"美国迄今为止最为完善和全面的高中优秀语文教师专业标准"。该标准对于我国中小学语文教师阅读内容的选取，也具有一定参考价值。

美国高中优秀语文教师专业标准①（表 2）

主线	具体内容	三大部分	具体标准	
学生学习	知道什么和能够做什么	1. 为学生学习做准备	1. 了解学生	2. 了解英语学科
			3. 教学设计	4. 公平、公正和多元
			5. 学习环境	6. 教学资源
		2. 对学生学习的促进	7. 综合教学	8. 阅读
			9. 写作	10. 说和听
			11. 浏览和创作多媒体文本	12. 语言学习
			13. 评估	
		3. 调动学生主体性支持学生学习	14. 自我反思	15. 专业社团
			16. 家庭和社区	

3. 了解阅读范围推荐

苏霍姆林斯基在《给教师的建议》中，向入职教师推荐了三类书②：（1）关于你所教的那门学科方面的科学问题的书；（2）关于可以作为青年们的学习榜样的那些人物的生活和斗争事迹的书；（3）关于人（特别是儿童、少年、青年男女）的心灵的书（即心理学方面的书）。

天津师范大学康万栋教授在《读书与教师专业发展》（2006 年）一文中提出，教师应该主要阅读以下方面的书籍：（1）马列主义、毛泽东思想的经典著作；（2）与自己所教学科相关的专业书籍和科普读物；（3）教育学和心

---

① 乐中保. 美国高中优秀语文教师专业标准及启示 [J]. 天津市教科院学报，2008 (2)：45~47.
② [苏联] 苏霍姆林斯基. 给教师的建议 [M]. 杜殿坤，译. 北京：教育科学出版社，1984：98.

理学书籍；（4）表现优秀人物和高尚品德类的书籍；（5）文学艺术等人文书籍；（6）好的教科书与期刊；（7）经典的教育著作。①

2002年，由朱永新教授主持的"新教育实验"正式启动。2011年，"新实验教育"出版《教师阅读地图》一书，致力于为教师的专业化阅读提供内容与方法的引导。该书将教师专业阅读内容分为三类：学科知识的书（如语文科包括：汉语知识、文本解读、学科理论及实践和文学作品），专业知识的书（包括教育学、职业认同、教育管理、心理学）和人类基本知识的书（包括文学艺术、哲史宗教及社会学、科学、综合及其他）。②

2016年，由北京师范大学文学院任翔教授主编的《教师素养读本》出版。针对中小学教师的阅读需求，该套读本精选古今中外优秀的文章作品，编成哲学、教育、文学、艺术、科学、文化六卷③，意在拓宽教师阅读视野，力图为教师把握专业阅读方向提供有效参照，进一步提升中小学教师的阅读素养。

4. 了解阅读书目推荐

（1）民国时期大家推荐书目

1923年胡适先生应清华学校学生之请，开有《一个最低限度的国学书目》，收录图书约190种，后来修订精简成《实在的最低限度的书目》38种。其中包括《诗经》《战国策》《论语》《庄子》《荀子》等。1923年梁启超先生开列出《最低限度之必读书目》，包括《四书》《书经》《礼记》《老子》《易经》等25种。1925年顾颉刚先生开列"有志研究中国史的青年可备闲览书"的目录，包括：《山海经》《世说新语》《大唐西域记》《宋元戏曲史》《马可·波罗游记》等14种。1930年，鲁迅为许世瑛开列了学习中国文学的书目，包括：《唐诗纪事》《唐才子传》《全汉三国晋南北朝诗》《历代名人年谱》《全上古三代秦汉三国六朝文》等12种。1940年，朱自清先生在初版的《经典常谈》中向读者介绍了中国的重要典籍著作，包括：《说文解字》《周

---

① 康万栋，康瑛. 读书与教师专业发展 [J]. 天津教育. 2006（07）：35～36.
② 魏智渊. 教师阅读地图 [M]. 北京：文化艺术出版社，2011：42.
③ 任翔. 文学的旅程 [C]. 济南：济南出版社，2016：序言.

易》《尚书》《诗经》《史记》等。1942年，现代文史学家汪辟疆先生为中央大学国文系学生开列了"最切要"的"源头书"10种，包括《说文解字》《毛诗正义》《礼记正义》《荀子》《庄子》等。

（2）新时期大家推荐书目

钱穆先生在1978年曾指出有七部书是"中国人所人人必读的书"，即《论语》《孟子》《老子》《庄子》《六祖坛经》《近思录》《传习录》。清华大学于1997年曾组织校内外著名专家学者为本科生开出应读书目（人文部分）80种，其中含中国文化、外国文化、中国文学和外国文学四类，每类20种。北京大学于1998年百年校庆期间，曾联合校内外五十多位专家教授向学生推荐各领域阅读书目60种，其中包括应读书目《周易》《诗经》《老子》《论语》《孙子兵法》等30种，选读书目《礼记》《文心雕龙》《李太白集》《国史大纲》《物种起源》等30种。南怀瑾先生历来注重弘扬国学与中国文化，自1997年从台湾、香港开始，儿童读经运动逐步走向全国。他亲自列出书目，包括《千字文》《幼学琼林》《古文观止》等作为读经运动的教材。季羡林先生晚年曾列出自己最喜欢的十种中国书，包括《史记》、《世说新语》、"陶渊明的诗""李白的诗""杜甫的诗"等。

5. 语文教师阅读的内容推荐

立足舒尔曼对教师知识的分类框架①，结合以上论述并参考教育部2012年版"国培计划·语文教师培训课程标准"②的模块结构及内容要求，试给出中小学语文教师阅读的内容推荐（如表3，此推荐内容仅仅作为语文教师选取阅读内容的参考）。

---

① 钟启泉，王艳玲. 教师知识研究的进展与启示 [J]. 大学（研究与评价），2008（1）：12.

② 中华人民共和国教育部. "国培计划"课程标准（试行）[S]. 北京：高等教育出版社，2012：2~33.

中小学语文教师阅读内容推荐（表3）

知识分类	语文学科知识细化	阅读内容的类型
学科内容知识	语文学科的内容知识	语言文字类 文学作品类 文本解读类 语文教育史类
一般教学法知识	超越具体学科之上的、各科都常用的教学原则与策略	教育原理类 课程教学类 班级管理类
课程知识	有助于掌握和理解语文课程和教材的知识	语文教材类 语文课程类
学科教学法知识	语文学科教学法知识	语文课程标准类 语文教学内容类 语文教学方法类 语文教学评价类 语文教学实践类 语文教学反思类
了解学生及其特性的知识	学生语文学习的能力、方式与动机等的知识；学生语文认知形态、过程、自我概念等的知识	教育管理类 教育心理类 学习认知类 学生读物类
教育情境知识	教师对一般教育情境和语文教育情境认识的知识	教育政策类 教育管理类 教育技术类 教学情境类 心理认知类
教育目的、价值及其哲学与历史基础的知识	基础教育的目的与价值，语文教育的目的与价值，哲学、历史及社会学知识	教育目的类 职业理念类 历史哲学类 科学艺术类 社会综合类

同时，基于语文教学的复杂性和阅读个体的差异性，语文教师在面对众多阅读内容时，要根据实际情况做出合理选择，既不宜偏于一隅，也不宜贪

多求全。

四、确保阅读达到预期效果

1. 联系学情教情形成阅读经验

语文教师的职业身份决定了语文教师阅读是一种专业性的阅读行为,这也对语文教师阅读的质量提出了较高要求。在阅读过程中,语文教师应首先对学生学情和自身教情做客观分析,联系实际选取相关书籍。通读获取整体感受,然后梳理文本结构,抓取重点章节板块做精读分析,总结阅读经验并形成文本记录。这将有助于避免漫无目的的盲目浏览,避免浅表化的泛泛而读,从而为语文教师进一步提升自身语文素养和促进自身专业发展提供有效保障。

2. 将阅读经验应用于教学实践

教师既是教学者,又是研究者,需要既"述"且"作"。因而判断语文教师阅读的效果,既要看其自身是否有真实的阅读收获,又要看其能否将阅读经验有效转化到教学实践之中。语文教育家于漪老师认为,语文教师要重视将阅读的能力("读"的能力)转化为阅读教学的能力("教"的能力),"如果说阅读能力主要取决于阅读者的阅读理解、感受、评价能力的话",那么阅读教学能力则还需教师的各类"教育教学所需能力的融合"[1]。这要求语文教师要做好"读""教"融合,让自身阅读经验接受实践检验,明确有效程度,又知道"必须在哪里做进一步的修改"[2]。

3. 在教学实践中进行教学反思

基础教育阶段语文教育情境的真实性和语文教学问题的复杂性,要求语文教师须及时总结教学经验并进行教学反思,防止同教学"灵感"失之交臂。语文教师将自身阅读经验应用于教学并得到实践检验,可判定教学目标的达成程度,反思所用阅读经验是否有效以及在多大程度上有效,是否适合学生

---

[1] 于漪. 于漪与教育教学求索 [M]. 北京:北京师范大学出版社,2006:98.
[2] [美国] 拉尔夫·泰勒. 课程与教学的基本原理 [M]. 施良方,译. 北京:人民教育出版社,1994:100.

需要，是否利于教师教学。这将帮助语文教师获得更为适宜的改进对策，并为下一阶段"研究性阅读"行为提供动因支持和需求引导，从而促进语文教师的专业成长。

4. 小结

美国课程理论专家泰勒认为，"课程设计是一个连续不断的过程"。对比"课程设计"，不难发现教师阅读同样"是一个连续不断的过程"。语文教师进行阅读活动，首先需要明确阅读目的和阅读需要，然后制定阅读计划和选取阅读内容，进而开展教学"试验"，"评价它们的结果，发现它们的缺陷，提出改进的措施"①，从而使语文教师的阅读活动能够得到不断调整完善，最终促进语文教师自身专业素养和学生语文学习能力的提升。

---

① ［美国］拉尔夫·泰勒. 课程与教学的基本原理［M］. 施良方，译. 北京：人民教育出版社，1994：98.

教师阅读是语文教育腾飞的翅膀

北京师范大学语文教育研究方向硕士生　奚　遥

朱永新在《我心中理想的教师》一文中讲到:"一个理想的教师,一个要成为大家的教师,一个想成为教育家的教师,必须从最基础的做起,扎扎实实多读一些书。"① 这句话格外适用于语文教师。语文教师在熟读课本之外,还应博览群书,不仅需要涉猎文学名著、教育理论,还要了解科学知识,拓展自己的文化视野,积淀自己的人文素养。可以这样说,教师阅读是语文教育腾飞的翅膀,助力语文教育顺利前行。

一、教师阅读:构建本体性知识

教师的本体性知识是指教师所具有的特定的学科知识,如语文知识、数学知识,这是人们所普遍熟知的一种教师知识②。《论语·为政》言:"温故而知新,可以为师矣。"③ 就是说教师既要温习、积累旧知识,又要不断地获取新知识。这样才能将知识融会贯通,取得良好的教学效果。

目前,在职教师培训多侧重于教学技能、计算机技术等方面,教师获得

---

① 朱永新. 滴石集 [M]. 上海:复旦大学出版社,2012:179.
② 任翔. 教育的智慧 [C]. 济南:济南出版社,2016:270.
③ 钱穆. 论语新解 [M]. 北京:生活·读书·新知三联书店,2002:29.

本体性知识的途径主要来自大学教育及自主阅读积累。但是，当今大学教育下培养的师范生的专业基本能力并不理想。以 2013 年全国首届师范生教学基本功大赛中的语文教学设计能力测试为例，在参考资料不足的情况下，师范生很难对作品有比较准确和深入的解读，因而教学设计基本停留在对作品较浅层次的内容梳理上①。同样，这种现象在在职语文教师中也非常普遍。作为语文学习的引路人，语文教师如果在教学的道路上仅依靠教学参考书蹒跚前行，不仅无法形成自己独有的教学思考和阅读体会，更难以与学生产生情感上的共鸣。因此，无论是毕业以后准备从事语文教师这一职业的在校大学生，还是在职语文教师，都应通过自主阅读不断地补充、扩大、加深本体性知识，力求从微观上理解"字—词—句—篇"的细枝末节，以宏观的视野把握"点—线—面"的整体脉络。

语文教师要教好一篇课文，从一个标点、一个字、一个词、一句话，再到每个段落、每篇课文，都需要下足功夫，既知道其来源，又能产生自己的思考和体会，而不仅仅依靠教学参考书的单一回答。要知道教什么、怎么教，更要知道为什么教。钱钟书在《谈中国诗》中提到："读外国诗每有种他乡忽遇故知的喜悦，会引导你回到本国诗。这事了不足奇。希腊神秘哲学家早说，人生不过是家居，出门，回家。我们一切情感、理智和意志上的追求或企图不过是灵魂的思家病，想找着一个人，一件事物，一处地位，容许我们的身心在这茫茫漠漠的世界里有个安顿归宿，仿佛病人上了床，浪荡子回到家。"② 不同时代、不同国家的人总会通过阅读产生情感的共通之处。在语文教学中，语文教师只有先产生属于自己的独特体会，才能真正引导学生与课文进行深入的情感对话，关注学生的生命体验，引发学生思考现实。因此，语文教师需要通过阅读，不断补充、扩大、加深本体性知识，打开自己的知识面，深入每个知识点的本质，为自己理解课文、产生感悟做足准备。

本体性知识是教师取得良好的教学效果的保证，而教师阅读是构建教师

---

① 任翔. 语文教育新论 [M]. 北京：北京出版社，2016：222.
② 立言. 名家随笔 [M]. 北京：中国文联出版社，2001：12.

本体性知识的基础。语文教师的阅读尤为重要。"问渠哪得清如许，唯有源头活水来"，语文教师通过自主阅读，补充、扩大、加深本体性知识，清楚每一个知识点的来源，每一篇课文的重要性，真正做到教有可依。

二、教师阅读：深化文化知识

柳宗元在《送易师杨君序》中写道："太学立儒官，传儒业，宜求专而通、新而一者，以为胄子师。"①"专而通"要求教师在扎实的本体性知识的基础上，还要拓宽知识结构，培养深入钻研的能力。教师的工作，有点像蜜蜂酿蜜，需要博采众长。为了实现教育的文化功能，教师除了要有本体性知识以外，还要有广博的文化知识，这样才能把学生引向未来的人生之路。② 即教师要发展自己的文化知识，在教学中因地制宜地融入一技之长，形成自己的教学特色。

以语文教师为例，擅长音乐的教师，可以将吟诵融入自己的诗歌教学；热爱美术的老师，可以用绘画带领学生感受课文描述的美景；喜欢表演的老师，可以通过戏剧让学生更好地理解课文。文化知识在丰富语文课堂的同时，难免也会产生分散学生注意力、占用大量课内外时间的问题。这对语文教师也提出了新要求——如何把握课堂教学与文化特色的平衡？

陈琴老师以其多年的诵读教学经验，为我们做了很好的范例。陈琴老师《"素读"〈老子〉第63章实录》一文详尽地展现了她将诵读融入课堂的特色教学方法。陈琴老师将《老子》第63章的课堂教学分为两大部分。第一部分是课前温故大练兵，用时8分钟。全班同学在欢乐热烈的氛围中流利地背出了《弟子规》《三字经》《大学》《中庸》等内容。第二部分是"素读"经典《老子》篇的正式教学，共分四幕。第一幕是琅琅书声直面经典——读通顺，学生在熟读文章之后，畅谈自己的理解。第二幕是古文今译文白对应——读懂文意，老师讲解文意，并鼓励学生提出和老子不同的见解。第三幕是熟读

---

① 郭预衡. 柳宗元文［M］. 北京：人民日报出版社，2000：222.
② 任翔. 教育的智慧［C］. 济南：济南出版社，2016：270.

成诵过目不忘——记得牢，学生尝试在三分钟内背会所学段落，大部分同学都完成了这一要求。第四幕是引经据典微言大义——格言美，老师带领学生一起进行格言积累。整堂课的学习气氛热烈，全班同学都积极参与。不少同学关于《老子》的独到见解频频获得听课老师的称赞。可以看出，全班同学都具有较高的诵读水平和语文素养。

陈琴老师的吟诵教学经验，不仅说明只要采取正确的语文教学方法，学生可以对诵读传统经典文本产生浓厚的兴趣，能在烂熟于心的基础上，自觉从中汲取充实的营养，形成属于自己的思考，更证明课堂教学与文化特色是相辅相成的。陈琴老师的成功，得益于她扎实的本体性知识和深厚的文化知识功底。陈琴老师自身十分热爱祖国优秀传统文化，经过多年的阅读、吟诵的积累，有着深厚的传统文化积淀与素养，才能在整个教学过程中显得游刃有余，把握课堂教学与文化特色的平衡，做到有的放矢。

因此，语文教师要在扎实的本体性知识的基础上，发展自己的一技之长，形成自己的文化特色。诗歌吟诵、文学创作等文化特色，需要语文教师通过不断阅读，加以积累、消化和运用。音乐、美术、戏剧等艺术，同样需要语文教师通过阅读相关著作，在理解理论知识的基础上，与实践相结合，更好地指导学生展开艺术活动。教师阅读是深化教师文化知识的手段，可以帮助教师形成自己的教学特点，为学生呈现精彩的文化之旅。

三、教师阅读：提升条件性知识

教师的条件性知识是指教师所具有的教育学与心理学知识[1]。《礼记·学记》言："君子既知教之所由兴，又知教之所由废，然后可以为人师也。"[2]这是说，一名优秀的教师要懂得科学的教育规律和教学方法，让自己的教学更具有针对性与层次性。德国著名心理学家、教育家赫尔巴特同样强调心理学与教育学的作用：懂得科学，教师至少可以学会在有争议处采取谨慎的

---

[1] 任翔. 教育的智慧 [C]. 济南：济南出版社，2016：271.
[2] 戴圣. 礼记·孝经译注 [M]. 北京：北京联合出版公司，2015：152.

态度①。

目前，大多数院校未按照《教师教育课程标准》开设教师教育课程，仍然以普通心理学、教育学和学科教学论等"老三论"为主②。不少课程只开设一个学期，且一周仅安排一个课时，不仅无法使学生对心理学、教育学产生全面深入的认识，更是缺乏学科教学核心能力类的专业课程。而语文学科的特殊性，决定了语文教师在教学时，不仅要做到"传道授业解惑"，更要教会学生学以致用，在知道"有所不为、有所必为"基础上，使语文成为铸造学生处世态度和人生观的载体，让学生可以把所学知识真正运用到实际生活中去。这对语文教师的教学把控能力提出了更高的要求，是以"老三论"为主的现有大学教育难以达到的高度。因此，语文教师应通过自主阅读与学习，补充教育学与心理学等条件性知识，让教学更具有科学性、条理性与针对性，从而了解学生的心理困惑，用更科学的方法指导学生解决生活难题，做到学以致用。

以心理学为例，心理学首先记述了人类活动的全部可能性，而其中的发展心理学部分更是语文教师应该关注的重中之重。弗洛伊德的性心理发展阶段、艾里克森的心理社会阶段和皮亚杰的认知发展阶段，都将学生的心理发展分为不同的阶段，每一阶段的特点各不相同。这就要求语文教师面对不同学段的学生，采取不同的教学方法，尊重学生的心理成长与发展过程。例如同样是人教版语文教科书选入的革命题材选文，四年级上册的《为中华之崛起而读书》和八年级上册的《新闻两则》《中原我军解放南阳》《人民解放军百万大军横渡长江》，与学生的情感联结点是不同的。参考艾里克森的心理发展阶段理论，四年级学生正处于心理较敏感的时期，儿童需要通过勤奋努力，掌握重要的社会和学习技能，从而感到自信。学习《为中华之崛起而读书》，教师可以将学生与课文的联结点定位在"自信"，以周恩来总理的亲身经历，鼓励学生只要勤奋努力，立下明确目标，并为之奋斗，终会有所收获。八年

---

① 任翔. 教育的智慧［M］. 济南：济南出版社，2016：133.
② 任翔. 语文教育新论［M］. 北京：北京出版社，2016：226.

级的学生则处于同一性对角色混乱的时期,需要解决"我是谁"的问题。这一阶段是童年向成熟迈进的重要转折点。① 学习《新闻两则》,教师可以引导学生了解历史,鼓励学生做对社会有用之材。

  叶圣陶认为学习语文不能要求速成,一定要把知识和实践结合起来,实践越多就知道得越真切,知道得越真切就越能起指导实践的作用。因此一个好的语文教师,在传道授业解惑的过程中,更应该引发学生对现实的思考。现实生活是沟通教师的体悟与学生的情感的媒介。这就要求教师要关心学生、关注学生,了解学生的思想动向和心理问题,更好地"对症下药"。

  当然,语文教师不能以心理学的发展规律取代对学生的观察与关注。语文教师在教学过程中也应对相关教育学理论给予关注,如行为主义学习观、认知主义学习观、建构主义学习观和内隐学习观等。从宏观上对语文教育的理论有一定的了解,从而能更好地认识学生、了解学生,指导微观教学。

  教师阅读是提升教师条件性知识的保障。语文教师应广泛阅读相关的心理学、教育学知识,了解不同阶段学生的不同层次的心理需要,对学生给予更具有针对性的关注与指导,让每个学生都能通过语文学习产生独特的生命体验。

  综上所述,教师阅读是构建教师本体性知识的基础,让语文教师教有可依;教师阅读是深化教师文化知识的手段,为学生呈现精彩的文化之旅;教师阅读是提升教师条件性知识的保障,让语文教学更具层次性与针对性。此外,教师阅读还可以带动学生阅读。正如加拿大的阅读契约学习一样,教师先展示自己对阅读的喜爱,以一种示范性的行为引导学生一起阅读,激发学生的阅读兴趣,从而使学生养成热爱阅读的好习惯。

---

  ① [美国]谢弗,等. 发展心理学[M]. 邹泓,等,译. 北京:中国轻工业出版社,2011:226.

数字化环境下教师网络阅读探讨

北京师范大学语文教育研究方向硕士生　吴瑞云

阅读能力的高低将直接影响一个国家和民族的未来。对以知识为基础构建经济体系的国家而言，公民具备良好的阅读能力，是关乎国家竞争力的重要指标，影响其在全球化环境中的地位。对个人而言，阅读可以获得知识与信息，体现个人文化能力。它代表了内省式的体验，又在代际知识传递过程中，成为文化传承的路径选择。

21世纪，计算机网络对世界的影响越来越大，教育在新时代背景下呈现出新形态。互联网教育登上历史舞台，网络在线阅读成为新型阅读方式，改变着人们的生活方式。网络阅读逐渐成为青少年阅读的主流方式，快速刷新青少年的阅读内容和阅读体验。学校传统阅读教学初步接触新形式，利用网络阅读的优势帮助课堂和教学的意识仍旧模糊。"教育是面向未来的事业，要培养出面向未来的高素质学生，决不能用昨天的没有生命力的方式，来培养今天的学生。"[1] 教师进行网络阅读，需要正视和接纳阅读行为的变化，不仅看到阅读本身的价值，也能从引导学生的教学角度进行思考。

---

[1] 张正华. 借助网络资源提升语文教师阅读能力 [J]. 科学大众：科学教育，2016 (12).

一、网络阅读及其特征

当下对网络阅读的概念及相关范畴无统一说法。大部分学者承认新型阅读中的阅读本质不变，仍包含信息捕捉、内化和语言转换过程，认为网络阅读主要是方式的新颖。网络阅读的变化更多呈现在资源、体验和互动的个人后期阅读行为上，例如当下的智慧阅读就是集阅读、技术和教育于一体的范本。它可以与纸本阅读等相辅相成，同时在互动性和意义构建的主动性、创造性方面更胜一筹。

网络阅读是一种文化语境中的活动，通过互联网平台、计算机、手机、手持阅读器等终端网络设备获取阅读资源[①]。网络阅读与传统纸质阅读在本质上没有审美和知识的差别，但是阅读方式的改变势必对内容产出有影响。在数字时代，阅读技巧也不止于解析问题，还应该为阅读注入更多元的体验，包括对图像和视频的理解力[②]。这样的环境下，教师不仅要接纳生活方式的变化，也需要迎接更为丰富的阅读体验。

与传统纸质阅读相比，网络阅读具有自身特点，形成突出的优势。在阅读内容方面，信息组成元素多样，阅读资源前所未有得丰富。从方法类书籍到经典阅读书目，一应俱全。网络阅读又具有便携性和即刻性，选择丰富的资源后，便可随时随地自由阅读，阅读方式的复合程度大大提升。网络阅读使阅读成本降低，能满足不同家庭环境的学生和老师进行选择和阅读。尤其在电子媒介的发展和普及下，阅读不再是知识阶层和富裕阶级的专利，它使得全国各地的教师和学生冲破物质限制，共享与传播不同的阅读资源。

网络阅读具有多元化和个性化的特点，包含阅读载体形式的多样，阅读兴趣、阅读口味和阅读体验的多元。多元也体现阅读个性的自由伸展，激发阅读热情。交互性和共享性的特点，使个人阅读不再是孤立和单向进行，实

---

① 史雯. 嬗变与形塑——新时期青少年网络阅读研究[M]. 中国广播影视出版社，2016：11.

② Glynda A. Hull., MarkEvan Nelson. Locating the Semiotic Power of Multimodality[J]. Written Communication, 2005, 22（2）：224~261.

现了个体与个体、个体与群体之间的多维交流。而积极的互动可以帮助人实现输入与输出结合的良性循环，展现个人能力，提升发展空间。

二、教师进行网络阅读的必要性

网络阅读内容的丰富性和载体的多样化，让学生和教师有了更多的选择空间。这就为教育带来挑战和机遇，教师就需要深入实际进行探索分析。争取率先学习信息搜索和资源搜集，制订行之有效的网络阅读计划，弥补传统阅读的劣势。

在数字媒介主宰的互联网环境下，教师进行网络阅读体验和探索十分必要。

1. 适应互联网教育发展时态，更新阅读理念

在深入推进全民阅读过程中，在线阅读已成为不可或缺的一部分，成为这个时代的阅读印记。2016年，数字化在线阅读继续发展，超过传统纸质阅读，改变当下国民诸多阅读习惯，并从形式上发端逐步影响内容传递和价值选择。教师需针对趋势迅速跟上形势，更新阅读理念。

"互联网+"教育概念的出现，也需要教师适应时代需求，掌握现代教育技术和应用信息化技能，具备一定的互联网思维。网络阅读因平台开放等突出优势，能够为现代教育开辟资源，成为优化教学的良好途径。教师的课外阅读重视网络阅读，既能开辟教育资源，也能在全球化趋势的时代路径下，加大教学的创新力度。教师能够接纳并且把握网络阅读的真正价值，可以与学生一同感受现代科技应用的进步，了解当下和未来的信息获取渠道和阅读实现环境。若利用网络阅读革新师生的阅读理念，将有助于共建、共享状态的实现。

2. 促进网络阅读能力的提升，激活阅读个性

中国互联网络信息中心（CNNIC）在京发布的第39次《中国互联网络发展状况统计报告》称：截至2016年12月，10至39岁群体占整体网民的73.7%，其中20至29岁年龄段的网民占比最高，达30.3%；10至19岁、30

至39岁群体占比分别为20.2%、23.2%①。从中推测,学生自主在线阅读人数众多,未来将成长为广大数群。他们是网络世界的原住民,在各种媒介中可以独立选择平台和内容。但学生智能发展的低水平无法保证阅读的顺利开展,学生的网络阅读亟须教师科学系统的指导。

教师要给学生较好的指导,就要不断学习,主动去体验网络阅读,进行评估、总结和指导计划,提升自己的网络阅读能力。同时,适应在线教育理念下的阅读方式,靠近学生的世界,认识他们的阅读观、阅读习惯等也都是教师需要学习的内容。

教师在阅读范围的选择、阅读策略的运用、阅读问题的导向和能力的培养方面帮助和指导学生,是基于网络阅读开放性的环境和交互共享的平台的提升。此过程中,教师能充分发挥主观能动性,最大限度地参与师生共读和讨论,展现阅读个性,这也是教师扩宽视野的好机会。

3. 借机融合师生关系,激发学生阅读兴趣

网络阅读资源丰富且多元,具有实时互动性,可实现教师和学生的双向互动。在贴近学生学习现实的交往中,师生关系更为和谐。

教师主动与学生进行交流,以了解学生的阅读兴趣和思想动态。课外阅读中,让学生自主进行网络阅读,培养其自主阅读的意识,主动构建课外阅读行为。同时,师生与互联网结缘,是互联网时代发展的必然。师生身处校园,不是脱离具体社会、历史和文化语境的群体,他们与在线阅读的关系也不仅仅是脆弱、孤立的个体遭遇网络文化冲击的简单过程。因此,对待不可避免的劣势,不应全盘否定,而是将劣势变成挑战的际遇,系统推进在线阅读的方法。继而进一步提高其阅读兴趣。

4. 增强教师信息素养,构建课内外阅读良性生态

信息素养是教师面对媒介各种信息时的选择能力、理解能力、质疑能力、评估能力等,这种素养随着网络技术的日新月异发挥越来越大的作用。教师

---

① 中国互联网络信息中心. 第39次中国互联网络发展状况统计报告. http://www.cnnic.net.cn/hlwfzyj/hlwxzbg/hlwtjbg/201701/P020170123364672657408.pdf

积极利用网络阅读资源,进行个性选择、独立参与、多方互动等活动,以自身为媒体介质,随时发布、传播信息,与学生进行积极的阅读体验交流。在此过程中,教师充分利用了平台和资源,达到提升信息素养的效果。

教师重视网络阅读是着眼于未来阅读教学的创新视角。未来将从学习者视角过渡到学习者、学习社群与环境相互作用的生态学视角,人们更加关注如何从个体、群体和技术环境的多维交互角度构建学生在线学习的生态系统。因此,教师可以实现信息资源的传输、交流、反馈和循环,进行自主阅读、构建社群组织,促进师生在有机统一的信息环境中让身心获得积极的体验和反馈。这种环境打破了客观存在的物质环境壁垒,有利于公平选择,实现课内外阅读的良性循环。

三、教师进行网络阅读的策略

印度著名的教育技术科学家苏迦特分析,在今后的大数据时代,只有三种基本的东西是用得到和必须学的东西,那就是阅读、搜索和辨别真伪①。从 2005 年开始,国家每年组织开展全民阅读活动,推广效果和成绩却仍有较大的进步空间。若从青少年时代开始,就选择与时代融合的阅读方式,实施多元化的阅读体验活动,便可以引起关注、激发兴趣。而教师在承担青少年网络阅读教学任务时,责无旁贷,应在意识和行动上给予重视,在理念和策略上进行思考。

1. 转变传统观念与角色,跨界阅读

互联网时代下教育的创新,重视学生的个性化选择和独特体验,教师必须转变阅读观念和角色,提升阅读素养和能力。教师的阅读观念不应停留在向学生传递信息来判断阅读教学效果阶段,应与学生一起探索阅读资源的获取和融合,促进网络信息资源的选择、分析、利用。教师须不断更新从内容到形式的阅读知识库,树立终身学习的目标。师生共同学习的过程中,教师应习惯不再充当知识传递和灌输的角色,而是一名阅读参与者和指导者。

---

① 魏忠. 云时代的课堂与师生关系 [J]. 教师教育论坛,2015,28 (8):90~91.

另外,跨界思维是互联网的思维模式,就是"勇于把不相关的事物联系到一起,看看会发生什么"①。如果教学任务紧张与教学环境封闭,教师的阅读就会呈现单一性,多与任教学科及考试内容相关。但教师若想走进学生,提升阅读教学的效果,除了在数字化形式上的靠近,也要在内容选择上下功夫。在网络阅读资源中,扩大自己的阅读视野,超越个体的狭隘性,激活自己的创新能力。

2. 与传统阅读相辅相成,注重经典

数字化环境下的阅读与传统阅读方式相比,各有利弊,但两者绝非对立和替代的关系。教师应该理性地、辩证地看待和对待传统和潮流,在宽容和理解中取其长去其短。在进行阅读教学时,也需倡导学生理性看待两种阅读方式,根据二者的特点进行选择,引导学生明确阅读的本质是字读,而非形式。教师可利用传统形式开展深入阅读,感受书本的装帧风格和书卷气息;利用网络阅读获得多面信息,体会数字信息的独特魅力。为学生定制个人阅读方式,开辟阅读新天地。

接受网络阅读这种方式时,教师要面对娱乐化、碎片化的冲击。在冲击面前,教师要注重反省阅读内容,利用便捷平台的同时,仍要以经典阅读为主。唯有如此,才不会因为形式冲击带来思维结构和时间管理的混乱。

3. 理性对待"浅""碎"阅读,促进分享

自主网络阅读因内容繁杂、形式多样为读者带来烦恼,若没有选择方法和挑选维度,难免会进入快餐式、跳跃性、碎片化的浅阅读中,易在浩瀚的信息海洋中浪费时间和精力。以了解信息、休闲娱乐为目的的阅读内容,会被迅速消化与吸收、抛弃与更新、理解与遗忘。所以,教师需理性思考深和浅的界限,思考学生进行阅读时的自主阅读问题。比如,每个学生都必须深度学习吗?每个学生都适合深度学习吗?厘清和解决问题,能促进技术与教学的融合,促进学习者深度学习的发生。

---

① 吴文芳. 互联网+时代,教师应该如何阅读[J]. 江苏教育研究,2016(29):32~33.

网络阅读的开放性和平台的共享特点，使师生间互动交流增多。可以组成志趣相同的阅读圈子，进行好书共享、主题讨论、质疑诘难、深度追踪、互相鼓励①。教师在阅读教学中利用这一点，可以促进学生间更积极的讨论和交流，以提升个人阅读效果。

综上，数字环境为师生阅读提升提供了无限的空间和优良的条件。基于网络阅读带来的挑战和机遇，教师应深入体验和探讨，以便更有效地指导学生的读与写。

---

① 吴文芳. 互联网+时代，教师应该如何阅读[J]. 江苏教育研究，2016（29）：32~33.

中小学教师阅读现状调查报告[①]

国家语委重大课题
"面向基础教育的阅读行动研究"课题组

  阅读不仅是个人行为，也是公共行为、社会行为、国家行为。近年来，党中央国务院反复倡导全民阅读，将全民阅读上升为国家文化政策，具有重大的战略部署和实施意义。全民养成读书习惯，是一件关乎国民素质、关乎综合国力、关乎民族未来的大事。一个热爱读书、追求文化的民族，是一个充满智慧和希望的民族。世界各文明国家都把读书作为提升国民素质、创造美好风尚的基础工程和战略工程。中华民族是一个有着优良读书传统的民族，热爱读书、崇尚读书之风绵延数千年，中华文明因之而不绝。深入开展全民阅读活动，努力建设"书香中国"，对于营造良好的社会文化氛围，推进社会主义核心价值体系建设，继承和弘扬中华优秀传统文化，吸收和借鉴世界优秀文化成果，推动社会主义文化大发展大繁荣，提高全民族思想道德素质和科学文化素质，推进创新型国家和学习型社会建设，有着十分重要的意义。

  国家语委重大课题"面向基础教育的阅读行动研究"正是在此背景下展

[①] 国家语委重大课题"面向基础教育的阅读行动研究"（项目编号 ZDA125-123）阶段性成果。项目负责人：北京师范大学. 任翔。

开的。中小学教师阅读现状研究是本课题不可缺少的环节。课题组认真准备，组织大量人力，历时一年多，在全国范围内开展大规模的中小学教师阅读现状调查，本文即为这次调查活动的报告之一。

一、问卷调研说明

1. 项目调研说明

本次调查为国家语委重大课题"面向基础教育的阅读行动研究"中的实践内容之一。通过本次调研，意在全面了解中小学教师阅读现状，在分析的基础上，提出进一步提升教师阅读素养的相关对策建议，为引导学生阅读奠定基础。

本次调研包括中小学教师阅读现状调查和中小学学生阅读现状调查，其中，教师调查对象分为语文教师和非语文教师两类。无论是对教师的调查还是对学生的调查，均涵盖小学、初中、高中三个阶段。考虑到能力发展的实际状况和调研的可行性，对小学生的调查主要集中在小学中高年级。

2016年5月至11月，课题组研发了"中小学教师阅读现状调查问卷"和"中小学学生阅读现状调查问卷"，并建立了调研网络平台。2016年11月至2017年2月，面向全国教师和中小学生开展调查工作。2017年3月至5月，课题组对调查收集到的数据进行集中整理与分析。

2. 中小学教师阅读调查框架

中小学教师调查问卷分为语文教师问卷和非语文教师问卷。

语文教师问卷包括四大部分71道题。具体为基本信息10道题，阅读现状31道题，阅读支持系统18道题，教师支持学生阅读情况12道题。教师自身阅读能力与素养的提升是改进学生阅读现状的重要基础，因此，问卷首先设计教师阅读现状调研题，以便发现教师阅读存在的问题，为改进教师的阅读提供依据。教师阅读支持系统分为家庭、学校和社会三大系统，这部分的设题，主要用于发现教师的阅读环境状况，为改进教师所处阅读环境提供支持。教师支持学生阅读情况则用于对学生阅读中存在的问题进行关联性分析，为改进学生阅读提供支持。

非语文教师问卷的结构包括三部分，共 59 道题目，分别为基本信息、教师阅读现状、教师阅读支持系统。具体题目和语文教师问卷中这三个部分的题目基本一致。

具体调研维度见下表。

表 1-1　语文教师阅读现状问卷调研框架

一级维度	二级维度	题量	具体分布
个人基本信息		10	性别、年龄、所在地、原始学历、现有学历、教龄、任教阶段、职称
教师阅读现状	阅读态度与动机	3	阅读观念、阅读兴趣、阅读目的
教师阅读现状	阅读内容与阅读量	6	阅读量、阅读时间、阅读内容
教师阅读现状	阅读自我监控	10	制订阅读计划、明确阅读目的、选择阅读内容、解决阅读困难、阅读速度、阅读反思
教师阅读现状	阅读方法与策略	10	预测、整体感知策略、获取信息策略、深入理解策略、阅读交流
教师阅读现状	阅读评价	2	
支持教师阅读现状	家庭支持	4	家庭阅读资源、家庭阅读环境
支持教师阅读现状	学校支持	10	学校阅读氛围、学校阅读活动、学校阅读资源
支持教师阅读现状	社会支持	4	社会阅读资源、社会阅读活动
支持学生阅读现状	理解学生阅读现状	5	学生阅读兴趣、学生阅读动机、学生阅读困难
支持学生阅读现状	开展阅读教学现状	2	阅读能力培养、阅读策略培养
支持学生阅读现状	学校阅读支持现状	5	班级阅读资源与活动、学校阅读资源与活动、为学生推荐一本书

3. 调研对象基本情况

本次调研共收到有效语文教师问卷 8929 份，其中小学语文教师占 89.5%，中学语文教师占 10.5%；在全部受访教师中，男教师所占比例为 10.8%，女教师所占比例为 89.2%；受访教师的居住地状况，城市教师占 58%，乡镇教师占 25.1%，农村教师占 16.9%。下面表 2-1 给出了语文教师的学段、性别和区域分布情况。

表 2-1　调研对象基本情况

任教学段	任教区域（%）				教师性别（%）		
	城市	乡镇	农村	总计	男	女	总计
小学	57.1	25.4	17.5	100	9.8	90.2	100
初中	57.1	26.6	16.3	100	16.1	83.9	100
高中	83.7	13.3	3	100	25	75	100
总计	57.1	25.4	17.5	100	9.8	90.2	100

二、语文教师阅读现状调查

（一）语文教师阅读现状

调研从阅读观念与目的、阅读内容与阅读量、阅读自我监控、阅读方法与策略、阅读评价五个方面调查了教师阅读的总体情况。下面是具体数据和简要分析。

1．阅读观念与目的

阅读观念与目的部分主要调查了两道题，分别是教师能否享受阅读的乐趣和教师阅读目的。具体调研数据见图 2-1、图 2-2。

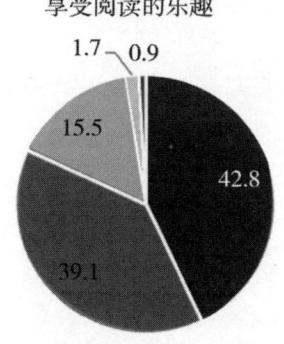

图 2-1　教师能否享受阅读的乐趣

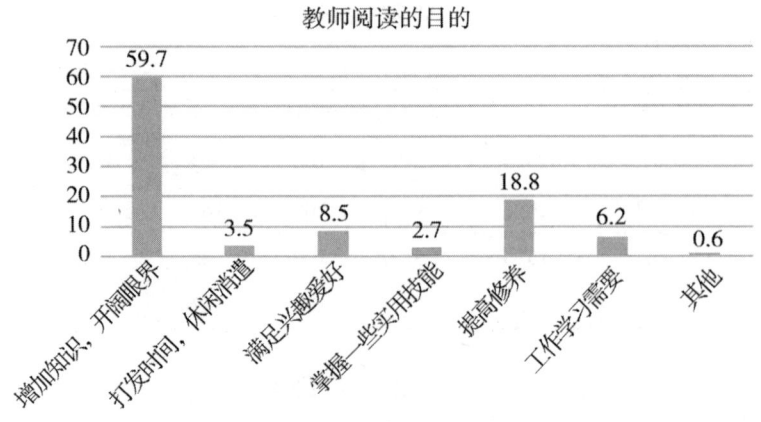

图 2-2　教师阅读目的

从图 2-1 可以看出，能够享受阅读乐趣的教师占 42.8%。从图 2-2 可以看出，通过阅读想要"增加知识，开阔眼界"的教师占大多数；为了"提高修养"的也占有较大比例，为 18.8%；以"掌握一些实用技能"为目的的教师比例较小，为 2.7%。

2. 阅读内容与阅读量

阅读内容与阅读量部分包括 6 道题目。其中喜欢阅读的书籍类型和实际阅读的书籍情况均指向于阅读内容的调查；每年阅读书目数目、每月阅读杂志数目、每周阅读书刊次数和每次阅读时长共同指向于阅读量的调查。

（1）阅读内容

从教师喜欢阅读的书籍类型看，喜欢文学类书籍的比例占 57.1%，其次是教育类书籍，占 20.1%。具体数据见图 2-3。

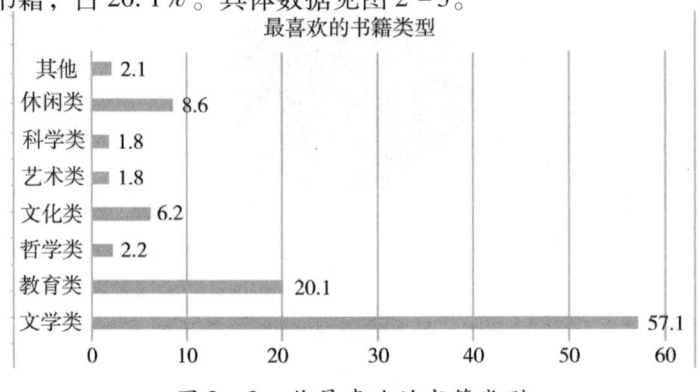

图 2-3　你最喜欢的书籍类型

为进一步调查教师阅读状况，课题组请教师圈出完整阅读过的语文课程标准中推荐的部分书目。小学教师列出 9 本书，为《安徒生童话》《格林童话》《稻草人》《宝葫芦的秘密》《伊索寓言》《鲁滨孙漂流记》《格列佛游记》《中国神话故事》《西顿野生动物故事集》。结果显示（图 2-4 和表 2-2），40%左右的教师阅读数在 3 本及以下，读过其中 8 本以上的教师不足 10%，只有 2.1%的教师全部阅读过。具体来看，阅读最少的是《宝葫芦的秘密》，只有 3.8%的教师读过这本书。

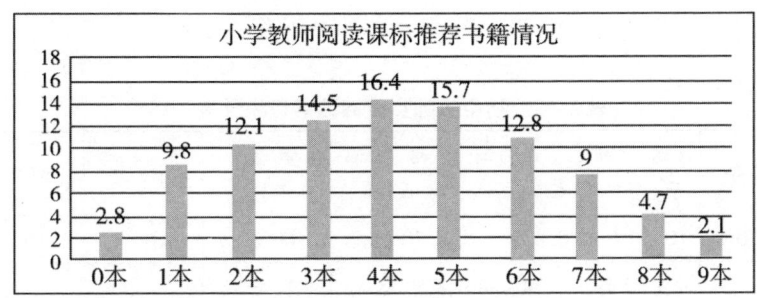

图 2-4　小学教师实际阅读书目统计图

表 2-2　小学教师实际阅读书目统计表

	《安徒生童话》	《格林童话》	《稻草人》	《宝葫芦的秘密》	《伊索寓言》	《鲁滨孙漂流记》	《格列佛游记》	《中国神话故事》	《西顿野生动物故事集》
百分比	15.30%	13.40%	6.90%	3.80%	10.70%	13.00%	5.40%	7.70%	1.20%

初中列出《朝花夕拾》《繁星·春水》《艾青诗选》《革命烈士诗抄》《西游记》《水浒传》《骆驼祥子》《红岩》《鲁滨孙漂流记》《格列佛游记》《简·爱》《童年》《钢铁是怎样炼成的》13 本书，结果显示（图 2-5 和表 2-3），11%左右的教师阅读数在 3 本及以下，仅 2.3%的教师读过 13 本书以上。阅读最少的是《艾青诗选》和《革命烈士诗抄》，分别占总人数的 1.1%和 0.4%。

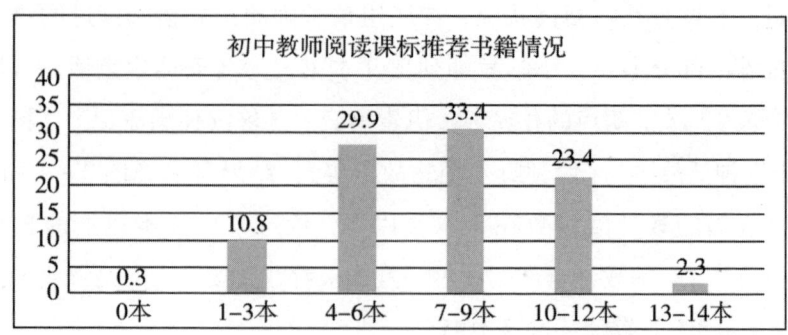

图 2-5　初中教师实际阅读书目统计图

表 2-3　初中教师实际阅读书目统计表

书　目	《童年》	《骆驼祥子》	《西游记》	《格列佛游记》	《繁星·春水》	《简·爱》	《朝花夕拾》
百分比	6.70%	10.50%	8.80%	4.70%	5.60%	8.60%	10.60%
书　目	《红岩》	《艾青诗选》	《水浒传》	《鲁滨孙漂流记》	《革命烈士诗抄》	《钢铁是怎样炼成的》	
百分比	7.10%	1.10%	8.80%	9.00%	0.40%	7.90%	

给高中教师共列出 25 本书目。结果显示（图 2-6 和表 2-4），15.2% 左右的教师阅读数在 6 本及以下，只有 4.7% 的教师读过 22 本书以上。具体来看，阅读最少的是《女神》，只有 0.7% 的教师阅读过这本书。

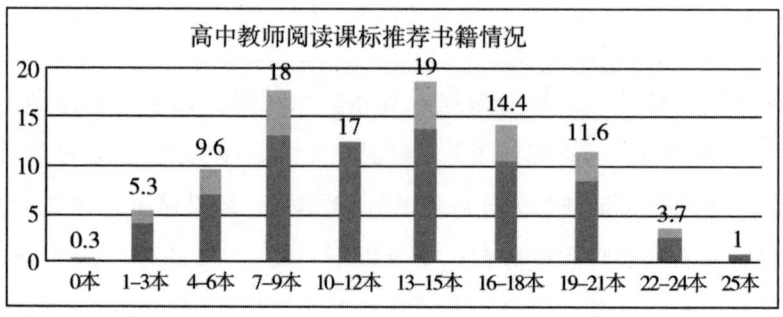

图 2-6　高中教师实际阅读书目统计图

表2-4　高中教师实际阅读书目统计表

书　目	《论语》	《孟子》	《庄子》	《家》	《西厢记》	《边城》	《子夜》
频　数	5.50%	2.20%	2.00%	4.90%	3.10%	6.50%	3.00%
书　目	《茶馆》	《复活》	《女神》	《呐喊》	《红楼梦》	《雷雨》	《三国演义》
频　数	5.20%	3.40%	0.70%	5.50%	6.70%	6.50%	4.90%
书　目	《语文常谈》	《老人与海》	《红高粱家族》	《谈美书简》	《哈姆莱特》	《平凡的世界》	《欧也妮·葛朗台》
频　数	0.80%	5.70%	1.20%	2.40%	4.20%	5.70%	4.40%
书　目	《匹克威克外传》		《堂吉诃德》		《歌德谈话录》		《巴黎圣母院》
频　数	0.50%		3.00%		0.70%		5.10%

（2）阅读量

从阅读量看，中小学教师每年平均阅读图书6.76册，中位数和众数均为5册。每月平均阅读杂志3.04册，中位数为2册，众数为1册。具体数据见图2-7。

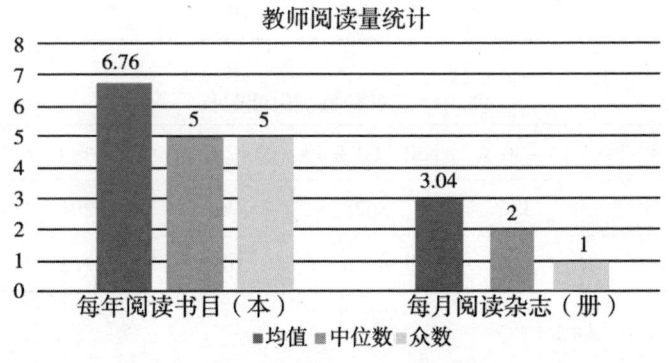

图2-7　教师阅读量统计

表2-5、表2-6、表2-7、表2-8分别给出了教师每年阅读书目数量、每月阅读杂志数量、每周阅读书刊次数和每次阅读时长。数据显示，每年阅读书籍0~5本的教师占比最多，为65.1%。每月阅读杂志0~3册的教师占比最大，为78%。每周阅读书刊次数1~2次的教师占比最多，为46.3%。平

均每次能读书30分钟至一小时的教师占40.6%。每次阅读时间能达到两个小时以上的教师占2.3%,而每次阅读时间仅10分钟以内的教师占6.4%。

表2-5 教师每年阅读书数量

数量(本)	0~5	6~10	11~15	16~20	>21	系统缺失	合计
频率	5816	1856	529	369	317	42	8929
百分比	65.1	20.8	5.9	4.1	3.6	0.5	100

表2-6 教师每月阅读杂志数量

数量(册)	0~3	4~6	7~9	10~12	>13	系统缺失	合计
频率	6966	1158	138	444	212	11	8929
百分比	78	13	1.5	5	2.4	0.1	100

表2-7 教师每周阅读书刊次数

次数	几乎没有	1~2次	3~4次	5~6次	7次及以上	合计
频率	652	4136	2249	975	917	8929
百分比	7.3	46.3	25.2	10.9	10.3	100

表2-8 教师每次阅读时长

时间	10分钟以内	10~30分钟	30~60分钟	1~2小时	2小时以上	合计
频率	570	3569	3628	961	201	8929
百分比	6.4	40	40.6	10.8	2.3	100

3. 阅读自我监控

阅读自我监控部分共包括两道题目,分别是制订阅读计划和阅读自我监控情况。具体调研数据见表2-9和表2-10。

表 2-9　你的阅读是否有计划

	频率	百分比	有效百分比	累积百分比
制定计划并严格执行	478	5.4	5.4	5.4
制定计划但很少落实	1962	22.0	22.0	27.3
无计划随意阅读	6396	71.6	71.6	99.0
无计划也不阅读	93	1.0	1.0	100.0
合计	8929	100.0	100.0	

从上表可以看出，制订计划并严格执行的占 5.4%，制定计划但很少落实的占 22%；无计划随意阅读的占 71.6%；无计划也不阅读的占 1%。

表 2-10　阅读自我监控百分比分布情况

	非常符合	较为符合	不确定	不太符合	不符合	总百分比
我会根据不同的目的选择合适的文章来读	30.9	42.3	21.1	4.7	1.1	100
阅读时，我心里明白哪些内容我还没有理解	28.0	45.3	21.8	4.0	0.9	100
阅读时，遇到不理解的段落我会重读一遍	38.8	41.3	15.3	3.6	1.0	100
我的阅读速度能满足我的阅读需要	26.1	42.2	24.1	6.5	1.1	100
阅读时，我经常会根据阅读内容的难易程度调整阅读速度	31.2	44.7	19.4	3.8	0.8	100

从上表可以看出，能根据目的选择阅读材料的超过 73.2%，仍有 1.1% 左右的教师不会根据阅读目的选择阅读材料。对于阅读过程中的困难，只有 28% 的教师能够完全把握。

上述题目分别赋值为 5 至 1 分，分值由高到低分别代表非常符合、较为符合、不确定、不太符合、不符合，分析后得到教师阅读自我监控整体情况。由表 2-11 可知，整体看，教师在各项自我监控策略上的得分均在 4 分以下，也就是说大部分教师能掌握这些策略，但还没有达到"完全符合"的程度。各学段教师在制订阅读计划上均得分较低。中学教师的阅读自我监控情况略好于小学教师。

表 2-11　阅读自我监控平均得分情况

	小学	初中	高中
我的阅读有计划	3.31	3.37	3.37
我会根据不同的目的选择合适的文章来读	3.96	4.03	4.16
阅读时，我心里明白哪些内容我还没有理解	4.13	4.15	4.14
阅读时，遇到不理解的段落我会重读一遍	3.96	3.94	3.99
我的阅读速度能满足我的阅读需要	3.86	3.84	3.91
我经常会根据阅读内容的难易程度调整阅读速度	4.01	4.00	4.07

4. 阅读方法与策略

阅读方法与策略部分有 8 道题，分别是"能很快地把握所读内容的整体结构""根据题目猜测文章内容""用自己的话对文章的内容进行总结""迅速从所读内容中找到需要的信息""利用文章中的表格、数字、插图等帮助理解文本""遇到不理解的段落会重读一遍""结合自己的已有经验对所读内容形成深刻见解""通过不断向自己提出问题推进理解""通过把文字想象成画面推进理解"。由表 2-12 可知，在所有维度上，约 30% 的教师认为自己在阅读时采用了这些方法。

表 2-12　教师阅读方法与策略百分比分布

	非常符合	比较符合	不确定	不太符合	不符合
阅读时，我能很快地把握所读内容的整体结构	22.9	43.8	27.3	4.9	1.1
阅读新文章时，我会根据题目猜测文章内容	28.4	41.2	23.4	5.7	1.3
我经常会用自己的话对文章的内容进行总结	21.2	39	29.6	8.7	1.5
阅读时，我能迅速从所读内容中找到需要的信息	26.1	46.6	22.9	3.7	0.8
我经常利用文章中的表格、数字、插图等帮助理解	21.6	40.9	26.9	8.7	1.8
我能结合自己的已有经验对所读内容形成深刻见解	31.7	44	19.6	3.6	1
阅读时，我会通过不断向自己提出问题推进理解	21.1	39.9	30.2	7.6	1.2
阅读时，我会通过把文字想象成画面推进理解	27.8	41.5	24	5.6	1

上述 8 道题分别赋值为 5 至 1 分，分值由高到低分别代表非常符合、比较符合、不确定、不太符合、不符合，分析后得到教师阅读策略得分值。整体看，教师在大多数阅读方法策略上的平均得分均在 3~4 分之间，也就是说，大部分教师能掌握这些策略，但还没有达到"完全符合"的程度，部分教师对自己是否掌握这些阅读策略还不能确定。在对文章的整体把握策略上，各学段教师均得分较低，高中教师的阅读策略掌握情况略好于小学和初中教师。具体数据见表 2-13。

表 2-13　教师阅读方法与策略平均得分情况

	小学	初中	高中
阅读时，我能很快地把握所读内容的整体结构	3.82	3.81	3.99
阅读新文章时，我会根据题目猜测文章内容	3.90	3.81	3.92
我经常会用自己的话对文章的内容进行总结	3.69	3.70	3.73
阅读时，我能迅速从所读内容中找到需要的信息	3.93	3.92	3.99
我经常利用文章中的表格、数字、插图等帮助理解	3.72	3.74	3.66
我能结合自己的已有经验对所读内容形成深刻见解	4.01	4.05	4.14
阅读时，我会通过不断向自己提出问题推进理解	3.72	3.70	3.84
阅读时，我会通过把文字想象成画面推进理解	3.91	3.83	3.74
总体平均值	3.84	3.82	3.88

5. 阅读自我评价

阅读自我评价部分共包括 3 道题目，分别是阅读量满意度、同事喜爱阅读比例以及影响阅读的原因。具体调研数据见图 2-8 和表 2-14、2-15。

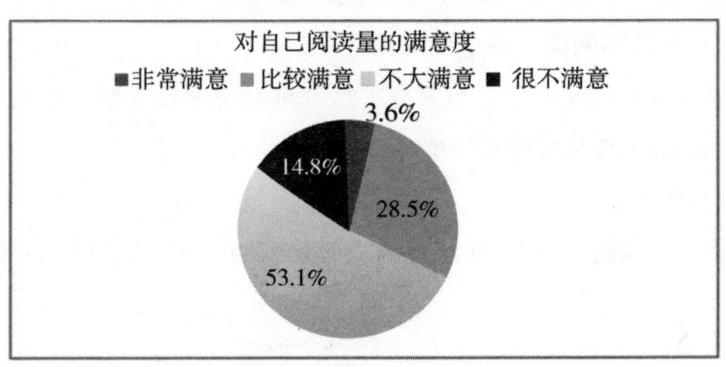

图 2-8　教师自身阅读量满意度

从上图可以看出,对自身阅读量非常满意的教师占3.6%,不满意和很不满意的教师比重为67.9%。

表2-14 身边同事喜爱阅读比例

	10%以内	10%~25%	25%~50%	50%~75%	75%~100%	合计
频率	2253	2812	2549	1093	222	8929
百分比	25.2	31.5	28.5	12.2	2.5	100

从上表可以看出语文教师对自己同事喜爱阅读的情况。其中有85.3%的教师认为,自己的同事中一半以上的人不喜欢阅读。

表2-15 影响自身阅读的最主要原因

	工作太忙,没时间	没有读书习惯或不喜欢读书	找不到感兴趣的书	不知道该读什么	缺少阅读氛围	看电视、上网玩游戏等而没时间	书价过高,买不起	没有看书的地方	其他	合计
频率	6131	397	312	166	906	316	149	49	503	8929
百分比	68.7	4.4	3.5	1.9	10.1	3.5	1.7	0.5	5.6	100

从上表可以看出,在语文教师群体中,认为"影响阅读最主要的原因"为"工作太忙,没时间读书"的教师比例最高,占68.7%;认为"缺乏阅读氛围"是影响自身阅读的最主要因素的比例占10.1%;认为"书太贵"是影响自身阅读的最主要因素的教师所占比例最低,为1.7%。

(二)语文教师阅读支持系统现状

本调查从基本情况、个人与家庭支持、班级与学校支持、社会支持几个角度,系统调查了教师阅读支持情况。

1. 基本情况概述

从书籍来源和阅读场所两方面调查教师阅读支持基本情况。调研数据如下。

表 2-16　书籍来源

来源	自费购买	朋友借阅	学校购买或借阅	网上下载或在线阅读	书店或书吧看书或租书	社会图书馆借阅	其他	合计
频率	4654	155	1814	1711	139	300	156	8929
百分比	52.1	1.7	20.3	19.2	1.6	3.4	1.7	100

表 2-17　阅读场所

地点	自己家	学校教室	学校图书馆	其他地方	合计
频率	6550	762	1984	1150	10446
百分比	62.70	7.30	19.00	11.00	100.00

通过"书籍来源"的频数分析可知,"自费购书""学校购买或借阅""网上下载或在线阅读"是阅读书籍的最主要来源,其中"自费购书"比例最大。通过"阅读场所"的频数分析可知,"自己家中"是教师阅读的最主要场所,占84.7%,其次为"学校图书馆",占25.7%,在学校教室阅读的教师比较少,仅占9.9%。

2. 个人和家庭支持系统

个人和家庭支持系统包括"购书费用"和"家庭藏书量"两个题。由分析表可知,超过一半的教师每年用于购书的费用不足200元,每年购书花费500元以上的教师人数仅占10.1%,超过一半教师家庭藏书量在100本以下,而2.6%的语文教师家庭藏书量非常可观,超过1000本。

表 2-18　教师年均购书费用

金额	100元以下	101~200元	201~300元	301~400元	401~500元	501元以上	合计
频率	2093	2519	1908	967	541	901	8929
百分比	23.4	28.2	21.4	10.8	6.1	10.1	100

表 2-19 教师的家庭藏书量

数 量	20 及以下	21~50	51~100	101~200	201~500	501~1000	1000 以上	合 计
频 率	1035	1966	2094	1724	1412	468	230	8929
百分比	11.6	22	23.5	19.3	15.8	5.2	2.6	100

3. 班级和学校阅读支持系统

本次调研,研究小组从两方面探讨"班级与学校"阅读支持系统。一为班级或学校为教师及学生提供的资源,二为教师及学生对于所提供资源的使用情况。

对"一年中学校开展的面向教师的阅读活动"进行频数分析可知,59%的教师所在学校每年开展1~3次教师阅读活动,并且有23.8%的学校为面向教师开展阅读活动。对"一年中学校开展的面向学生的阅读活动"进行频数分析可知,47.2%的教师所在学校每年为学生开展1~3次阅读活动,20.1%的教师所在学校每年为学生开展4~6次阅读活动,23.7%的教师所在学校每年为学生开展7次以上阅读活动。从"班级藏书量"看,32.5%的教师所在班级藏书在21~50本,28.1%的教师所在班级藏书50~100本,有8.9%的教师所在班级藏书甚至超过了200本。

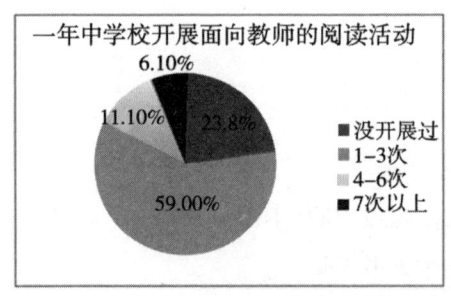

图 2-9 面向教师的阅读活动

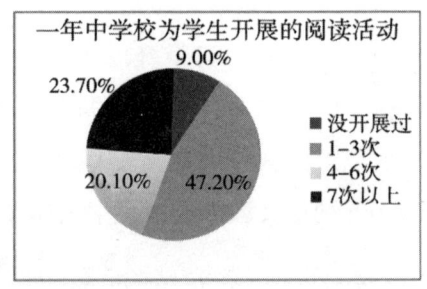

图 2-10 为学生开展的阅读活动

表 2-20 班级藏书量

数 量	20 本及以下	21~50 本	51~100 本	101~200 本	200 本以上	合 计
频 率	1574	2902	2505	1152	796	8929
百分比	17.6	32.5	28.1	12.9	8.9	100

从"一年中参加学校阅读活动次数"表中可知，58.9%的教师参与了1~3次阅读活动。

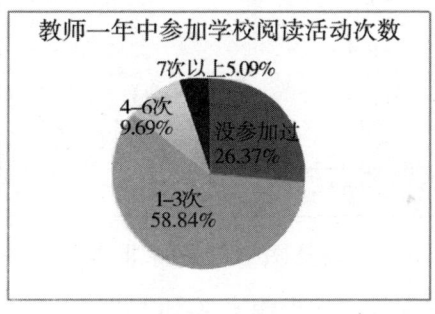 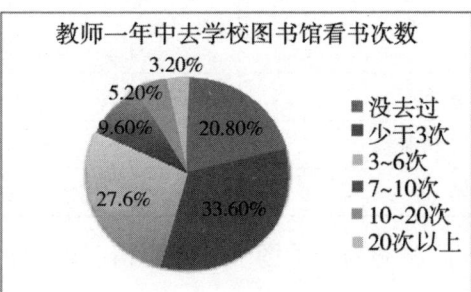

图 2-11　教师一年中参加学校阅读活动次数　　图 2-12　教师一年中去学校图书馆次数

教师阅读活动，有 26.4% 的教师并未参与阅读活动，参与过 7 次以上阅读活动的教师仅占 5.1%。对"一年中去学校图书馆次数"进行频数分析可知，超过一半的教师每年去学校图书馆少于 3 次，每年去学校图书馆 20 次以上的仅占 3.2%。68.3% 的教师每年从学校图书馆借书少于 5 本。

表 2-21　一年中从学校图书馆或阅览室借书量

数量	一本都没有	1~5 本	6~10 本	11~15 本	15 本以上	合计
频率	2170	3928	1585	595	651	8929
百分比	24.3	44	17.8	6.7	7.3	100

4. 社会阅读支持系统

本研究从区县图书馆使用情况以及对其满意度两个角度，分析社会阅读支持系统。由于区县图书馆情况受到学校所在区域的影响，下文从城市、乡镇、农村三个方面进行探讨。通过对区县图书馆基本情况的频数分析可知，城市、乡镇和农村学校所在区县绝大部分都有图书馆，比例分别为 92.2%、82.1%、81.8%。任教于城市学校的教师去过区县图书馆的比例最大，为 60.3%，其次为任教于乡镇学校的教师，比例为 50.3%。任教于农村学校的教师去过区县图书馆的比例略低，为 49.6%。由此可见，学校所在位置会影响教师对于区县图书馆的使用情况。

表 2-22　不同地域区县图书馆情况

百分比	城市（%）	乡镇（%）	农村（%）
有，我去过	60.3	50.3	49.6
有，但我没有去过	31.9	31.9	32.1
没有	4.2	11.8	11.1
不清楚	3.6	6.1	7.1
合计	100.0	100.0	100.0

通过对区县图书馆满意情况的分析可知，对区县图书馆资源非常满意的教师仅占 11%，而多达 53.98% 的教师对区县图书馆资源表示不满意。

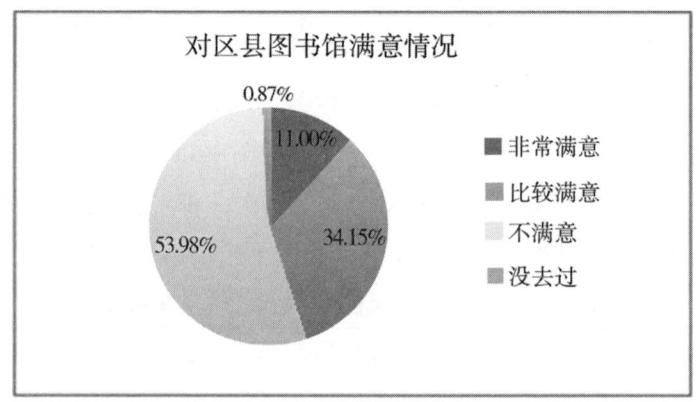

图 2-13　对区县图书馆满意情况

（三）不同学段语文教师阅读教学现状

研究小组从教师组织学生阅读活动情况、教师阅读教学策略、教师推动学生阅读的方法三个方面，分学段对教师阅读教学情况进行调研并进行分析。

1. 教师组织学生阅读活动情况

"教师组织学生阅读活动情况"调查共 5 道题，分别是：要求学生自主读书思考、要求学生小组讨论交流、要求学生反思自己的阅读过程、要求学生听老师讲解阅读相关知识、要求学生质疑或提出问题。表 2-23 列出了教师组织相应阅读活动的频率。

表2-23 阅读活动频率

活动	学段	总是	经常	有时	偶尔	从不
自主读书思考	小学	3.3	29.8	34.6	26.2	6.1
	初中	5.6	44	32.1	15.8	2.4
	高中	7.3	45.3	33.7	11.3	2.3
小组讨论交流	小学	4.3	24.6	34.3	30.7	6.1
	初中	6.6	31.5	35.7	23.8	2.4
	高中	10.7	32.3	33.7	21	2.3
反思自己的阅读过程	小学	19.3	40.3	28.7	9.8	2
	初中	22.6	41.1	28.4	7.1	0.9
	高中	23.7	46.3	22	5.7	2.3
听老师讲解阅读相关知识	小学	1.1	10.1	29.5	47.1	12.3
	初中	1.6	11.1	30.6	46.4	10.3
	高中	3.7	13.7	26.7	44.3	11.7
质疑或提出问题	小学	4.9	30.3	37.3	22.2	5.3
	初中	8.3	45.5	33.1	11.3	1.9
	高中	8	43	35.3	10.7	3

上述5道题分别赋值为5至1分，由高到低分别代表总是、经常、有时、偶尔、从不，分析后得到教师组织学生阅读活动情况变量。表2-24为不同学段语文教师组织阅读活动的平均得分。整体看，小学语文教师组织阅读活动的频率高于初中语文教师，初中语文教师组织阅读活动的频率高于高中语文教师。具体看，各学段教师"讲解阅读相关知识"的频率都比较高，引导学生反思自己阅读过程的频率均比较低。

表2-24 不同学段语文教师组织阅读活动频率得分统计

	自主读书思考	小组讨论交流	反思自己的阅读过程	听老师讲解阅读相关知识	质疑或提出问题	总计
小学	3.02	3.1	2.35	3.59	2.93	3
初中	2.65	2.84	2.23	3.53	2.53	2.76
高中	2.56	2.72	2.17	3.47	2.58	2.7

2. 教师阅读教学策略

"教师阅读教学策略"调查共有8道题，分别是：让学生阅读前根据题目进行猜想或预想、引导学生在阅读过程中进行自我问题、让学生用自己的话概括文章大意、让学生联系文章中的插图、提示语等理解文章内容、鼓励学生边读边将重要内容圈画出来、让学生边读边记下自己的感受和想法、让学生边读边想象画面、让学生画文章的结构图或人物关系等。表2-25列出了教师阅读教学策略的频率。

表2-25 教师阅读教学策略

策略	学段	总是	经常	有时	偶尔	从不
让学生阅读前根据题目进行猜想或预想	小学教师	12.1	38.3	30.4	16.9	2.3
	初中教师	5.3	23.8	37	30.1	3.8
	高中教师	4.3	23.3	34.7	29.3	8.3
引导学生在阅读过程中进行自我问题	小学教师	9.4	36.1	36.3	16	2.2
	初中教师	5.6	29.3	40.1	22.3	2.7
	高中教师	4	29.3	42.7	19.7	4.3
让学生用自己的话概括文章大意	小学教师	25.4	45.4	19.6	8.2	1.4
	初中教师	22.4	51.4	18.3	7.1	0.8
	高中教师	17.3	47.3	22.7	9.7	3
让学生联系文章中的插图、提示语等理解文章内容	小学教师	22.5	48.8	20.3	7.4	1
	初中教师	11.3	41.1	32.8	13	1.9
	高中教师	7	35.7	35.7	16.3	5.3
鼓励学生边读边将重要内容圈画出来	小学教师	37.2	43.4	13.5	5.1	0.9
	初中教师	37.8	45	11.1	5.5	0.6
	高中教师	39	38	15.7	5.7	1.7
让学生边读边记下自己的感受和想法	小学教师	24.3	41.1	22.8	9.8	2
	初中教师	23.8	43.1	22.6	9.4	1.1
	高中教师	22	42.3	25.7	7.7	2.3
让学生边读边想象画面	小学教师	23.6	44.7	22.1	8.6	1.1
	初中教师	8.8	38.1	31.5	16.9	4.7
	高中教师	9	28	34.7	19.3	9
让学生画文章的结构图或人物关系等	小学教师	9.4	25.4	31.9	24.3	9
	初中教师	8.6	26.2	36.2	23.8	5.2
	高中教师	9.3	28.3	31.7	24.3	6.3

上述 8 道题分别赋值为 5 至 1 分，由高到低分别代表总是、经常、有时、偶尔、从不，分析后得到教师阅读教学策略变量。表 2-26 为不同学段语文教师阅读教学策略的平均得分。整体看，小学语文教师组织阅读活动的得分高于初中语文教师，初中语文教师阅读教学策略的得分高于高中语文教师。具体看，各学段老师"鼓励学生边读边将重要内容圈画出来"的频率都比较高；"让学生画文章的结构图或人物关系"的频率都比较低。

表 2-26　不同学段教师组织阅读活动频率得分统计

	小学	初中	高中
让学生阅读前根据题目进行猜想或预想	3.41	2.97	2.86
引导学生在阅读过程中进行自我问题	3.34	3.13	3.09
让学生用自己的话概括文章大意	3.85	3.88	3.66
让学生联系文章中的插图、提示语等理解文章内容	3.84	3.47	3.23
鼓励学生边读边将重要内容圈画出来	4.11	4.14	4.07
让学生边读边记下自己的感受和想法	3.76	3.79	3.74
让学生边读边想象画面	3.81	3.29	3.09
让学生画文章的结构图或人物关系等	3.02	3.09	3.1
总体平均值	3.65	3.47	3.36

3. 教师推动学生阅读的方法

在"教师推动学生阅读的方法"的调查中，对小学、初中与高中语文教师采用的方法类似，"组织阅读活动""推荐阅读材料""激发阅读兴趣"三项所占比重都较大。在"制定阅读计划""提供阅读环境""指导阅读方法"方面都略欠缺。可见，在推动学生阅读方面，语文教师更侧重于做活动组织者、材料提供者，而对学生阅读过程，包括阅读计划、阅读环境、阅读方法等，进行的教导帮助不足。

表 2-27　不同学段教师推动学生阅读的方法

方法	小学（%）	初中（%）	高中（%）
组织阅读活动	33.1	37.8	34.3
推荐阅读材料	25.4	25.5	41.7
指导阅读方法	7.1	7.8	4.0
提供阅读环境	7.6	5.2	2.0
激发阅读兴趣	22.8	16.3	12.3
制订阅读计划	3.0	6.0	4.0
其他	1.0	1.4	1.7
合计	100.0	100.0	100.0

(四)语文教师眼中的学生阅读现状

本调查从班上学生喜欢阅读的人数、学生喜欢的书籍类型、学生阅读的欠缺以及影响学生阅读的因素四个方面,分学段考察分析教师眼中的学生阅读情况。

1. 学生喜爱阅读的人数

在"班上学生喜爱阅读的人数"调查中,认为班上喜爱阅读的学生不超过一半的小学语文教师占到56.7%,初中语文教师占到82.6%,高中语文教师占到88.3%。由此可见,随着学段上升,在教师看来,学生对阅读的兴趣不断下降。

表2-28 不同学段教师认为班上学生喜欢阅读的人数

数 量	小学(%)	初中(%)	高中(%)
10%以内	6.4	16.8	24.0
10%~25%	18.5	34.2	39.0
25%~50%	31.8	31.7	25.3
50%~75%	31.2	13.9	10.0
75%~100%	12.2	3.4	1.7
合 计	100.0	100.0	100.0

2. 学生最喜欢的书籍类型

在"学生最喜欢的书籍类型"调查中,小学语文教师认为,班上学生最喜欢的书籍类型前三位为"童话、寓言等儿童文学作品""科幻或科普读物""漫画卡通",分别占53.8%、23%和15.8%。初中语文教师认为,班上学生最喜欢的书籍类型前三位为"科幻或科普读物""漫画卡通""武侠、青春、言情等通俗文学作品",分别占50.2%、18%和10.7%。高中语文教师认为,班上学生最喜欢的书籍类型前三位为"武侠、青春、言情等通俗文学作品""科幻或科普读物""中外文学名著",分别占48.3%、15.7%和15.3%。由下表还可以看到,学生对于作文选或配套读物喜爱程度比较低,但随着学段增加,比重也有所上升。随着学段上升,学生对于童话、寓言等儿童文学作品、科幻或科普读物、漫画卡通的喜爱程度下降,而对于中外文学名著、武侠、青春、言情等通俗文学作品的喜爱程度上升。上升最快的是武侠、青春、言情等通俗文学作品。

表2-29 不同学段教师判断学生最喜欢的书籍类型

类　型	小学(%)	初中(%)	高中(%)
中外文学名著	4.7	10.2	15.3
科幻或科普读物	23.0	50.2	15.7
作文选或配套读物	1.6	1.7	7.7
童话、寓言等儿童文学作品	53.8	2.2	0.7
漫画卡通	15.8	18.0	8.3
武侠、青春、言情等通俗文学作品	0.7	10.7	48.3
其他	0.5	2.0	4.0
合计	100.0	100.0	100.0

3. 学生阅读最欠缺的因素

在"学生阅读最欠缺的因素"一题的调查中，小学语文教师认为，学生阅读的欠缺中前三位为"阅读习惯""阅读兴趣"和"自我监控"，分别占46.4%、13.7%和10.6%。初中语文教师认为，学生阅读的欠缺中前三位为"阅读习惯""阅读兴趣"和"阅读时间"，分别占50.2%、18%和10.7%。高中与初中一样，前三位欠缺的为"阅读习惯""阅读兴趣"和"阅读时间"分别占50.3%、19.7%和15%。由此可见，阅读习惯与阅读兴趣是各个学段学生共同缺乏的。随着学段增加，学生自我监控能力变强，但阅读习惯和阅读兴趣的缺乏更加严重，同时缺乏阅读时间。

表2-30 不同学段教师认为学生阅读最欠缺的因素

因　素	自我监控	阅读习惯	阅读技巧	阅读效率	阅读兴趣	阅读时间	阅读内容	阅读环境	其他	合计
小学(%)	10.6	46.4	8.6	5.7	13.7	6.1	1.7	6.8	0.4	100
初中(%)	10.2	50.2	1.7	2.2	18	10.7	2	5	10.2	100
高中(%)	8	50.3	0.3	1.3	19.7	15	2.7	2.3	0.3	100

4. 影响学生阅读的主要原因

"学生阅读的欠缺"调查,小学语文教师认为的影响学生阅读的原因中,前三位分别是"身边的人都不读书""过重的课业负担""不喜欢读书",分别占35.7%、25.4%和17.5%。初中语文教师认为的影响学生阅读的原因中,前三位分别是"过重的课业负担""不喜欢读书""身边的人都不读书",分别占45.5%、23.8%和22.3%。高中语文教师认为的影响学生阅读的原因中,前三位分别是"过重的课业负担""不喜欢读书""身边的人都不读书",分别占59.7%、23.7%和10%。由此可见,过重的课业负担、阅读环境和阅读兴趣是各个学段的学生面临的共同问题。

表 2-31　影响学生阅读的主要原因

原　因	过重的课业负担	不喜欢读书	不知道读什么书	身边的人都不读书	其他	合计
小学（%）	25.4	17.5	15.3	35.7	6.1	100
初中（%）	45.5	23.8	6	22.3	2.5	100
高中（%）	59.7	23.7	4.7	10	2	100

三、结论与建议

（一）主要发现

通过调查,课题小组认为当下语文教师阅读存在以下五方面突出问题。

1. 阅读量偏少,绝大多数老师甚至连语文课程标准推荐的书目也未能完整阅读

语文课程标准推荐的中外名著阅读书目是学生进行课外阅读的重要内容,更应该成为教师阅读内容的一部分。然而调研显示,只有不足5%的教师能够阅读课程标准推荐的全部书目,绝大多数教师阅读比例在一半以下。这是令人忧虑的现象。

从语文教师整体阅读量看,存在着阅读频率小、短时阅读为主、年平均阅读量较少等问题。具体看,教师的年均阅读书籍数量为6.76册,65.4%的教师年均阅读书籍在5本及以下;78.1%的教师每个月阅读杂志的数量在3

册及以下，46.3%的教师每周阅读1~2次，7.3%的教师几乎从来不看报刊。46.4%的教师每次阅读时长在半小时以内。虽然调查同时显示，只有3.6%的教师非常满意自己的阅读量，高达67.9%的教师对自己的阅读量不满意，但这种局面不容易改变。

2. 不能熟练掌握相关阅读策略，教师阅读的自我监控情况还不尽如人意

教师是学生阅读的指路人，教师阅读直接影响学生阅读。通过对教师阅读策略掌握情况的调研显示，按非常符合、较为符合、不确定、不太符合、不符合赋值5至1分，8道阅读策略调研题，教师的平均得分仅17.29分，不足总分的50%。这说明，绝大多数教师的阅读策略掌握情况都处在较为符合或不确定的状态。尤其值得注意的是，每一项阅读策略均有20%至30%的教师选择不确定。也就是说，有两成至三成的语文教师对自己的阅读策略掌握情况没有形成清楚的判断。

教师阅读的自我监控状况也是不容乐观，随意阅读的教师比例超过72%，能清楚监控自己阅读目的、阅读过程和阅读速度的教师比例均不超过40%。

3. 学校和社会阅读支持系统为教师阅读提供了一定的支持，但远远不够

语文教师阅读的主要支持系统应该是学校和社会，但调查结果并非如此，学校和社会阅读支持系统对教师阅读支持很无力，语文教师的阅读主要是从家庭获得支持，即图书主要由教师个人购买获得，家庭成为教师阅读的主要环境。具体数据显示，只有3.4%的教师认为自己阅读的书籍主要来自于社会图书馆，阅读书籍主要来自于学校图书馆的比例也只有20.3%。仅8.4%的教师在过去一年去过学校图书馆10次以上，7.3%的教师在过去一年中从学校图书馆借书15本以上。调研数据还表明，对学校和社会图书馆资源满意的教师比例仅占11%。

4. 随着年段的递增，教师对学生阅读策略的指导呈现弱化的趋势

从小学到中学，语文教师对学生阅读策略的指导应该伴随始终，而且越来越得到加强，遗憾的是，调研显示，随着基础教育年段的提高，语文教师对学生的阅读策略指导呈现越来越弱化的趋势。通过教师对学生阅读策略指导的总体情况进行分析发现，小学语文教师在阅读策略的指导上（总分40

分）得分相对最高（29.15分），初中教师次之（27.76分），高中教师最低（23.84分）。几乎每一道关于阅读教学策略的调研题的调研结果，均呈现随年段递增而逐渐降低的趋势。

5. 教师对学生阅读过程的指导不够，大多为活动组织者或材料提供者的角色

通过对教师推动学生阅读方法的调查可以看到，不同学段的教师推动学生阅读的方法并不存在显著差异。总体而言，三分之一以上的教师是通过组织阅读活动推动学生阅读的，还有25%左右的中小学教师和41%左右的高中教师是通过推荐阅读的方法推动学生阅读的，能在阅读方法、阅读环境、阅读兴趣、阅读计划等方面对学生的阅读进行干预的教师并不多。由此可见，教师对学生阅读的推动更多的是停留在活动组织或材料提供上，对学生阅读过程的指导相当欠缺。

（二）改进建议

课题小组认为，之所以存在上述问题，既有客观原因，也有主观因素，为切实改进当前教师阅读堪忧的现状，必须从主客观两方面着手。

1. 建立教师阅读保障机制，为教师阅读提供更为充分的条件支持

师者，传道授业解惑也。教师不但要传道、授业、解惑，同时也要做阅读者的表率，为学生阅读起到良好的示范作用，以自己的行动切实带动学生阅读。本次调研发现，教师阅读之所以难以开展，很重要的一个原因是工作负担过重，没有时间阅读。同时，学校、社会虽然给教师的阅读提供了一定的支持，但并没有切实发挥推动教师阅读的作用。因此，课题研究小组建议，教育行政部门应出台相应的教师绩效考核政策，切实减轻教师非业务性工作负担，为教师阅读提供一定的时间保障，支持、鼓励教师开展阅读，及时对教师阅读活动中的优秀者进行表彰。同时建议，学校和社会为教师阅读提供更好的资源和环境保障，加强学校、地区图书馆的建设，积极开展面向教师群体的阅读活动，使教师有书可读，有伴同读。

2. 研制并推出教师阅读书目，为教师的阅读提供方向指引

本次调研显示，教师阅读内容和课程标准推荐书目之间并没有形成较好

的包含关系，大部分教师并没有完整阅读过课程标准推荐的书籍。这说明教师的阅读内容并没有和实际的教育教学工作发生很好的逻辑重合。纵观目前的政府文件和科研成果，也没有形成比较成熟的教师阅读推荐内容，而读什么的问题，恰恰是制约教师阅读推进的基础性工作。因此，建议有关部门组织人力研制、推出教师阅读推荐书目，为教师的阅读提供方向性的指引，以提升教师阅读的整体效益。

3. 加强教师阅读培训，提升教师自身阅读能力和阅读素养

提升学生的阅读能力，需要具有较高阅读能力的教师；指导学生掌握阅读的方法和策略，需要熟练掌握阅读方法策略的教师。但调研显示，教师在阅读方法策略的掌握上并不尽如人意，正因如此，对学生的阅读指导，有20%~30%的教师出现力不从心的情况。因此，建议加强语文教师学科专业素养特别是阅读能力的培训，切实提高教师自身的阅读能力和阅读素养，为阅读教学效率的根本提升奠定基础。

4. 教师要有自己的读书计划和阅读书单，并持之以恒地坚持阅读

权威部门推出教师阅读推荐书目是一回事，每个教师还有针对自己的实际情况，制订自己的读书计划，拿出自己的读书清单。一年两年，三年五年，你打算读哪些书？要有计划、有系统，有整体考虑，当然也要有可行性。书单应包括三个部分：第一部分，也就是基本部分，中外经典，不光是文学方面，也包括其他方面的文化经典，而且要精读。第二部分，纯专业方面的书，古今中外文学语言名著，都要尽可能读一读。第三部分，与语文教育有关的书籍和文章。除上述三部分之外，当然也可以通过网络和手机，读一些关于社会和时事的文章。

当下的阅读环境恶劣，时代浮躁，快餐阅读、碎片阅读占据主流，纸质阅读、经典阅读被严重边缘化，在这种情况下，语文教师更要有内在定力，经常想想自己受过高等教育，是读书人，是教师，不读书，就语言无味，面目可憎。对语文教师而言，读书应该像吃饭睡觉一样不能缺席，这就需要一种阅读的内在驱动力。

四、非语文教师阅读现状调查与分析

（一）调研对象的整体情况

本次调研，共收到有效非语文教师问卷 4667 份。从学段看，小学教师占 56.9%，初中教师占 28.4%，高中教师占 14.7%；从性别看，男教师比例为 23.9%，女教师比例为 76.1%；从区域分布看，城市教师占 54.3%，乡镇教师占 26.9%，农村教师占 18.8%。表 3-1 显示的是非语文教师的学段、性别和区域分布情况。

表 3-1 非语文教师调研对象基本情况

任教学段	教师性别（%）			任教区域（%）			
	男	女	总计	城市	乡镇	农村	总计
小学	22.4	77.6	100	48.5	29.2	22.3	100
初中	24.7	75.3	100	50.2	30.1	19.7	100
高中	28.5	71.5	100	84.6	11.6	3.8	100
总计	23.9	76.1	100	54.3	26.9	18.8	100

（二）阅读现状总体状况与分析

1. 阅读现状

课题研究小组从阅读目的与观念、阅读内容与阅读量、阅读自我监控能力、阅读方法与策略、阅读评价五个方面，调查了非语文教师阅读的总体情况。下面将结合具体数据逐一对每个方面的整体情况进行分析。

（1）阅读目的与观念

阅读态度与动机部分主要调查了非语文教师阅读的主要原因和阅读的态度。具体调研数据见图 3-1 和图 3-2。

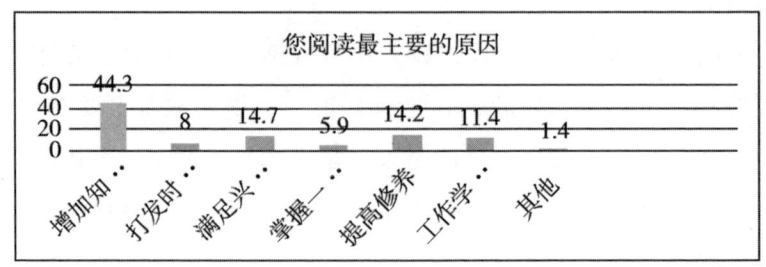

图 3-1 非语文教师阅读最主要的原因

从中看出,通过阅读想要"增加知识,开阔眼界"的教师比重最大,为44.3%;其次为"满足兴趣爱好",占比14.7%;紧随其后的原因为"提高修养",占比14.2%;除其他原因外,选择"为掌握一些实用技能"的教师占比最少,为5.9%。

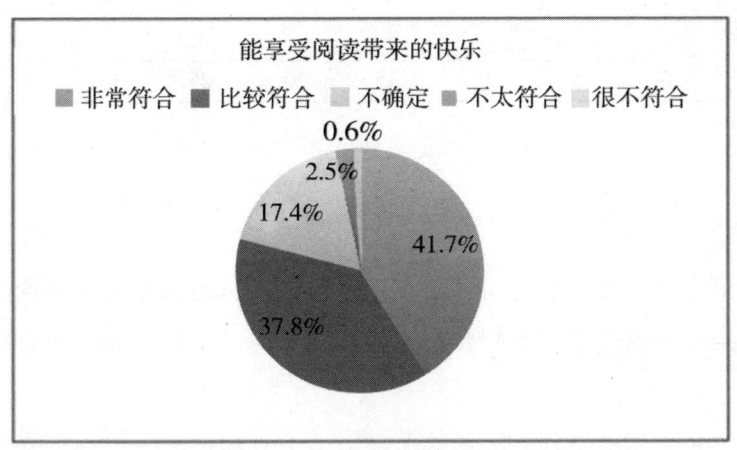

图3-2 非语文教师能否享受阅读带来的快乐

从图3-2可以看出,能够享受阅读带给自己快乐的非语文教师占41.7%。还有20.5%的教师不确定或不能从阅读中享受快乐,应该说,这个比例是比较高的。

(2) 阅读内容与阅读量

阅读内容与阅读量这一部分的调查共包括5道题,其中喜欢阅读的书籍类型指向于阅读内容的调查;过去一年完整阅读书籍数量、过去一个月完整阅读期刊数、每周阅读次数和每次阅读时长,则共同指向于非语文教师的阅读量的调查。

阅读内容

非语文教师喜欢文学类书籍的比例最高,其次是教育类;除选择"其他"外,非语文教师最不喜欢的是哲学类书籍。具体数据见图3-3。

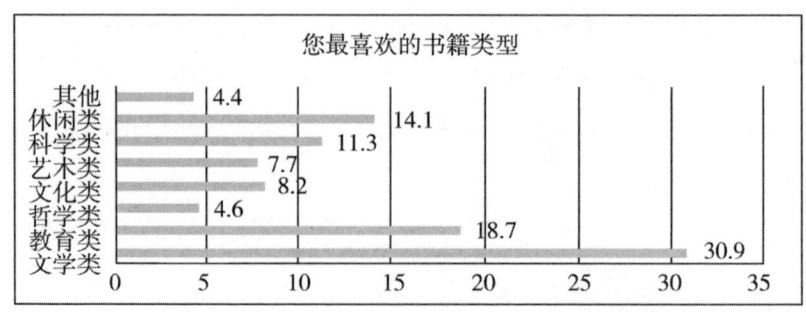

图 3-3 非语文教师最喜欢的书籍类型

阅读量

对非语文教师阅读量的问卷调查项目,包括过去一年完整阅读的图书数量、过去一个月阅读学术书刊数量、平均阅读时长、频度和阅读页数等几个方面。

过去一年完整阅读的书籍数量和过去一个月阅读学术书刊数量的统计表明,非语文教师在过去一年中人均阅读 5.69 本书,过去一个月人均阅读学术期刊 2.67 本。大多数非语文老师在过去一年中阅读 2 本书,过去一个月阅读 1 本学术期刊。

不同学段、性别、地域非语文教师阅读的情况显示,男教师的阅读量整体高于女教师;随着年段升高,阅读量呈缓慢增加的态势,高中教师的阅读量高于小学和初中教师;城市教师的阅读量整体高于乡镇和农村地区教师。具体数据见表 3-2。

表 3-2 非语文教师人均阅读情况

	学段			地域			性别		总计
	小学	初中	高中	城市	乡镇	农村	男	女	
年均阅读书籍	5.34	5.73	6.99	6.16	5.21	5.03	6.1	5.57	5.69
月均阅读期刊	2.73	2.51	2.75	2.8	2.55	2.49	2.99	2.57	2.67

表 3-3 和表 3-4 分别给出了非语文教师每周阅读次数和每次阅读时长。数据显示,每周能阅读 1~2 次的非语文教师比例最多,为 51.0%,每周几乎不读书的教师占 12.7%,比例不低。平均每次能读书"10~30 分钟"的教师

占 43.0%，每次读书能达到"两小时以上"的教师占 2.5%，而在"10 分钟以内"的教师占 9.9%。

表 3-3　非语文教师平均每周阅读的次数

选项	几乎没有	1~2 次	3~4 次	5~6 次	7 次及以上	合计
频数	594	2382	917	379	395	4667
百分比	12.7	51	19.6	8.1	8.5	100

表 3-4　非语文教师平均每次读书的时长

选项	10 分钟以内	10~30 分钟	30~60 分钟	1~2 小时	2 小时以上	合计
频数	462	2007	1665	414	119	4667
百分比	9.9	43	35.7	8.9	2.5	100

（3）阅读监控

阅读自我监控部分调查包括 6 道题，分别是制订阅读计划，明确阅读目的和选择阅读内容。具体调研数据见表 3-5 和表 3-6。

表 3-5　您的阅读是否有计划

选项	制订计划并严格执行	制订计划但很少落实	无计划随意阅读	无计划也不阅读	合计
频数	215	825	3513	114	4667
百分比	4.6	17.7	75.3	2.4	100

从上表可以看出，制订计划并严格执行的占 4.6%；制订计划但很少落实的占 17.7%；无计划随意阅读的占 75.3%；无计划也不阅读的占 2.4%。

表 3-6　阅读自我监控百分比分布情况

问题	非常符合	较符合	不确定	不太符合	不符合
我会根据不同的目的选择合适的文章来读	32.1	40.5	19.9	6.3	1.2
阅读时，我心里明白哪些内容我还没有理解	24.9	42.6	26.8	4.9	0.8
阅读时，遇到不理解的段落我会重读一遍	35.2	42.0	18.6	3.4	0.8
我的阅读速度能满足我的阅读需要	22.7	39.7	28.4	8.0	1.2
我会根据阅读内容的难易程度调整阅读速度	27.6	44.5	23.4	3.5	1.0

从上表看出，约两至三成教师能根据不同目的选择阅读材料，明白哪些内容自己还没有理解，能够重读不理解的段落。阅读速度能够满足阅读需要，能够根据内容难易程度调整阅读速度。但仍有 10% 左右的教师不能较熟练地

监控自己的阅读过程。值得注意的是，约有两到三成的教师不能确定自己阅读的进展情况。

上述 6 道题分别赋值为 5 至 1 分，由高到低分别代表非常符合、比较符合、不确定、不太符合、不符合，分析后得到非语文教师阅读自我监控整体情况。由表 3-7 可知，非语文教师在各项自我监控策略上的得分大多在 4 分以下，也就是说大部分教师均能掌握这些策略，但还没有达到"完全符合"的程度。各学段教师制订阅读计划均得分较低，不同学段教师的阅读自我监控情况差异并不明显。

表 3-7 阅读自我监控得分分布情况

	小学	初中	高中
我的阅读有计划	2.25	2.24	2.23
我会根据不同的目的选择合适的文章来读	3.25	3.24	3.23
阅读时，我心里明白哪些内容我还没有理解	3.96	3.90	4.05
阅读时，遇到不理解的段落我会重读一遍	4.09	4.03	4.10
我的阅读速度能满足我的阅读需要	3.87	3.81	3.91
我会根据阅读内容的难易程度调整阅读速度	3.74	3.73	3.80
总体平均得分	3.78	3.74	3.82

（4）阅读方法与策略

这部分共 5 道题，涉及整体把握策略、获取信息策略、深入理解策略等。每道题选项按非常符合、比较符合、不确定、不太符合、不符合分别赋值 5~1 分，情况显示，教师平均得分为 3.72 分，得分率不足 75%。从不同群体的表现看，不同性别教师的差别不大；高中教师阅读策略掌握情况整体优于小学和初中教师；城市教师的阅读策略掌握情况整体优于乡镇和农村教师。具体数据见图 3-4。

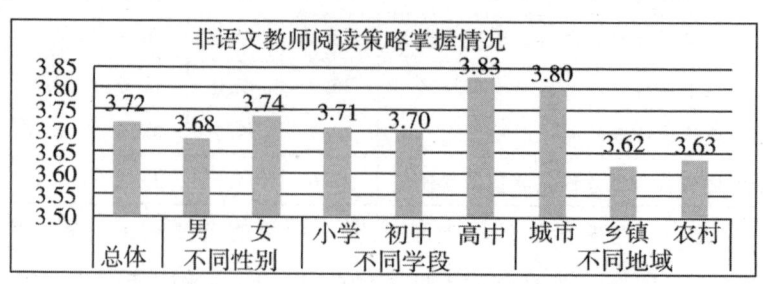

图 3-4 非语文教师阅读策略掌握情况

具体看,在考察整体把握策略的"阅读时,我能很快把握所读内容的整体结构"一题中,选择非常符合的教师占 20.7%。考察获取信息策略的题为"阅读时,我能迅速从所读内容中找到需要的信息",选择非常符合的教师占 25.8%。

考察深入理解策略题共 3 道,分别为"阅读时,我会通过不断向自己提出问题推进理解""阅读时,我会通过把文字想象成画面推进理解""我经常利用文章中的表格、数字、插图等帮助我理解文章的内容",选项分布与平均得分如表 3-8。数据显示,能熟练掌握想象画面帮助理解策略的比例最高,为 24.9%;能熟练掌握自我提问推进理解策略的教师比例最低,为 17.8%。不同学段教师在各阅读策略上的平均得分均不足 4 分,也就是说,大部分教师在阅读策略的掌握上处于基本掌握或缺少自我认识的层面。

表 3-8 阅读方法与策略的选项及得分分布情况

题目	选项分布					平均得分		
	非常符合	较为符合	不确定	不太符合	不符合	小学	初中	高中
我能很快把握所读内容的整体结构	20.7	41.2	30.2	7.0	0.9	3.71	3.72	3.88
我能迅速从所读内容中找到需要的信息	25.8	43.6	25.3	4.6	0.7	3.88	3.88	4.00
我会通过不断向自己提出问题推进理解	17.8	35.1	33.7	11.8	1.6	3.65	3.70	3.82
我会通过把文字想象成画面推进理解	24.9	37.2	26.6	9.6	1.7	3.55	3.52	3.65
我经常利用文章中的表格、数字、插图等帮助我理解文章的内容	22.1	39.0	27.0	9.8	2.1	3.77	3.66	3.77
总体平均得分						3.71	3.70	3.83

(5) 阅读评价

阅读评价部分共 3 道题,分别是对自己阅读量是否满意、影响阅读的原因以及对同事喜欢阅读比重的评价。具体调研数据见表 3-9 至 3-11。

表3-9 您对自己的阅读量满意吗?

选项	非常满意	比较满意	不大满意	很不满意	合计
频数	205	1404	2337	721	4667
百分比	4.4	30.1	50.1	15.4	100

从上表可以看出,超过半数的非语文教师对自己的阅读量不大满意,15.4%很不满意,30.1%比较满意,仅有4.4%选择非常满意。

表3-10 影响阅读最主要的原因

选项	工作太忙,没时间读书	没有读书习惯或不喜欢读书	找不到感兴趣的书	不知道该读什么	缺少阅读氛围	因看电视、上网玩游戏等而没时间	书价过高,买不起	没有看书的地方	其他	合计
频数	2743	328	323	129	489	199	93	40	323	4667
百分比	58.8	7	6.9	2.8	10.5	4.3	2	0.9	6.9	100

从上表可以看出,影响非语文教师阅读最主要的原因是"工作太忙,没时间读书",比例高达58.8%;其次为"缺少阅读氛围",比例为10.5%;选择"没有看书的地方"的教师占比最少,为0.9%。

表3-11 您认为您同事中喜欢阅读的人占多少

选项	10%以内	10%~25%	25%~50%	50%~75%	75%~100%	合计
频数	1206	1537	1344	478	102	4667
百分比	25.8	32.9	28.8	10.2	2.2	100

从上表可以看出,32.9%的教师认为10%~25%的同事喜欢阅读;其次选择25%~50%,占28.8%;仅有2.2%的非语文教师认为75%~100%的同事喜欢阅读。

2. 阅读支持系统现状

关于非语文教师阅读支持系统现状,研究小组从家庭、学校、社会三个方面进行调研。

(1) 家庭阅读支持系统

本调研主要从家庭藏书量及家庭阅读环境两方面调研非语文教师家庭阅

读支持系统的情况。下表是对非语文教师家庭藏书量分布情况的描述。

表3-12 您的家中有多少本书（不含教科书、教参、杂志及报纸）

选项	几乎没有	20及以下	21~50	51~100	101~200	201~500	501~1000	1000以上	合计
频数	69	811	1086	1000	778	605	188	130	4667
百分比	1.5	17.4	23.3	21.4	16.7	13	4	2.8	100

从上表可以看出，非语文教师家庭藏书量为"21~50本"的所占比例最大，占23.3%，"20本及以下"的17.4%，"51~100本"的21.4%，"101~200"的16.7%，"201~500本"的13.0%，"501~1000本"的4.0%，"1000本以上"的2.8%。值得关注的是，有1.5%的非语文教师家中居然几乎没有藏书。

对于"你能否在自己家里得到安静的阅读环境"调查，78.5%的非语文教师能够从家里获得安静的阅读环境，从中看出中小学教师的居住条件普遍不错。

（2）学校阅读支持系统

本调研从学校阅读活动次数、图书馆或阅览室的规模及使用情况以及阅读环境等方面，了解非语文教师学校阅读支持系统的情况。

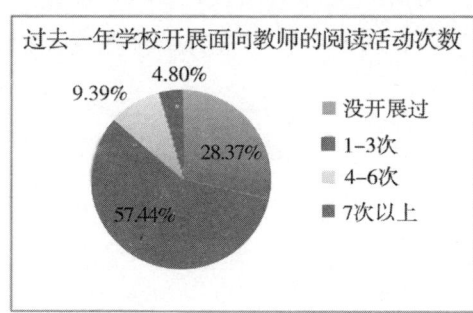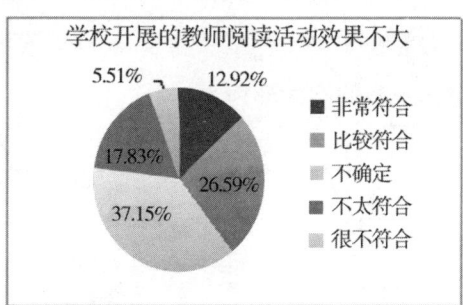

图3-5 过去一年中，学校开展面向教师阅读活动的情况

从上图可以看出，过去一年中开展过1~3次读书活动的数量最多，占57.5%；没开展过的占28.4%；开展4次及以上的学校占14.2%。对于学校为教师组织的阅读活动，多数认为效果不大，只有17.8%选择不太符合，

5.5%选择很不符合。

表3-13 在过去的一年中,您去学校图书馆看书或借书的次数

选项	没去过	少于3次	3~6次	7~10次	11~20次	20次以上	合计
频数	1119	1734	1113	380	177	144	4667
百分比	24	37.2	23.8	8.1	3.8	3.1	100

在学校有图书馆或阅览室的情况下,非语文教师中,能在过去一年去图书馆1~3次的比例相对较多,占37.2%,没去过校图书馆借书或看书的人数占24.0%,去校图书馆借书或看书3~6次的人数占23.8%,去校图书馆借书或看书7次及以上的占比15%。

表3-14 学校图书馆能满足我的需要

选项	非常符合	比较符合	不确定	不太符合	很不符合	总计
频数	562	1275	1549	878	403	4667
百分比	12	27.3	33.2	18.8	8.6	100

从上表可以看出,12.0%的非语文教师认为学校图书馆能够满足自己的需要,27.3%认为比较符合,33.2%认为一般符合,另有27.4%认为不太符合或很不符合。

对"您能在下列哪个地方得到安静的阅读环境"的调查,11.4%的教师认为能够在学校教室获得安静的阅读环境,31.6%的教师认为学校图书馆能得到安静的阅读环境。

表3-15 您在下列哪个地方能得到安静的阅读环境

选项	频数	百分比	有效百分比
学校教室	531	11.4	11.4
学校图书馆	1476	31.6	31.6

(3) 社会阅读支持系统

对非语文教师的社会阅读支持系统,本调研从地区图书馆规模、非语文教师书籍主要来源两方面展开。具体调研数据见图3-6、3-7和表3-16。

图3-6描述了非语文教师书籍的主要来源。数据显示,自费购买是大多数教师最主要的图书来源(40.3%);其次为网上下载或在线阅读,占

27.6%；第三为学校购买或借阅，占 22.8%；书店、书吧看书或租书比重最低，为 1.3%。

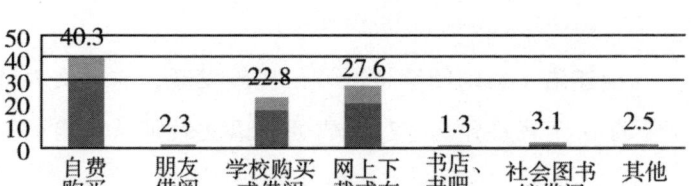

图 3-6　您阅读的书籍、杂志主要来源于何处

表 3-16　5 年来，您每年用于自己阅读购书的平均消费是多少

选项	100 元以下	101~200	201~300	301~400	401~500	500 元以上	总计
频数	1563	1287	833	361	224	399	4667
百分比	33.5	27.6	17.8	7.7	4.8	8.5	100

从上表可以看出，5 年来，用于阅读购书的平均消费金额比例最大的为 100 元以下，占 33.5%，随着金额增加，比例逐步下降，500 元以上的比例稍有回升。

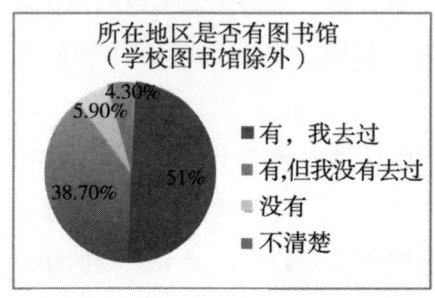 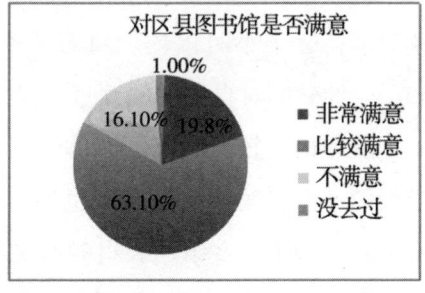

图 3-7　所在地区是否有图书馆　　　图 3-8　对区县图书资源满意

从上图可以看出，关于图书馆，认为所在区县"有，我去过"的非语文教师占 51.0%；认为所在区县"有，但我没去过"的非语文教师占 38.7%；认为所在区县"没有"的非语文教师占 5.9%；"不清楚"所在区县是否有图书馆的非语文教师占 4.3%。在所在地区有图书馆的非语文教师中，对区县图

书馆资源非常满意的比重为19.8%，比较满意的为63.1%，不满意的占16.1%，另外1.0%的非语文教师没去过区县图书馆。

（三）结论与建议

1. 主要发现

（1）通过与前述语文教师阅读情况调研比较发现，非语文教师与语文教师阅读兴趣上不存在显著差异，超过四成的非语文教师认为自己非常享受阅读乐趣。

调研显示，41.7%的非语文教师认为自己非常享受阅读的乐趣，这说明大多数非语文教师还是比较喜欢阅读的，教师的阅读态度是比较积极的。从语文教师与非语文教师的比较看，两个群体在阅读态度上基本一致，不存在显著差异。

（2）阅读量偏少，特别是女性教师，尤其是小学教师和农村教师，应亟须提高阅读量。

非语文教师阅读普遍存在阅读频率小、阅读时间短、年均阅读量少的问题。具体看，非语文教师年均阅读图书5.69册，月均阅读杂志2.67册。语文教师的年阅读量已经够低了，非语文教师的阅读量更少，这是应当引起充分重视的。51%的非语文教师每周阅读1~2次，52.9%的非语文教师每次阅读只能持续半小时以内。只有4.4%的非语文教师非常满意自己的阅读量，65.5%的教师对自己的阅读量不满意。

从非语文教师的不同群体看，女教师的阅读量明显低于男性教师；随着学段的递升，教师的阅读量也逐步增加，相比之下，高中教师的年均阅读量最大；而城市、乡镇、农村教师的阅读量呈现递减的趋势，城市教师的年均阅读量最大。这一事实表明，必须设法使女性教师、小学教师和农村教师的阅读量得到提升。

（3）高中阶段和城市非语文教师的阅读策略掌握情况优于小学和农村非语文教师。

调研显示，每一项阅读策略，均有20%~30%的教师选择不确定，也就是说，有两成至三成的教师对自己的阅读策略掌握情况没有形成清楚的判断。

从不同群体的表现看，不同性别教师的差别不大，而高中教师的阅读策略掌握情况整体优于小学和初中教师，城市教师的阅读策略掌握情况整体优于乡镇和农村教师。

（4）阅读支持系统以个人和家庭为主，学校和社会阅读支持系统疲软与无力。

调研结果显示，非语文教师阅读主要是从家庭获得支持，图书主要由家庭购买获得，家庭是教师阅读的主要环境。学校图书馆和社区图书馆为非语文教师阅读提供了一定的支持，但在促进教师阅读上并没有起到主体作用。61.2%的教师在过去一年中没去过或去过学校图书馆不足3次，仅12%的教师认为学校图书馆能完全满足自己的需要；只有一半左右的非语文教师去过当地图书馆，对图书馆资源满意的教师比例不足两成。因此，他们的阅读主要依赖家庭有限的图书资源。

（5）工作太忙是影响非语文教师阅读的主要因素。

中小学教师工作头绪多，任务重，应试压力大，这是长期以来摆在大家面前的无法改变的事实。因此，调查显示，58.8%的非语文教师认为，影响自己阅读最主要的原因是"工作太忙，没时间读书"，这也就不让人感到意外了。因此，他们读书少甚至不读书，我们没有理由过多责备，而确实是有其客观原因。

2. 改进建议

（1）合理安排教师工作，为教师留出更多阅读时间，帮助其养成阅读习惯。

调研结果显示，影响各学段非语文教师阅读的最主要因素都是因为工作太忙，因此建议有关部门合理安排教师工作，帮助教师优化时间的利用，保证阅读时间。各学校要尽可能减轻应试压力，检查评比少一点，给广大教师休养生息的时间。

（2）加强学科素养培训，特别是针对小学教师、农村教师的学科素养培训。

调研显示，阅读监控、阅读方法策略对非语文教师的阅读具有积极的促进作用,但非语文教师在阅读方法策略的掌握上整体不够理想,特别是义务教育阶段的非语文教师、乡镇和农村教师。因此,建议相关部门加强对教师的学科专业素养培训,提高教师对阅读方法策略的掌握,进而提升教师自身的阅读素养。

(3)强化家庭、学校、社会三级阅读保障系统,为非语文教师阅读创造条件。

首先,建议非语文教师从学校图书馆、区县图书馆、书吧等多方获取阅读资源,即使不能增加购书消费,也不影响阅读材料的获取。其次,学校要增加图书资源建设,结合不同学科教师的需求,切实提供并更新符合教师需要的书籍及报刊。因此,建议有条件的学校配备"教师专业素养书架",并每年补充一定的新书目。同时,积极为非语文教师创设阅读环境,开展阅读活动,加强语文教师与非语文教师的联系,共同阅读,邀请语文教师为非语文教师提供适合的阅读指导。再次,加大投入,进行社区图书馆建设,加强社区图书馆资源的管理与更新,使更多非语文教师能在图书馆找到自己想看的图书。

后　记

春风沉醉，流水静听，又是书香轻拂的四月天。

2017 年 4 月 22 日，世界读书日前夕，国家语委重大课题"面向基础教育的阅读行动研究"课题组，联合北京师范大学语文教育研究所、山东城市出版传媒集团、《中国教师》杂志社于北京师范大学召开"教师阅读与基础教育"研讨会。来自北京大学、北京师范大学、中国人民大学、华东师范大学、华中师范大学、南京师范大学、山东师范大学、杭州师范大学、河南师范大学等院校及人民教育出版社，以及北京、江苏的一线教师共五十余位专家学者出席研讨会。与会专家学者围绕"教师阅读与基础教育"这一主题，从教师阅读与教师素养、教师阅读与专业发展、教师阅读与语文教育、教师阅读与立德树人四个方面展开了深入的探讨与交流。

北京师范大学资深教授顾明远先生、王宁先生，北京大学温儒敏教授、张联荣教授，华东师范大学巢宗祺教授，华中师范大学晓苏教授，杭州师范大学倪文锦教授，山东师范大学曹明海教授，河南师范大学曾祥芹教授，南京师范大学黄伟教授，北京四中特级教师顾德希先生，北京 101 中学特级教师程翔老师，南京 13 中特级教师曹永军老师，北京师范大学二附中语文教研组长陈立今老师等二十余位专家学者在会上做了主题发言。与会专家学者一致认为，教师阅读意义重大，事关国民素质与民族未来。面对当前教师阅读不甚理想的现状，专家学者建言献策：一是中小学教师要增强阅读意识，提升阅读素养，要明确教师为什么必须阅读，教师读什么、怎么读等重要问题；二是教育决策部门与管理部门要为教师阅读建章立制，给教师阅读创造良好的阅读空间、保证阅读时间，不断完善教师阅读的激励机制；三是图书馆及出版部门要为教师阅读提供丰富的阅读资源，专门为教师开列、出版优质图书，突出教育图书的经典性、实用性和时代性。经过整整一天的研讨，专家学者的这些思考和见解，必将为教师阅读起到很好的引领作用。教师阅读是促进教师素养提升、专业发展的最有效的途径，也是提升我国基础教育质量的根本保证。教师阅读可带动学生阅读，学生阅读可调动家长阅读，从而深入持久地推动全面阅读。

在此，衷心地感谢参加研讨会的诸位专家学者，感谢你们提交论文并做精彩发言。在此，要特别感谢出席研讨会的时任国家语委副主任、教育部语用司姚喜双司长，北京师范大学陈丽副校长，教育部语言文字应用研究所原副所长韩其洲先生，教育部语用司标准处王丹卉处长，北京师范大学社科处范立双处长，北京师范大学文学院过常宝院长，山东城市出版传媒集团朱孔宝总编辑、王菁总监，《中国教师》杂志社曹巍社长等诸位领导，感谢你们的大力支持。

最后，希望本次研讨会的成果，能为教师阅读与基础教育起到促进作用，为推进全民阅读添上精彩的一笔，让阅读成为学校、家庭、社会的一道亮丽的风景。

任　翔

2018 年 4 月 23 日 世界读书日